Wolfgang Bosbach

ENDSPURT

Wie Politik tatsächlich ist –
und wie sie sein sollte

Begegnungen, Erlebnisse,
Erfahrungen

Ein Gespräch mit
HUGO MÜLLER-VOGG

QUADRIGA

Originalausgabe

Copyright © 2016 by Bastei Lübbe AG, Köln

Lektorat: Dr. Stefanie Heinen
Umschlaggestaltung: fuxbux, Berlin unter Verwendung
eines Motivs von © Manfred Esser, Bergisch Gladbach
Satz: fuxbux, Berlin
Gesetzt aus der Rooney und der Heroic
Druck und Einband: GGP Media GmbH, Pößneck

Printed in Germany
ISBN 978-3-86995-092-1

5 4 3 2

Sie finden uns im Internet unter www.quadrigaverlag.de
Bitte beachten Sie auch www.luebbe.de

Ein verlagsneues Buch kostet in Deutschland und Österreich jeweils überall dasselbe.
Damit die kulturelle Vielfalt erhalten und für die Leser bezahlbar bleibt, gibt es die *gesetzliche Buchpreisbindung*. Ob im Internet, in der Großbuchhandlung, beim lokalen Buchhändler, im Dorf oder in der Großstadt – überall bekommen Sie Ihre verlagsneuen Bücher zum selben Preis.

INHALT

ZU DIESEM BUCH

Wer sich mit Politik beschäftigt, kennt ihn: Wolfgang Bosbach, einen der bekanntesten CDU-Politiker. Ein Konservativer mit klaren Vorstellungen von Rechtsstaatlichkeit, ein leidenschaftlicher Patriot, ein Mann, der Klartext spricht und sich nicht in Sowohl-auch-auch-Floskeln flüchtet, nicht zuletzt ein Rheinländer, dessen Sprachmelodie und dessen Humor selbst kompromisslosen Formulierungen viel von ihrer Schärfe nehmen.

Dieser Abgeordnete ist bekannter als die meisten Minister und Ministerpräsidenten. Weil er allzeit bereit ist, öffentlich Rede und Antwort zu stehen – in Fernsehtalkshows, Hörfunk- und Zeitungsinterviews, als im ganzen Land gefragter Vortragender und Wahlkämpfer, nicht zuletzt auch als wortgewaltiger Redner im Deutschen Bundestag. Man kann sich in der Politik vieles vorstellen – aber nur schwer die deutsche Politik ohne Wolfgang Bosbach.

Als ich gefragt wurde, ob ich ein Interviewbuch mit Wolfgang Bosbach veröffentlichen wolle, sagte ich sofort zu. Wir kennen uns seit vielen Jahren. Schon deshalb versprach ich mir spannende Gespräche über die Politik im Allgemeinen und die CDU im Besonderen. Ich vermutete zudem, dieses Buch würde so etwas wie ein früher »Aufschlag« des begeisterten Tennisspielers für den Bundestagswahlkampf 2017. Doch es kam anders: Wolfgang

Bosbach begründet und erklärt in diesem Buch seinen Abschied als Bundestagsabgeordneter. Für die Wahl 2017 wird er nicht mehr kandidieren. Er legt sich hier eindeutig fest; eine Revision seiner Entscheidung wäre ohne Gesichtsverlust nicht möglich. Offenbar soll niemand aus der CDU auch nur versuchen, ihn umzustimmen.

Obwohl dieses Buch das letzte sein dürfte, an dem Wolfgang Bosbach als Mitglied des Deutschen Bundestags mitgewirkt hat, ist es dennoch kein Abschiedswerk, kein nostalgischer Blick zurück in die Zeit, als – angeblich – noch alles besser war. Nein, Wolfgang Bosbach blickt durchaus in die Zukunft – in die Zukunft Europas wie die des Euro, auf die künftige Sicherheitslage, die Veränderungen, die Deutschland durch eine unkontrollierte und ungesteuerte Zuwanderung drohen können, in die Zukunft unseres demokratischen Gemeinwesens wie die weitere Entwicklung der CDU, seiner CDU.

Bei unseren Gesprächen ging es bisweilen lebhaft zu; es wurde auch viel gelacht. Denn der angehende Abgeordnete a. D. blickt souverän auf die 22 Jahre seit 1994, seiner ersten Wahl in den Bundestag, zurück. Gut, der Traum vom Innenminister ist nicht in Erfüllung gegangen. Letztlich bringt der loyale, aber nicht zur Selbstverleugnung neigende Innen- und Rechtspolitiker nicht jenes Maß an politischer Flexibilität mit, das die CDU-Vorsitzende und Kanzlerin Angela Merkel von ihren engsten Verbündeten erwartet.

Wolfgang Bosbach geht, aber er geht nicht verbittert oder gar beleidigt. Er ist eher enttäuscht, dass seine CDU offenbar glaubt, auf Persönlichkeiten wie ihn – über 60 Jahre alt, männlich und ohne Migrationshintergrund – verzichten zu können, dass sie Konservative wie ihn eher duldet als stolz in ihren Reihen hat, dass die Parteiführung von den drei Wurzeln der CDU – der christlich-sozialen, der liberalen und der konservativen – Letztere irgendwie verkümmern lässt. Wäre Bosbach heute nicht 64 Jahre alt, sondern zehn, zwanzig Jahre jünger und kerngesund – er wäre der ideale »Mister Conservative« der CDU und könnte dem »Berliner Kreis« mehr Gewicht in den innerparteilichen Meinungsbildungsprozessen verschaffen. Aber diese Last war ihm, wohl auch wegen seiner Krebserkrankung, zu schwer. So müssen sich Öffentlichkeit und Medien in naher Zukunft an einen Bundestag ohne Wolfgang Bosbach gewöhnen. Und damit an ein Parlament, in dem eine gewichtige Stimme auf dem Feld der Innen- und Rechtspolitik fehlen wird, ebenso ein Streiter für die strikte Einhaltung der einst vereinbarten Euro-Regeln. Dass dieser Vollblutpolitiker sich ganz von der politischen Bühne verabschieden, dass er nicht weiterhin als Mahner und Antreiber zu vernehmen sein wird, das kann man sich nicht vorstellen – das will man sich auch nicht vorstellen.

Dieses Buch gibt wieder, was Wolfgang Bosbach in langen Gesprächen geantwortet und gesagt hat. Der Interviewer selbst fällt kein Urteil über die Hauptperson, über ihre politische Agenda, Erfolge oder Misslungenes. Wolfgang Bosbachs Aussagen zu beurteilen bleibt allein dem Leser überlassen.

Berlin/Bad Homburg, im Juli 2016

Dr. Hugo Müller-Vogg

1. WERTE UND MOTIVE

Leider kann ich meiner CDU in einigen
wichtigen Punkten nicht mehr folgen.

»… hat sich in den Umfragen der Demoskopen, wer die wichtigen, kompetenten und beliebten Politiker – Merkel und Steinmeier, Schäuble und Seehofer und so fort – seien, etwas ganz und gar Ungewöhnliches ereignet. Der Aufstieg eines Mannes war zu verzeichnen, der in der Politik, wenn sie bedeutend und mithin nachhaltig wird, nichts zu sagen hat. Eines Mannes, der nicht Partei- und nicht Fraktionsvorsitzender ist. Und der auch nicht dem Bundeskabinett angehört. Von Wolfgang Bosbach ist die Rede.

Bosbach ist CDU-Mitglied und gehört dem Bundestag an. Er ist ein politischer Kümmerer. Seinen Wahlkreis vor den Toren Kölns gewinnt er stets mit CSU-vergleichbaren 60-Prozent-Ergebnissen. Bosbach hat schon Merkels Eurokurs widersprochen, was einst ihren damals engsten Mitarbeiter, Kanzleramtschef Ronald Pofalla, zur Weißglut trieb und zu Wutausbrüchen (›Ich kann deine Fresse nicht mehr sehen‹) veranlasste. Bosbach widersprach auch Merkels Flüchtlingspolitik des ›Wir schaffen das‹.

Wolfgang Bosbach jedenfalls rückte – aus dem demoskopischen Nichts – auf Platz 3 vor –, hinter Wolfgang Schäuble, dem Elder Statesman des Bundeskabinetts, und Frank-Walter Steinmeier, dem für höchste Staatsämter tauglichen Außenminister. Mithin: Bosbach stand vor Merkel. Dort steht er seit September und noch heute. Nett gemeinte Glückwünsche beschied er halbironisch:

›Hoffentlich gibt das keinen Ärger.‹ Den Ärger hat nicht er, der fröhliche und volksnahe Rheinländer. Den Ärger haben andere.«

Zitat aus: Günter Bannas: Die dementierte Kanzlerin.
In: *Frankfurter Allgemeine Zeitung*, 10.01.2016.

Herr Bosbach, Sie machen seit vier Jahrzehnten mit großer Leidenschaft Politik. Dass Sie seit 2004 einen Herzschrittmacher tragen und seit 2010 an Krebs erkrankt sind, hat Sie offenbar nicht gebremst. Im Gegenteil. Ist Politik für Sie so etwas wie eine Droge? Sind Sie abhängig?
Politik war immer ein wichtiger Teil meines Lebens, aber nie mein ganzes Leben. Zwar kann ich mir ein Leben ganz ohne Politik nur sehr schwer vorstellen, aber das heißt nicht, dass ich nicht loslassen kann. Ich weiß, wann es Zeit wird aufzuhören.

Im Allgemeinen schaffen es nur ganz wenige Politiker, den Zeitpunkt ihres Abschieds selbst zu bestimmen. Die meisten verpassen ihn und werden dann von den Wählern oder den eigenen Parteifreunden in die Wüste geschickt.
(Lacht.) Ich hoffe, dass ich den richtigen Zeitpunkt gefunden habe. Jedenfalls muss meine Kreispartei nicht sagen: »Langsam wird es aber Zeit, dass er aufhört. Wir wissen nur noch nicht, wie man es ihm schonend beibringen kann.« Man sollte in dem Moment aufhören, wenn man selbst das Gefühl hat, nichts mehr bewegen oder verändern zu können, obwohl dringender Handlungsbedarf besteht.

Und der richtige Moment, aus der Politik auszusteigen, ist Ihrer Meinung nach das Ende der laufenden Legislaturperiode im Herbst 2017?
Ja, ich habe meinen Parteifreunden im Rheinisch-Bergischen Kreis bereits gesagt, dass ich bei der Bundestagswahl 2017 nicht mehr antreten werde.

So ganz überraschend dürfte das für Ihre Parteifreunde nicht gewesen sein. Sie hatten ja schon im Sommer 2015 mit Rückzugsgedanken gespielt

Ja, eigentlich war ich schon im Juli 2015 entschlossen, wegen der sogenannten Euro-Rettungspolitik, mein Mandat niederzulegen. Die Parteifreunde zu Hause haben mich aber überzeugt, dass das zu diesem Zeitpunkt keine kluge Entscheidung gewesen wäre. Dafür gab es mindestens zwei wichtige Argumente. Das eine lautete: Du besitzt ein Mandat für vier Jahre und hast früher Abgeordnete kritisiert, die während einer Wahlperiode ihr Mandat niedergelegt haben. Das andere: Du bist 2013 von vielen nicht trotz, sondern wegen deiner Kritik an der Euro-Politik mit einem sehr guten Erststimmenergebnis gewählt worden. Du kannst gerade diese Wähler nicht enttäuschen.

Aber jetzt sind Sie zu der Überzeugung gelangt, 23 Jahre Bundestag sind genug?

Die Argumente meines CDU-Kreisverbandes bezogen sich auf eine Mandatsniederlegung mitten in der Wahlperiode, nicht schon auf die nächste Bundestagswahl. Die Parteifreunde hatten mich dringend gebeten, das Mandat nicht niederzulegen, deshalb habe ich nur den Vorsitz im Innenausschuss abgegeben. Ich wollte mich allerdings auch nicht festlegen, 2017 noch einmal anzutreten; zu diesem Zeitpunkt musste ich mich in diesem Punkt auch noch nicht entscheiden. Die politische Entwicklung seit dieser Zeit, insbesondere im Zusammenhang mit der Flüchtlingskrise, hat mir dann mit jedem Tag deutlicher gemacht, dass es richtig ist, 2017 nicht erneut zu kandidieren.

Was gab dafür den Ausschlag?

Es gibt nicht nur einen Grund, sondern ein ganzes Bündel von Gründen. Zum einen möchte ich wirklich nicht auf Dauer die Kuh sein, die quer im Stall steht, und als Quertreiber gelten. Unbegreiflich sind für mich auch Vorwürfe, meine Haltung in bestimmten Sachfragen entspringe einer Profilierungssucht oder wäre das Ergebnis unerfüllter Karrierewünsche. Bei solchen Vorwürfen hört für mich der Spaß auf. Da ist das Maß des Erträglichen überschritten.

Außerdem habe ich nicht mehr das Gefühl, dass ich politisch tatsächlich noch etwas bewegen oder verändern kann. Jede politische Haltung, jede Äußerung, die von der Regierungslinie abweicht, wird heute sofort als Anti-Merkel-Kurs und damit als Nachweis der Gegnerschaft zur Kanzlerin dokumentiert. Auf die Idee, dass es mir ausschließlich um die Sache geht, kommt so gut wie niemand.

Ist das nicht etwas übertrieben?

Ein kleines Beispiel von vielen: Ende Mai 2016 habe ich bei der CDU Dissen den Festvortrag anlässlich des 50-jährigen Jubiläums der Stadtpartei gehalten und dort unter anderem geäußert, dass ich mir wünsche, dass die Union eine lebendig diskutierende Volkspartei ist – und bleibt. In diesem Zusammenhang hatte ich wörtlich gesagt: »Alternativen gibt es immer. Die Frage ist, welche Alternative in der politischen Entscheidungsfindung die beste ist. Und darüber muss es in der Demokratie lebendige Diskussionen geben.«

Aus dieser Passage, die eigentlich an Harmlosigkeit und Selbstverständlichkeit kaum zu überbieten ist, hat die *Neue Osnabrücker Zeitung* die Überschrift gemacht »Bosbach (CDU) attackiert in Dissen Kanzlerin Merkel«. Mit anderen Worten: Allein der Wunsch, dass in der Union über strittige Themen lebendig diskutiert wird, gilt heutzutage schon als Angriff auf die eigene Parteivorsitzende und die Bundeskanzlerin.

Gerne fallen auch Begriffe wie »Rebell« oder – ganz neu im Angebot – »Modernisierungskritiker«. Da muss ich wirklich schmunzeln. So ändern sich die Zeiten. Früher warst du Rebell, wenn du eine revolutionäre Bewegung angeführt hast. Heute bist du ja schon Rebell, wenn du bei deiner Meinung bleibst und wenn man nicht kritiklos jede politische Kursänderung mitmacht, sondern aus inhaltlicher Überzeugung bei dem bleibt, was die Partei zu bestimmten Themen immer gesagt hat. Das gilt anno 2016 als unmodern oder – wenn man viel Pech hat – als reaktionär.

Eigentlich ist die Lage aus meiner Sicht geradezu paradox: In keiner einzigen politischen Frage vertrete ich eine Position, die früher nicht auch einmal die Position meiner Partei war. Wohlgemerkt: war. Wer mir vorwerfen will, dass ich nicht schnell genug in der Lage bin, meine politischen Positionen zu wechseln, der mag das tun. Dieser Vorwurf wäre sogar gerechtfertigt. Mit diesem Vorwurf könnte ich allerdings sehr gut leben.

Welche Rolle spielt Ihre Krebserkrankung bei der Entscheidung, 2017 nicht noch einmal anzutreten?
Wenn man spürt, dass die Kraft nachlässt, fragt man sich, wofür man die noch vorhandene Kraft aufwenden sollte. Und warum immer weiterkämpfen, wenn man sieht, dass die Mehrheit der eigenen Fraktion vieles ganz anders sieht? Ich bedauere es sehr, dass ich in einigen wichtigen Punkten meiner CDU nicht mehr folgen kann. Aber ich möchte nicht wie Don Quijote enden und ständig einen Kampf gegen Windmühlen führen, wenn ich von vornherein weiß, dass ich das, was ich aus Überzeugung für richtig halte, doch nicht durchsetzen kann.

Also, Sisyphos war ja angeblich ...
... ein glücklicher Mensch (lacht schallend). Auch wenn Sisyphos ein glücklicher Mensch war, möchte ich nicht für weitere vier oder gar acht Jahre seinen Job machen.

Ich muss nochmal auf Ihre angegriffene Gesundheit zur sprechen kommen. Wenn Sie völlig gesund wären, würden Sie dann auch nicht mehr antreten?
Eine legitime, wenn auch hypothetische Frage. Wahrscheinlich

hätte ich auch ohne Krebserkrankung dieselbe Entscheidung getroffen, weil ich nicht auf Dauer einen Spagat zwischen notwendiger Loyalität gegenüber meiner Partei und wachsenden Zweifeln am politischen Kurs der CDU machen möchte. Ich bin 1972 ja nicht durch Zufall oder Versehen Mitglied der CDU geworden, sondern wegen der Überzeugung, dass diese Partei die Probleme dieses Landes besser lösen kann als die politische Konkurrenz. Daran hat sich im Grundsatz nichts geändert. Aber es hat doch eine gewisse Entfremdung zwischen der CDU und mir stattgefunden, leider in ganz zentralen politischen Fragen. Die Bundesregierung hat beispielsweise kritisiert, dass die EU-Kommission bei der Einlagensicherung von Banken noch nicht einmal eine Folgenabschätzung vorgenommen habe. Da hat sie recht! Wann aber hat die Bundesregierung eine Folgenabschätzung zur derzeitigen Praxis der Aufnahme von Flüchtlingen vorgenommen? Wenn gesagt wird, Deutschland werde sich durch die große Zuwanderung von Menschen aus anderen Kulturkreisen ändern, dann würde mich schon interessieren, wie diese gesellschaftlichen Veränderungen denn konkret aussehen sollen. Ich kann mich gut an einen Brief von Charlotte Knobloch erinnern …

… der früheren Präsidentin des Zentralrats der Juden in Deutschland …
… die mit einfachen, aber eindringlichen Worten in etwa sinngemäß formuliert hat: »Ich möchte gar nicht, dass Deutschland sich ändert. Das ist das beste Deutschland, das wir je hatten, mit einer in jeder Hinsicht funktionierenden Demokratie.«
Sie hat offensichtlich Befürchtungen, dass mit der hohen Zahl muslimischer Zuwanderer auch der Antisemitismus bei uns zunehmen könnte. Eine gründliche Debatte, wie sich unsere Gesellschaft durch die unkontrollierte Zuwanderung verändert, mit welchen Folgen für Staat und Gesellschaft, haben wir leider bis zur Stunde nicht geführt.

*Sie haben von einer gewissen Entfremdung zwischen Ihnen und
Ihrer Partei gesprochen. Wann begann denn dieser Prozess?*
Schon am Abend der letzten Bundestagswahl. Das Wahlergebnis
war für die Union doch nur auf den ersten Blick großartig. Daher habe ich mich über den grenzenlosen Jubel im Konrad-Adenauer-Haus mehr als nur gewundert. Hatte denn dort niemand
bemerkt, dass wir unser wichtigstes Wahlziel – Fortsetzung der
schwarz-gelben Koalition – glatt verfehlt hatten? Nicht nur das:
Unser Koalitionspartner FDP war aus dem Parlament herausge-
flogen, und es gab im Bundestag plötzlich eine linke parlamentarische Mehrheit – auch wenn die Union mit Abstand stärkste
parlamentarische Kraft war. Das war in der vorangegangenen
Wahlperiode ganz anders. Über eine linke parlamentarische
Mehrheit konnte ich mich noch nie freuen, deshalb hielt sich
meine Begeisterung über das Wahlergebnis stark in Grenzen.

Und in der Folgezeit?
Meine Verwunderung setzte sich während der Koalitionsverhandlungen fort. Bei den Verhandlungen über die Innenpolitik
habe ich bei mehr als einem Beratungspunkt gemerkt, dass der
Kollege Ole Schröder mit mir zwar tapfer für die Positionen
der Union gekämpft hat, dass aber andere CDU-Politiker relativ
rasch bereit waren, der SPD Zugeständnisse zu machen. Dem am
Ende ausgehandelten Koalitionsvertrag konnte man das wahre
Kräfteverhältnis im Parlament zwischen Union und SPD nun
wirklich nicht ansehen. So großartig die 41,5 Prozent für CDU
und CSU waren, die Verhandlungserfolge der Union waren doch
sehr überschaubar.

*Wenn ich Ihnen so zuhöre, fällt es mir schwer, mir den Polit-
pensionär Bosbach vorzustellen.*
(Lacht). Es gibt noch so viele Dinge im Leben, die ich unbedingt
machen möchte. Ich habe von der Welt sehr viel noch nicht gesehen und auch familiär zu viel verpasst. Auch Begegnungen

mit Freunden kamen in den letzten Jahrzehnten zu kurz. Das möchte ich unbedingt nachholen.

Aber Sie können doch niemals ganz von der Politik lassen.
Das kann ich mir auch nicht vorstellen. Ich werde immer ein politisch interessierter und engagierter Mensch bleiben. Aber Politik wird nicht mehr mein Beruf sein, das ist schon ein großer Unterschied.

Was wird der Abgeordnete a. D. Wolfgang Bosbach von 2018 an tun? Werden Sie wieder verstärkt als Anwalt tätig sein? Lassen Sie sich in den Kreisvorstand der CDU im Rheinisch-Bergischen Kreis wählen?
Nein, ich werde mit Sicherheit kein politisches Amt mehr anstreben. Auch wenn es etwas pathetisch klingen mag: 42 Jahre politische Arbeit in der Kommunalpolitik und im Bundestag sind schon ein langer Zeitraum. Es ist doch besser, wenn die Leute sagen: »Schade, dass du aufhörst«, als dass sie stöhnen: »Höchste Zeit, dass der endlich geht.« Es kann also nach 2017 schon sein, dass ich morgens nicht zuerst den politischen Teil der Zeitung lese, sondern den Sportteil. Das ist doch auch eine schöne Perspektive.

Was wird denn Ihre Frau sagen, wenn Sie plötzlich ständig zu Hause sind?
(Lacht.) Es ist ihre große Sorge, dass ich unseren wohlorganisierten Haushalt durcheinanderbringe. Aber die Sorge muss sich Sabine wirklich nicht machen. Gerne würde ich auch meine derzeit reduzierte Anwaltstätigkeit wieder ausweiten.

Dann haben Sie ja Zeit für Ihre Memoiren.
Memoiren werde ich sicher nicht schreiben. Vielleicht ein Buch über meine Erlebnisse in vielen Wahlkämpfen, darunter auch wirklich interessante Erfahrungen, aber auch viele lustige Episoden.

Wie wär's mit einer Kostprobe?

Politisch trennen die Kollegin Ulla Jelpke von der Linkspartei und mich Welten. Jedenfalls fällt mir im Moment kein Thema ein, wo wir beide mal einer Meinung waren. Bei Delegationsreisen ist sie allerdings eine ausgesprochen angenehme Mitreisende. Bei einer der ersten Reisen in die USA hat sie freimütig bekannt, sie spräche leider nicht fließend Englisch, sie sei daher für eine Übersetzung der Diskussion mit unseren amerikanischen Gastgebern dankbar. Ich habe mich sofort angeboten, als Dolmetscher zu fungieren – und zwar aus gutem Grund. Ich setzte mich neben Ulla Jelpke und übersetzte im Flüsterton. Nach gut zehn Minuten sah sie mich mit großen Augen an und meinte trocken: »Was soll das denn? Also etwas Englisch verstehe ich schon. Und von dem, was Sie da sagen, stimmt noch nicht mal die Hälfte.« Sie hatte mich erwischt. Antwort: »Na ja, das ist zwar keine wörtliche Übersetzung, mehr so eine Art freimütige Interpretation des Gesagten. Ich will ja nicht, dass Sie sich aufregen ...« Von da an wurde von ihr wieder professionelle Übersetzungshilfe angefordert.

Auch wenn Sie aus dem Bundestag ausscheiden: »Ihre« Themen wie Flüchtlinge, Euro oder Terrorbekämpfung bleiben.

Diese Themen werden uns erhalten bleiben, ganz sicher.

Und Sie werden sich da nicht mehr zu Wort melden?

Jedenfalls nicht ungefragt. Wenn jemand meine Meinung wissen möchte, werde ich sie freimütig äußern. Vielleicht auch etwas befreiter als jetzt, weil ich dann nicht mehr ständig überlegen muss, welche Konsequenzen meine Äußerungen haben könnten. Mit dem permanenten Spagat zwischen der Meinung der Partei und meiner eigenen ist es dann vorbei.

Im Abgeordneten-Ruhestand haben Sie ja noch mehr Zeit für Talkshows.

(Lacht.) Ich gehe jetzt mal davon aus, dass die Zahl der Einladungen deutlich zurückgehen wird, sobald ich kein politisches Amt mehr innehabe. Dann hätte ich mal Zeit, mir in Ruhe eine Talkshow anzusehen. Das kommt jetzt so gut wie nie vor, weil ich abends aus politischen Gründen dauernd unterwegs bin, und wenn ich dann am späten Abend nach Hause komme, dann müssen die letzten Minuten nicht auch noch der Politik gehören.

Aber denken Sie doch daran, wie häufig etwa Egon Bahr noch im hohen Alter im Fernsehen zu sehen war.
Das ist etwas anders: Egon Bahr, Theo Waigel oder Edmund Stoiber hatten allesamt einmal hohe Staatsämter in Regierungen inne, ich nie.

Noch sind Sie nicht im Ruhestand. Was wäre eigentlich, wenn Ihre Parteifreunde Sie händeringend bitten würden, doch noch einmal anzutreten?
Dann wären diese Bemühungen vergebens. Auch deshalb, weil die CDU deutlich gemacht hat, dass sie dringend einen sogenannten Modernisierungsschub braucht. Da gehören Politiker wie ich eher zu den Auslaufmodellen. Bereits vor zwei Jahren hat Generalsekretär Tauber verkündet, dass die CDU »jünger, bunter, weiblicher« werden soll. So richtig passt das ja wirklich nicht zu mir. Ich werde ständig älter, nicht jünger. Frau werde ich auch nicht mehr, und angesichts meines Geburtsortes Bergisch Gladbach wird man selbst im fernen Berlin nicht behaupten, dass ich einen Migrationshintergrund habe.

Auch wenn Sie den Maßstäben von Herrn Tauber an moderne CDU-Politiker vielleicht nicht ganz entsprechen: Sie werden sich vor Einladungen zu Wahlkampfauftritten kaum retten können.
Da werden Sie sicher nicht Nein sagen, oder?
Eigentlich wollte ich mich ja nicht mehr in den Wahlkampftrubel stürzen, aber wenn gute, persönliche Freunde aus der

Fraktion darum bitten sollten, könnte ich noch einmal rückfällig werden. Howard Carpendale hat ja auch mehr als eine Abschiedstournee gemacht (lacht).

Und wie geht es bis zum Ende der Wahlperiode weiter?
Genauso wie in den letzten 22 Jahren. Auch wenn ich nicht erneut für den Bundestag kandidiere, werde ich nicht mit angezogener Handbremse arbeiten. Für halbe Sachen habe ich überhaupt kein Talent. Daher gilt für mich bis zum Ende dieser Wahlperiode die Parole »Endspurt«!

Was macht eigentlich den Reiz der Politik aus? Die Möglichkeit zu gestalten? Oder ist es die Macht? Oder befriedigt es, als Person des öffentlichen Lebens erkannt zu werden?
Oft wird uns Politikern Macht zugeschrieben, die aber haben wir höchstens in homöopathischen Dosen. Macht bedeutet Herrschaft, verbunden mit der Fähigkeit, anderen Menschen den eigenen Willen aufzuzwingen. Wann und wo hat man diese Möglichkeit schon in der politischen Praxis?

Der Reiz politischer Arbeit besteht eher darin, ganz konkret an der Zukunftsgestaltung mitwirken zu können. Ganz gleich, ob auf Bundes- oder Landesebene oder in der kommunalen Politik. Und oftmals hat man auch die Chance, Menschen bei der Lösung von Problemen oder in schwierigen Lebenslagen ganz unbürokratisch helfen zu können. Das ist eigentlich der schönste Teil der politischen Arbeit.

Sie beschließen Gesetze, und die sind für alle Bürger verbindlich. Ist das nicht Ausdruck von Macht?
Ja, aber das ist dann die Macht der Verfassungsorgane, des Bundestages und vor allen Dingen des Bundesverfassungsgerichts. Aber der einzelne Abgeordnete kann doch relativ wenig ausrichten. Es ist zunächst einmal eine faszinierende Aufgabe, an der Zukunft des Landes mitgestalten und mitentscheiden zu können.

Für mich war es immer sehr wichtig, Menschen in konkreten Situationen wirklich helfen zu können. Manchmal gelingt das beim besten Willen nicht, aber hin und wieder kann man in wirklich schwierigen Situationen helfen. Das macht dann wirklich Freude.

Und wie steht es um die eigene öffentliche Wirkung?
Wer bestreitet, dass es ihm gefällt, wenn man gekannt und erkannt wird, dem glaube ich das nicht. Mir jedenfalls bereitet es immer wieder große Freude, zumal ich fast ausnahmslos gute Erfahrungen gemacht habe. In den letzten zwanzig Jahren waren nur ganz wenige Erlebnisse und Begegnungen dabei, auf die ich gerne verzichtet hätte.

Kein Politiker kann sich um alles kümmern. Hatten Sie, als Sie in den Bundestag gingen, zwei oder drei große Ziele, die Sie unbedingt erreichen wollten? Oder haben sich diese Ziele eher von selbst ergeben?
Ich hatte schon vorher zwölf Jahre für den Bundestagsabgeordneten Franz Heinrich Krey gearbeitet, meinen Vorgänger im Wahlkreis Rheinisch-Bergischer Kreis. Schon Franz Heinrich Krey war achtzehn Jahre lang Mitglied des Innenausschusses und in den letzten Jahren stellvertretender Vorsitzender. Von daher war mir die Arbeit vertraut. Ich wollte unbedingt in seine Fußstapfen treten. Politisch-inhaltlich ging es bis heute im Wesentlichen um zwei Themen: Innere Sicherheit und Zuwanderung. Ich wollte dazu beitragen, Deutschland sicherer zu machen beim Kampf gegen die Kriminalität und den Terror in all seinen Erscheinungsformen. Die öffentliche Berichterstattung konzentriert sich bei uns nach meiner Überzeugung fast ausschließlich auf die Täter und viel zu wenig auf die Opfer und die Schicksale ihrer Angehörigen. Beim Thema Zuwanderung und Integration konnte ich damals allerdings noch nicht ahnen, welche Bedeutung dieses Politikfeld ganz aktuell bekommen würde.

Auch wenn es schwerfällt, sich selbst zu beurteilen: Was hat der Abgeordnete Bosbach erreicht?

Eine wirklich interessante Erfahrung war für mich, dass es auch aus der Opposition heraus möglich ist, durch intensives Verhandeln, insbesondere durch Konzentration auf die Sache, Veränderungen und – aus Sicht der Union – Verbesserungen zu erreichen. Das gelang zum einen beim Kampf gegen den internationalen Terrorismus infolge der Ereignisse nach dem 11. September 2001 in Verhandlungen mit dem damaligen Bundesinnenminister Otto Schily und dem Chef-Innenpolitiker der Union, dem bayerischen Innenminister Günther Beckstein. Das gelang auch bei der Gesetzgebung zur Zuwanderung und Integration nach Abschluss der Arbeit der sogenannten Süssmuth-Kommission. Es war eine besonders harte innenpolitische Auseinandersetzung über die richtige Zuwanderungspolitik, bei der es zu einem Eklat im Bundesrat kam, im Zusammenhang mit dem Abstimmungsverhalten des damaligen brandenburgischen Innenministers Jörg Schönbohm.

Bundesratspräsident Klaus Wowereit wollte das brandenburgische Nein nicht anerkennen.

Das war verfassungswidrig und wurde auch vom Verfassungsgericht so bewertet. Jedenfalls habe ich mitgeholfen, einen deutlichen Schwerpunkt bei der Integration zu setzen, insbesondere bei der Implementierung von Sprach- und Integrationskursen, die es bis 2005 in dieser Form nicht gab. Wir hatten einzelne Angebote in den Kommunen, aber bundesweit einheitliche Kurse mit mehr als 600 Unterrichtsstunden mit Pflicht zur Teilnahme und des Nachweises bestimmter Qualitätsstandards gab es bis dahin nicht.

Kann man Ihren Beitrag zur Inneren Sicherheit noch etwas konkretisieren? An welche Gesetze denken Sie?

Insbesondere an die beiden sogenannten Otto-Kataloge nach

den Ereignissen vom 11. September 2001 in New York. Es war die richtige Mischung aus Prävention und Repression, kombiniert mit notwendigen Maßnahmen der Organisation und Kooperation der Sicherheitsbehörden. Damals wurde mit einem Schlag deutlich, dass eine hohe Zahl von Sicherheitsbehörden allein noch keine Sicherheit generiert, sondern dass diese nur durch eine enge, vertrauensvolle Zusammenarbeit und den Austausch von Daten und Fakten erreicht werden kann. Die Einrichtung des gemeinsamen Terrorismusabwehrzentrums in Berlin-Treptow war mindestens ebenso wichtig wie die übrigen gesetzgeberischen Maßnahmen.

Ich will ein Beispiel herausgreifen, das damals Gegenstand lebhafter Auseinandersetzungen war: die Streichung des sogenannten Religionsprivilegs aus dem Vereinsgesetz. Durch die Anschläge vom 11. September 2001 und die Motive der Täter wurde deutlich, dass Religion nicht rechtlich privilegiert werden darf, wenn es nicht mehr um die Freiheit der Religionsausübung, die eigene religiöse Überzeugung des Bürgers, geht, sondern wenn aus religiösem Extremismus heraus schwere Gefahren für die Allgemeinheit drohen.

Es gibt sicher auch Vorhaben, bei denen Sie nicht erreicht haben, was Sie erreichen wollten, wo Sie Niederlagen einstecken mussten.
Mehr als einmal. Ich bin immer wieder überrascht, dass wir jetzt Themen entdecken, die eigentlich schon vor fünfzehn Jahren auf der politischen Tagesordnung standen, und heute so tun, als wenn das gerade revolutionäre Gedanken wären. Zwei Beispiele dazu: Telefonüberwachung und Integration.

Seit Jahren wissen wir, dass wir bei der Überwachung der Telekommunikation technisch an Grenzen stoßen, wenn wir nicht die sogenannte Quellen-TKÜ erlauben. Das wissen die Täter genauso gut wie die Sicherheitsbehörden. Wenn sie besonders raffiniert vorgehen, sind sie im Vorteil gegenüber den Sicherheitsbehörden. Die CDU fordert deshalb seit Jahren eine verfassungsrechtlich zweifelsfreie und praxistaugliche Rechtsgrundlage für die notwendige Quellen-TKÜ. Ohne diese Möglichkeit haben wir eine Schutzlücke. Und warum ausgerechnet direkt nach den Anschlägen vom 11. September die Sympathiewerbung für terroristische Vereinigungen straflos gestellt wurde, ist für mich bis heute völlig unverständlich. Leider konnten wir das bislang nicht wieder ändern.

Quellen-TKÜ? Helfen Sie mir bitte auf die Sprünge.
Von einer »Quellen-TKÜ« sprechen wir deshalb, weil die Überwachungsmaßnahme an der Quelle des geführten Gespräches andocken muss, also vor der Verschlüsselung des Textes. Das unterscheidet die Quellen-TKÜ von den technisch herkömmlichen Überwachungsmaßnahmen der Telekommunikation.

Ich bin immer wieder erstaunt darüber, welchen Widerstand es gegen Quellen-TKÜ gibt, obwohl sie schon seit Langem ein unverzichtbares Mittel zur Abwehr oder Verfolgung von schweren Straftaten ist.

Und Ihre Niederlage beim Thema Integration?
Bei der Integration diskutieren wir wieder einmal leidenschaftlich darüber, welche rechtlichen Organisationen wir schaffen und welche finanziellen Anstrengungen wir unternehmen müssen, damit wir das Ziel einer möglichst raschen und gelungenen Integration in unsere Gesellschaft, aber auch in unseren Arbeitsmarkt erreichen können. Schon wieder wird darüber gestritten, ob es bei schuldhafter Verletzung von Integrationspflichten Sanktionen geben darf oder nicht, obwohl die Formulierung »Fördern und Fordern« in der Arbeitsmarktpolitik schon seit vielen Jahren bewährte Praxis ist – warum sollte das beim Thema Integration plötzlich ganz anders sein? Wirklich abwegig ist das Argument, man könne Migranten doch nicht wegen der Nicht-Teilnahme an einem Sprach- und Integrationskurs drohen, wenn derartige Kurse nicht zur Verfügung stünden oder ausgebucht

seien. Natürlich kann man das nicht – diese Rechtsfolge hatte der Gesetzgeber aber auch nie beabsichtigt! Es ging immer nur um eine schuldhafte, also vorwerfbare Verletzung von Integrationspflichten. Das Thema stand schon vor vielen, vielen Jahren auf der politischen Tagesordnung, ohne dass wir da wirklich substanzielle Fortschritte erzielt hätten. Musste es wirklich bis zum Jahr 2016 dauern, bis sich hier etwas bewegt?

Sie betreiben Politik mit Leidenschaft. Ist Politik eigentlich Beruf oder Berufung?
Beides. Wenn man Abgeordneter im Landtag, Bundestag oder EU-Parlament ist, dann ist es mehr als nur ein Vollzeitberuf, ohne ein hohes Maß an Leidenschaft geht das nicht. Das ist kein Job wie jeder andere mit 40-Stunden-Woche und regelmäßigen Arbeitszeiten. Abgeordnete haben ja auch keinen beamtenähnlichen Status mit Wiederwahlgarantien bis zum Renteneintritt; wir Bundestagsabgeordnete haben immer nur Verträge mit unseren Wählerinnen und Wählern für vier Jahre. Eine Wahlperiode geht rasend schnell vorbei. Wer sich nicht dem Mandat mit Haut und Haaren verschreibt, wird es schwer haben, wieder nominiert oder gar mit einem guten Ergebnis direkt gewählt zu werden.

Max Weber hat einmal gesagt, die einen leben von der Politik, die anderen für die Politik. Bei Ihnen hat man den Eindruck, Sie gehörten zur zweiten Kategorie.
Ich lebe für die Politik, das ist richtig. Richtig ist aber auch, dass ich nie nur von der Politik leben wollte. Ich wollte mich von ihr wirtschaftlich nie ganz abhängig machen. Wenn aber Abgeordnete wie ich neben dem Mandat auch noch berufstätig sind, führt das immer wieder zu Debatten über die Zulässigkeit von Nebentätigkeiten oder über die Höhe der Einkünfte. Es ist immer wieder interessant, dass sich kein Politiker dafür rechtfertigen muss, wenn er in der politikfreien Zeit im Wald spazieren geht,

im Kino sitzt oder in der Sauna liegt. Aber wehe dem, der in derselben Zeit arbeitet und dann noch dafür Geld bekommt! Der muss sich immer wieder öffentlich erklären und rechtfertigen.

Der Kreis derer, die von der Politik leben, wächst ständig. Es gibt immer mehr junge Frauen und Männer, die gehen vom Hörsaal in den Plenarsaal. Andere landen im Kabinettssaal, ohne je einen Tag außerhalb der Politik gearbeitet zu haben. Sie alle sind materiell auf ihr Mandat angewiesen, leben ausschließlich von der Politik. Ist das nicht eine beunruhigende Entwicklung?
Es macht schon einen Unterschied, ob man aus einem gut dotierten Beruf kommt oder zum ersten Mal durch die Politik ein überdurchschnittlich hohes Einkommen erzielt. Dass man dieses Einkommen nicht gern wieder verlieren möchte, ist doch sehr verständlich. Allerdings gibt es vieles, was man nicht in der Schule oder auf der Universität lernen kann. Auch berufliche oder private Erfahrungen sind für die politische Arbeit wichtig. Man lernt allerdings nicht nur aus Erfolgen, auch aus Enttäuschungen. Niederlagen wegstecken zu können, aus ihnen zu lernen, auch das gehört zum Leben. Ich glaube schon, dass man seine politische Verantwortung etwas anders sieht oder seine politische Arbeit etwas anders gestaltet, wenn man auch über diese privaten und beruflichen Erfahrungen verfügt. Das ist kein negatives Urteil über junge Leute, die nach der Ausbildung oder schon während des Studiums den Sprung ins Parlament schaffen – da kann ich nur sagen: Respekt, Glückwunsch! Aber ein bisschen Lebens- und Berufserfahrung kann den Politikern und damit auch der Politik nur guttun, und ich bin sicher, dass dies die jungen Kolleginnen und Kollegen ebenso sehen.

Sie hätten wohl außerhalb der Politik deutlich mehr verdienen können. Sie hätten auch ein bequemeres Leben mit mehr Freizeit gehabt, mehr Zeit für Familie und Hobbys. Aber als Anwalt in Bergisch Gladbach wären Sie nie über ihre Heimat hinaus bekannt geworden. Wie groß war und ist für Sie der Reiz, in der Öffentlich-keit zu agieren?

Richtig ist, dass ich schon als selbständiger Rechtsanwalt ein relativ gutes Einkommen hatte. Mir war immer wichtig, dass ich mir meinen beruflichen Traum erfüllen konnte – zunächst als Supermarktleiter, dann als selbständiger Rechtsanwalt und später als Berufspolitiker. Wahrscheinlich hätte ich als Anwalt mehr verdienen können, doch ich musste auch nie auf etwas verzichten. Das Gefühl, dass ich mich für das Allgemeinwohl aufopfern müsste, hatte ich wirklich zu keinem Zeitpunkt. Ich habe zwar in den vergangenen 22 Jahren im Deutschen Bundestag auch einige Erfahrungen gemacht, auf die ich gut hätte verzichten können, aber die allermeisten Erfahrungen in der Parlamentsarbeit und in der Öffentlichkeit waren wichtig, interessant und vor allem erfreulich.

Manche Ihrer Bundestagskollegen versuchen den Eindruck zu vermitteln, das Mandat bedeute Opfer und Verzicht.

Vielleicht gibt es den ein oder anderen, der sich tatsächlich so darstellt, aber für die Mehrheit gilt das ganz bestimmt nicht. Ich habe mir nie an einem Schaufenster die Nase plattdrücken und denken müssen: »Wie schade, dass ich mir dieses und jenes nicht erlauben kann.« Wichtig war immer, dass ich in meinem Traumberuf arbeiten konnte. Die politische Arbeit war auch mit vielen interessanten Begegnungen verbunden, ich habe viele wunderbare Menschen kennengelernt. Damit meine ich nicht nur sogenannte Promis, sondern auch – wie der Rheinländer so schön sagt – »Lück wie ich un du«, die ich ohne mein Mandat nie kennengelernt hätte.

Können Sie sich eigentlich ein Leben ohne Mikrofone und Kameras vorstellen?

(Lacht schallend.) Gute Frage! Also: noch nicht! Ich muss manch-mal über mich selbst lachen, wenn ich das Handy auf »leise«

stelle, damit ich nicht gestört werde, aber nach einer Stunde sauer bin, dass noch keiner angerufen hat. So ist es aber!

Sie würden schon sagen, ja, ich bin auch ein bisschen eitel?
Mich freut es auch nach 22 Jahren Bundestag, wenn meine Meinung oder meine Person gefragt ist. Wenn es den Leuten nicht egal ist, was der Abgeordnete Bosbach zu bestimmten Themen sagt.

Ein Blick in den Kalender des Abgeordneten Wolfgang Bosbach

Montag, 25. Januar 2016

10.00 Uhr	Abflug Köln/Bonn
11.10 Uhr	Ankunft Berlin
	4U 014
11.45 – 12.15 Uhr	Terminbesprechung Büro
12.15 – 13.00 Uhr	Bürgerpost
13.00 Uhr	Teilnahme an Gespräch mit Auslandskorrespondenten wg. Stimmung in der Fraktion
	Ort: Haupteingang Bundespressekonferenz (Pförtner), dort werden Sie abgeholt
14.00 Uhr	Vertretung im Rechtsausschuss
	Ort: PLH, 2.600
16.00 Uhr	Interview (live) für RTL u. n-tv wg.
	Plan A2-Klöckner
	Ort: RTL, Behrenstr. 19
16.15 Uhr	Interview (live) wg. A 2 Plan-Klöckner,
	Radio 1 RBB, Volker Wiebrecht moderiert
	Ort: Sie rufen von RTL aus an
17.00 Uhr	Gespräch mit den Eheleuten Josef und Margot F. aus Niederkrüchten
	Ort: Büro Bosbach

17.15 Uhr	Interview für Belgisches Fernsehen wg. Flüchtlingskrise Ort: Flur, UdL 71
17.30 Uhr	Übergabe von Förderbescheiden für den Breitbandausbau (Entgegennahme des Förderbescheides für den Rheinisch-Bergischen Kreis) Ort: Erich Klausner Saal, BMVI, Invalidenstr. 44, 10115 Berlin
ab 18.00 Uhr	Ausstellung »Menschen meiner Zeit, die etwas bewegten«, Porträtfotos von Josef Albert Slominski (Sie sind auch dabei) Ort: LV NRW
19.30 Uhr	Landesgruppe NRW Ort: Saal Rheinland, LV NRW

Dienstag, 26. Januar 2016

7.45 Uhr	Interview (live) wg. A 2-Plan Klöckner, Unionsdebatte, RBB Info-Radio, Sabine Dahl moderiert Ort: Sie werden im Hotel angerufen
8.15 – 9.00 Uhr	»Auf ein Frühstücksei mit …«, Interview für Kolumne in der ZEIT über die Welt/das, was die Welt bewegt, Zeitungsnachrichten der letzten Tage, Moritz von Uslar Ort: Café Einstein, UdL
9.15 Uhr	AG Innen Ort: PLH, 2.300
09.30 Uhr	Einlass
10.30 Uhr	Preisverleihung Sterne des Sports 2015 Ort: DZ Bank, Pariser Platz 3
12.35 Uhr	Interview mit Guy Henderson (auf Deutsch) wg. Plan A2 für CCTV News Ort: Büro Bosbach

13.00 Uhr	Interview wg. Portrait zu Thomas de Maizière
	Ort: Sie werden im Büro angerufen
anschließend	Bearbeitung Bürgerpost
15.00 Uhr	Fraktionssitzung, ggf. Wahlen und
	Benennungen
	Ort: RT, Fraktionssitzungssaal
15.45 Uhr	Foto für »Ahnengalerie« Innenausschuss
	bitte zwei Krawatten zur Auswahl mitbringen
16.00 Uhr	Abfahrt Berlin zur Veranstaltung in Aschers-
	leben mit Frau Brehmer MdB
	Ort: PLH-West
19.00 Uhr	Rede beim Neujahrsempfang im Wahlkreis von
	Heike Brehmer MdB in Aschersleben
	Ort: Bestehornhaus, 06449 Aschersleben
ca. 21.00 Uhr	Rückfahrt nach Berlin

Sie sind nur einer von 630 Abgeordneten, aber viel bekannter als das halbe Kabinett. Was machen Sie anders als die meisten Ihrer Kolleginnen und Kollegen, die viel darum gäben, wenn sie nur halb so gefragt wären?

Vielleicht ist es die Mischung aus Offenheit und Klartext. Ich habe aus meiner politischen Meinung nie einen Hehl gemacht, auch dann nicht, wenn sie nicht der offiziellen Parteilinie oder der Haltung der Regierung entsprach. Das führt uns zu der Überlegung zurück, was materielle Abhängigkeit von der Politik bedeuten kann. Unabhängigkeit fällt dann leichter, wenn man keine Angst haben muss, nicht mehr gewählt oder aufgestellt zu werden und dadurch auch materielle Verluste zu erleiden.

Ich bemühe mich wirklich darum, meine Gedanken in eine klare Sprache zu fassen, sodass jeder weiß, wofür der Politiker Bosbach steht oder wogegen er kämpft. Es gibt in der Politik zu oft den Versuch, mit Formulierungen wie »einerseits, andererseits« oder »Alles hängt mit allem zusammen« oder auch – das wird immer gerne genommen –»vom Ende her denken« irgendwie über die Runden zu kommen. Die Zuhörer denken:»Das mag ja alles sein, aber wir wollten doch wissen, welche Meinung der Redner selbst hat.« Da muss man sich schon entscheiden. Auch auf die Gefahr hin, dass nicht das komplette Publikum die eigene Meinung teilt. Das gehört zum Berufsrisiko eines Politikers.

Es gibt auch Journalisten, die sich bei Kommentaren gerne in die Floskel »Bleibt abzuwarten« flüchten.
(Lacht.) Ich glaube, die Menschen lieben einen klaren Standpunkt, auch wenn sie diesen selbst nicht unbedingt teilen. Dann ist es vielleicht ein Privileg, dem Kabinett nicht anzugehören, weil man sich freier äußern kann. Ein Beispiel ist meine Haltung zur sogenannten Euro-Rettungspolitik und zu den Hilfspaketen für Griechenland. Wäre ich bei den Abstimmungen seit 2012 Bundesminister gewesen, hätte ich dieses Amt wegen der notwendigen Kabinettdisziplin wohl aufgeben müssen. Aber besser ein Amt aufgeben als seine politische Überzeugung.

Politiker sind nicht sonderlich angesehen.
Ja, das ist leider so.

Dem Bundespräsidenten Richard von Weizsäcker ist laut applaudiert worden, als er von »machtversessenen und machtvergessenen« Politikern und Parteien sprach. Hat Sie persönlich der schlechte Ruf von Politikern jemals gestört?
Ich habe mich über dieses berühmte Zitat deshalb gewundert, weil auch Richard von Weizsäcker ein Politiker war, sich selbst aber wohl nicht gemeint haben wird. Ein ähnliches Phänomen, wenn auch eine Etage tiefer, ist Heinz Buschkowsky, bis April 2015 Bezirksbürgermeister von Berlin-Neukölln. Der wäscht den Politikern ständig den Kopf und erweckt dabei den Eindruck, er sei kein Politiker und auch nie einer gewesen. Auf die Idee muss man erst einmal kommen! Sie können mir glauben: Mir sind

sämtliche Urteile über und Vorurteile gegen Politiker bekannt. Nicht alle Vorwürfe, die erhoben werden, sind gerechtfertigt, aber für viele Vorbehalte habe ich auch Verständnis.

Welche Vorbehalte meinen Sie denn?
Dass wir oft eine Sprache wählen, mit der wir unsere wahren Gedanken verbergen. Dass wir sehr schnell bereit sind, unsere Überzeugung aufzugeben, wenn es uns politisch opportun erscheint. Dass wir einen unglaublich großen Aufwand betreiben, um bescheidene Ergebnisse zu erzielen. Schon in jungen Jahren konnte ich zwölf Jahre lang einen Abgeordneten hautnah begleiten, in fünf Bundestagswahlkämpfen und während seiner parlamentarischen Arbeit. Deshalb habe ich mich schon in den Siebziger- und Achtzigerjahren über das Phänomen gewundert, dass achtzig Prozent der Menschen keine gute Meinung über Politiker haben, aber weit über achtzig Prozent sich freuen, wenn sie einem persönlich begegnen. Dieser Unterschied in der Bewertung des Ansehens im Allgemeinen und der persönlichen Begegnungen ist für mich heute noch faszinierend. Wir Politiker werden zwar in allen Umfragen immer noch deutlich besser bewertet als die organisierte Kriminalität, aber das ist wenig beruhigend, denn wir liegen traditionell immer in der unteren Hälfte der Ansehensskala.

Könnten und sollten Politiker Vorbild sein?
Ja, Vorbild sollten sie sein. Sie können es aber nur sehr begrenzt sein, was auch damit zusammenhängt, dass Parteipolitiker für eine klare politische Ausrichtung stehen, die von bestenfalls vierzig bis fünfzig Prozent der Bevölkerung geteilt wird. Insofern, glaube ich, geht es weniger um die inhaltliche Arbeit als um das persönliche Auftreten. Im Kern geht es in der Politik um Vertrauen. Dafür werben wir bei Wahlkämpfen. Wenn wir mit einem Mandat dieses Vertrauen erworben haben, muss man es von Tag zu Tag rechtfertigen. Diesen Gedanken kann man dann über-

tragen auf das private und berufliche Leben. Das ist in der Politik nicht anders als im richtigen Leben. Du kannst in fünf Minuten Vertrauen verspielen und brauchst Jahre, um es wieder zurückzugewinnen. Darauf ist es mir in den letzten zwei Jahrzehnten angekommen: Die Menschen sollten sich in ihrem Abgeordneten nicht getäuscht haben, nicht von ihm enttäuscht sein.

Es gibt die Standardvorwürfe, Politik sei ein schmutziges Geschäft und die Politiker dächten nur an sich. Stört Sie das? Fühlen Sie sich da beleidigt?
Es stört mich, weil alle Politiker unter Generalverdacht gestellt werden. In diesen Vorwürfen finde ich mich nicht wieder. Ich fühle mich aber nicht beleidigt, weil wir Politiker – leider – immer wieder Bespiele liefern, die diese Vorurteile bestätigen. Fehlverhalten gibt es in anderen Berufen auch, aber wir Politiker stehen anders unter öffentlicher Beobachtung und nehmen ein öffentliches Amt wahr. Wenn es einen Ärzteskandal gibt, zum Beispiel im Zusammenhang mit Organtransplantationen, dann geraten die betreffenden Ärzte in Verruf, vielleicht auch die Klinik, an der sie tätig sind, aber niemand würde doch sagen:»Ja, ja, so sind sie, die Ärzte.« Das ist bei Berufspolitikern völlig anders.

Nun ist Politik ein besonderes Gewerbe.
Ja, das ist tatsächlich so.

Eine Partei ist eine Gemeinschaft von Gleichgesinnten und ein Kampfverband. Intern sind dieselben Menschen zugleich scharfe Konkurrenten: um Mandate, um Positionen, um Schlagzeilen. Wie kommt man in diesem seltsamen Gewerbe zurecht?
Das ist richtig. Eine Partei bündelt politische Interessen in Abgrenzung zu anderen Parteien. Obwohl man in Wahlkampfzeiten als Kampfverband gegen andere antritt, gibt es politische Konkurrenz immer auch innerhalb einer Partei. Wer aber diesen

innerparteilichen Wettstreit mit unfairen Mitteln führt, wird verlieren. Die Menschen haben ein sehr feines Gespür dafür, ob es sich um eine bei Wahlen immer wieder vorkommende Konkurrenzsituation handelt oder ob der eine versucht, sich auf Kosten des anderen zu profilieren, gar mit unfairen Mitteln. Das kann hier und da zum Erfolg führen, aber nie auf Dauer. Gerade in der Politik gilt: Man sieht sich im Leben immer zweimal.

Einer der gängigsten Vorwürfe gegen »die« Politiker lautet, Abgeordnete seien gar nicht frei, die sogenannte Fraktionsdisziplin sei zutiefst undemokratisch. Sie haben ja schon öfter wider den Stachel gelöckt. Wie sehen Sie das Spannungsverhältnis zwischen freiem Mandat und Fraktionsdisziplin?

Das ist ein Spannungsfeld, in dem man sich fast zwangsläufig bewegen muss. Ich vergleiche das gerne mit dem Fußball. Die Faszination des Fußballs besteht ja auch darin, dass die elf besten Spieler der Welt kein Spiel gewinnen würden, wenn es am Zusammenspiel fehlt. Wenn jeder nur selbst glänzen will. Dann kann der auf dem Papier schwächere Gegner das mit Geschlossenheit, Kampfkraft und Laufbereitschaft kompensieren. So ähnlich ist das in der Politik. Wenn eine Fraktion aus 200 Solisten besteht, kann sie keinen Erfolg haben. Deshalb muss es Fraktionsdisziplin geben.

Nicht jede Entscheidung ist eine Gewissensfrage. Ob der Spitzensteuersatz bei 42 oder 44 Prozent liegt, ist eine wichtige Frage – aber ist das deshalb auch eine Gewissensfrage? Was für einen Abgeordneten eine echte Gewissensentscheidung ist, muss im Grunde jeder für sich selbst beantworten. Wenn allerdings ein Abgeordneter ganz persönlich eine Gewissensentscheidung getroffen hat, muss er zur dieser Entscheidung auch stehen können, ohne dass er dadurch politische Nachteile in der Fraktion oder Partei erleidet. Das bedeutet allerdings auch, dass man im Bundestag nicht anders abstimmt, als man das vorher der Fraktionsführung mitgeteilt hat.

Ich persönlich habe nie anders abgestimmt, als ich das vorher der Fraktionsspitze angekündigt habe. Deshalb halte ich auch die Regelung in unserer Fraktionssatzung für richtig, dass diejenigen, die nicht mit der Mehrheit stimmen können, ihr abweichendes Stimmverhalten vorher melden müssen. Die Fraktionsführung muss wissen, wie sich die Fraktion bei einer Abstimmung entscheidet. Das ist kein Fraktionszwang, das ist Fraktionsdisziplin, und die hat mich noch nie gestört. Ohne ein gewisses Maß an Disziplin geht es auch in der politischen Arbeit nicht.

Um auf Ihr Beispiel mit dem Spitzensteuersatz zurückzukommen: Wenn jemand mit dem erklärten Ziel in die Politik gegangen ist, etwas zu einer stärkeren Umverteilung beizutragen, kann die Höhe des Spitzensteuersatzes doch auch zur Gewissensfrage werden. Wer definiert eigentlich, was eine Gewissensfrage ist?
Eine legitime Frage. Das kann nur jeder Abgeordnete für sich selbst entscheiden. Jedenfalls sind nicht nur bioethische Fragen Gewissensfragen, auch wenn das häufig so dargestellt wird. Für mich ist es auch eine Gewissensentscheidung, wenn ich plötzlich genau das Gegenteil von dem vertreten soll, was bisher die gemeinsame Haltung der Fraktion war und was ich bisher aus guten Gründen für richtig gehalten habe. Von mir kann niemand erwarten, dass ich plötzlich ganz anders abstimme, nur weil das aus Sicht der Fraktionsführung politisch opportun wäre.

Wenn eine Fraktion intern abgestimmt hat und man gehört zur Minderheit: Ist es dann konsequent oder illoyal, wenn man im Plenum abermals anders abstimmt?
Es wird ja in der Fraktionssitzung gefragt, wer im Plenum nicht mit der Mehrheit stimmen kann. Dann halte ich es für fair, dass man sein abweichendes Stimmverhalten vorher bekannt gibt.

Gibt es nicht in allen Fraktionen zu viele »Angepasste«, die trotz abweichender Meinung im Plenum mit der Mehrheit stimmen?

Ich mache keiner Kollegin, keinem Kollegen einen Vorwurf, wenn sie sich trotz Bedenken der Mehrheit anschließen. Ich habe es da leichter als andere: Ich reite der untergehenden Sonne entgegen. Womit will man mir noch drohen? Ich kann aber verstehen, dass es jüngere Kolleginnen und Kollegen gibt, die noch viel vorhaben und wissen, dass sie für dieses oder jenes Projekt die Unterstützung der Kanzlerin oder des Fraktionsvorsitzenden brauchen. Dass die dann nicht immer wider den Stachel löcken – ich kann das gut verstehen.

Wäre eine Fraktion, die nur aus »Bosbachs« besteht, überhaupt arbeits- und funktionsfähig?
(Lacht schallend.) Mit dieser Truppe hätte selbst ein Fraktionsvorsitzender Bosbach große Schwierigkeiten. Aber jetzt einmal im Ernst: Die wichtigste Aufgabe von uns Abgeordneten besteht doch nicht darin, pflegeleicht zu sein und dem Fraktionsvorsitzenden keine Probleme zu bereiten. Auch wenn es etwas pathetisch klingen mag: Entscheidend ist, dass wir unserer Verantwortung gegenüber den Wählerinnen und Wählern gerecht werden, unserer Verantwortung gegenüber dem Land. Und dass wir das in uns gesetzte Vertrauen nicht enttäuschen. Wichtig ist die Übereinstimmung von Wort und Tat – und dass nach einer Bundestagswahl nichts anderes gilt als vor der Wahl.

Mir ging es darum, ob eine Fraktion mit sehr vielen unabhängigen Abgeordneten noch funktionsfähig wäre.
Ja und nein. Ich kenne keine Abgeordneten, die ständig gegen die Fraktionslinie votieren. Ich habe in den 22 Jahren als Bundestagsabgeordneter vielleicht ein halbes Dutzend Mal anders als meine Fraktion abgestimmt. Ich habe aber schon mehr als einmal die Faust in der Tasche geballt und mit der Mehrheit gestimmt.

Ihre abweichende Haltung beim zweiten Euro-Rettungspaket hat
Ihnen eine üble Beschimpfung durch den damaligen Kanzleramts-
minister Ronald Pofalla eingebracht: »*Ich kann Deine Fresse nicht*
mehr sehen.« *Wie sehr hat Sie dieser Ausraster getroffen?*
Nicht so sehr, wie man das vielleicht vermuten könnte. Denn
der Angriff kam von vorne. Viel mehr hat mich geärgert, dass
Fraktionskollegen hinter vorgehaltener Hand verbreitet haben,
der Bosbach stimme nur gegen die Hilfspakete, weil er nicht
Minister geworden ist. Das wäre meine Rache an der Regierung.
Richtig geärgert hat mich auch die Frage eines Kollegen vor lau-
fender Kamera, warum ich aus meinem Abstimmungsverhalten
keine Konsequenzen zöge, und seine Aufforderung, mein Mandat niederzulegen.

Der damalige finanzpolitische Sprecher Norbert Barthle?
Eigentlich ist Norbert Barthle ein richtig netter Kerl, und wir hatten bis dahin ein gutes persönliches Verhältnis. Aber über diese
Aussage habe ich mich wirklich sehr geärgert. Wahrscheinlich
wäre auch zwischen Ronald Pofalla und mir etwas zurückgeblieben, wenn er sich nicht am nächsten Tag bei mir formvollendet
entschuldigt hätte. Die Sache war aber deshalb etwas kurios, weil
ich vorher ein langes Gespräch mit dem Fraktionsvorsitzenden
gehabt hatte. Volker Kauder meinte damals, er könne mich wohl
nicht umstimmen, aber ich sollte wenigstens meine öffentlichen
Äußerungen zu dem Thema einstellen.

Und? Haben Sie sich daran gehalten?
Ja! Der Deal lautete: Die Fraktionsführung akzeptiert meine Hal-
tung, aber ich gehe vor der Abstimmung in keine Talkshow mehr.
Ich habe damals alle entsprechenden Einladungen abgesagt.
Das waren allein in einer einzigen Woche vier oder fünf.

Pofalla war ja ein besonders enger Vertrauter von Angela Merkel,
in gewisser Weise ihr Mann fürs Grobe.

Mag sein, obwohl er selbst das vermutlich ganz anders gesehen hat.

Hat sich die Kanzlerin damals Ihnen gegenüber zu dessen rüder Attacke geäußert?
Nein. Ich hatte das auch nicht erwartet. Warum? Weil ich der Meinung war, Pofalla habe nur das klar ausgedrückt, was im Kanzleramt über mich sowieso gemurmelt wurde. Da muss man sich auch an die Situation von 2012 erinnern. Die Mehrheit für das zweite Hilfspaket stand ja nie in Frage. Es ging vielmehr darum, ob Schwarz-Gelb eine eigene Mehrheit zustande bringt. Und die war durch die Bosbachs gefährdet, zumal ich ja beim ersten Rettungspaket noch zugestimmt hatte und daher das Lager der Neinsager größer wurde.

Fördern der aggressive Ton der politischen Auseinandersetzung sowie persönliche Angriffe und Beleidigungen nicht das Unbehagen an der Politik, ja, die Politikverdrossenheit?
Das war ein Vulkanausbruch in einer besonderen Situation. Das würde ich nicht überbewerten. Selbst in Familien fallen schon mal Worte und Sätze, die man hinterher bereut, ohne gleich die Scheidung einzureichen.

CDU-Generalsekretär Peter Tauber schrieb damals in seinem Blog, manche Abgeordnete würden aus ihrem Nein »ein Geschäfts-modell« machen und sich auf Kosten anderer profilieren. Hat Sie das verletzt?
Darüber habe ich mich viel mehr geärgert als über die Attacke von Ronald Pofalla. Damit wollte der Generalsekretär der CDU Deutschlands zum Ausdruck bringen, dass Abgeordnete, die mit Nein stimmen, keine sachlichen Argumente oder Motive hätten, sie würden vielmehr nur aus eigensüchtigen Motiven so abstimmen. Richtig ist das Gegenteil. Deshalb war das wirklich eine Unverschämtheit.

Ist Anstand noch eine Kategorie, die in der Politik von Bedeutung ist?
Das hoffe ich doch sehr! Wenn Sie unter Anstand verstehen, offen und fair zu sein, auch der politischen Konkurrenz mit Respekt zu begegnen – dann gibt es auch in der Politik noch Luft nach oben.

Um auf Ihre bisweilen von der Fraktionslinie abweichende Meinung zurückzukommen: Wie viel eigene Meinung kann sich ein junger Politiker leisten, wenn er »noch etwas werden will«?
Wer Karriere machen will, sollte sehr genau die Balance wahren zwischen dem notwendigen Maß an Unabhängigkeit und der notwendigen Solidarität gegenüber Fraktion und Regierung. In der Opposition ist es einfacher. Aber bei knapper Regierungsmehrheit muss sich jeder sehr genau fragen, ob er diese durch seine Unabhängigkeit gefährden will.

Wie groß ist die Versuchung, mit einer abweichenden Meinung in die Schlagzeilen zu kommen?
So kann man zwar auf sich aufmerksam machen, das darf man aber nicht übertreiben. In jeder Partei gibt es den großen Wunsch nach Geschlossenheit. Sie dürfen nicht glauben, dass die Parteibasis den Kritikern der eigenen Regierung oder der eigenen Parteiführung ständig stehend applaudiert. Wer die Kritik an der eigenen Partei übertreibt, wird schnell als Querulant eingestuft und nicht als unabhängiger Geist, der nur seiner Überzeugung folgt.

Anders gefragt: Wären Sie 2005 Minister geworden, wenn Sie etwas stromlinienförmiger, etwas pflegeleichter gewesen wären?
Das glaube ich nicht! Angela Merkel hatte vor der Regierungsbildung 2005 ein längeres Gespräch mit mir. Sie hat mir kein bestimmtes Amt zugesagt. Aber sie hat mich gefragt, ob ich auch ein anderes Amt übernehmen würde, wenn es mit meinem

Traum vom Innenminister nichts würde. Damals war Volker Kauder als Chef des Kanzleramts im Gespräch, und für diesen Fall hätte ich gerne den Fraktionsvorsitz übernommen. Ich sagte Angela Merkel aber auch, dass ich nicht gegen Kauder antreten würde. Ich verließ Merkel mit dem Gefühl, ich würde entweder Innenminister oder Fraktionsvorsitzender.

Aber dann wurden Sie weder das eine noch das andere.
So ist es. Zu meiner völligen Verblüffung teilte mir Angela Merkel dann eine Stunde vor der Bekanntgabe des Kabinetts telefonisch mit, Wolfgang Schäuble würde Innenminister und Volker Kauder Fraktionsvorsitzender. Da war der Traum vom Bundesinnenminister für mich endgültig ausgeträumt.

Wieso denn das? Sie waren damals 53 Jahre alt.
Ich hatte kurz danach mit Angela Merkel ein, wie man so sagt, sehr freimütiges Gespräch. Das verließ ich mit dem Gefühl, Merkel sei sich nicht sicher, ob dieser Bosbach immer hundertprozentig ihrer Linie folgen würde. Wenn das ihre Einschätzung war, dann hatte sie sogar recht (lacht).

Ein Politiker muss sich bis zu einem gewissen Grad innerhalb von Partei und Fraktion einordnen, muss ein Teamplayer sein. Gilt das nicht auch gegenüber der Öffentlichkeit beziehungsweise den Medien? Hat jemand, der sich nicht an die ungeschriebenen Regeln der »Political Correctness« hält, überhaupt noch eine Chance?
Die Chance hat man dann, wenn man hart im Nehmen ist. Das ist insbesondere ein Erfolg der Grünen, denen es gelungen ist, die Sprache zu verändern. Heute werden Menschen in eine bestimmte Ecke gestellt, wenn sie sich in einer Sprache äußern, die im rot-grünen Milieu nicht geschätzt wird. Da geht es dann nicht mehr um Inhalte, sondern nur noch um die angeblich falschen Begriffe. Dann gibt es selbst – dann zum Teil sogar sehr harte – Kritik, wenn die Zahlen und Fakten stimmen.

Die Nachrichtenagentur dpa verwendet seit Juli 2015 die Begriffe
»Asylkritiker« und »Asylgegner« nicht mehr, weil sie angeblich
beschönigend seien. Nach diesem Verständnis ist jeder Kritiker an
der aktuellen Asylpraxis ein Rechtsradikaler oder Neonazi.
Ich beobachte, dass die Medien Meinungsfreiheit heute etwas
anders definieren als in der Vergangenheit. Das geht nach dem
Motto: »Selbstverständlich hat jeder das Recht, seine Meinung
frei zu äußern. Aber wehe dem, dessen Meinungen in den Redak-
tionsstuben nicht geteilt wird. Dann muss man sich ganz warm
anziehen.«

In unzähligen Briefen und Mails schreiben mir Menschen,
dies und das dürfe man heute leider nicht mehr sagen, ohne in
die rechtsradikale Ecke gestellt zu werden. Und ich muss sagen:
»Ja, leider ist das so.« Ich jedenfalls kenne kein zweites Politikfeld, in dem die Diskrepanz zwischen der öffentlichen und veröffentlichten Meinung so groß ist, wie beim Thema Zuwanderung und Integration.

Da sind wir schnell beim Stichwort »Lügenpresse«.
Der Begriff ist überzogen und ehrabschneidend. Dass die Un-
wahrheit berichtet wird, mag mal vorkommen. Aber ganz gewiss
nicht systematisch. Deshalb kann man diesen Vorwurf auch
nicht so pauschal erheben. Außerdem gibt es bei falschen Berichterstattungen die Möglichkeit der Gegendarstellung – und
von diesem Mittel wird auch rege Gebrauch gemacht. Gelegentlich korrigiert die Presse auch von sich aus Falschmeldungen,
das schadet ihr nicht, das ist vertrauensbildend. Komplizierter
wird es beim Thema Nicht-Berichterstattung, wenn also über bestimmte Ereignisse und Themen nicht berichtet wird, aber darüber entscheiden nicht wir Politiker, darüber entscheiden die
Redaktionen in eigener Verantwortung, ganz souverän.

Haben Sie sich manchmal gesagt, diese oder jene Position gilt als
politisch nicht korrekt, und gerade deshalb äußere ich sie?

Mir ist es nie um Provokation gegangen, mir ging es immer nur – und auch heute noch – um die Sache. Wie schnell man sich anno 2016 rhetorisch vergaloppieren kann, habe ich zu spüren bekommen, als ich einmal den Begriff »Farbiger« benutzt habe. Daraufhin bekam ich einen zweiseitigen Beschwerdebrief der Antidiskriminierungsstelle der Caritas, in dem ich dringend darum gebeten wurde, auf diesen Begriff zukünftig zu verzichten. »Farbig« ginge gar nicht, es müsse korrekterweise »Schwarz/Schwarzer« heißen. »Farbig« sei unter keinem Gesichtspunkt akzeptabel, sondern diskriminierend. Das hatte ich vorher gar nicht gewusst. Jetzt bin ich schlauer.

Mir persönlich geht es weniger um Begriffe als um Fakten. Die Fakten müssen stimmen – auch wenn sie vor lauter politischer Korrektheit nicht gerne gehört werden. Immer mehr Menschen – und keineswegs nur Rechtsradikale – beklagen, beim Thema Zuwanderung und Integration dürfe man die Dinge nicht mehr beim Namen nennen. Mir sagte mal ein Bürger in einer Versammlung: »Wenn morgens um 3 Uhr auf der Straße randaliert wird, möchte ich das Fenster öffnen und laut ›Ruhe‹ rufen dürfen, ohne mich vorher vergewissern zu müssen, ob die Beteiligten einen Migrationshintergrund haben oder nicht.« Das war zugegebenermaßen polemisch formuliert, traf aber den Kern ganz gut.

Was macht in Ihren Augen einen guten Politiker aus?
Er sollte zunächst einmal Ahnung von den Dingen haben, über die er entscheidet. Das hört sich platt an, ist aber richtig und wichtig. Auch der Klügste kann nicht alles wissen, nicht jedes Detail kennen. Deshalb: Konzentration auf diejenigen politischen Themen, für die man sich besonders interessiert. Auch ich lerne auch heute noch jeden Tag dazu. Wichtig ist die Kombination von Ahnung und Meinung.

Jeder Politiker sollte auch gut zuhören können. Eine ausgewogene Entscheidung ist nicht möglich, wenn ich nicht verschiedene Argumente berücksichtige. Und vor allem darf man das Vertrauen der Menschen nicht enttäuschen. Das betrifft das eigene Auftreten, die Glaubwürdigkeit, die Übereinstimmung von Wort und Tat.

Würden Sie sagen, der öffentliche Diskurs leide unter zu viel Meinung und zu wenig Ahnung?
Na ja, auch das ist mir etwas zu pauschal, aber etwas mehr Ausführlichkeit bei der Schilderung von Fakten könnte den Berichterstattungen nicht schaden. Wenn Sie einen komplizierten Sachverhalt darstellen wollen, sagen Ihnen aber die Journalisten oft – zu oft –, so viel Platz oder so viel Sendezeit hätten sie nicht. Dann kommen Fakten zugunsten von Meinungen leider zu kurz.

Was würden Sie einer Ihrer Töchter mit auf den Weg geben, falls sie in die Politik gehen wollte?
»Überlege dir das sehr, sehr gut. Aber wenn du das wirklich möchtest, dann hilft dir der Papa zu jeder Tages- und Nachtzeit.« Meine älteste Tochter Caroline war mal über einen längeren Zeitraum mit einem politisch sehr engagierten jungen Mann zusammen. Ich glaube, von dem Wunsch, einen zweiten Politiker kennenzulernen, ist sie jetzt geheilt. Sie hat mich mehr als einmal entgeistert gefragt, ob der sich immer nur stundenlang mit anderen über Politik unterhalten werde. Ich habe ihr geantwortet: »Davon kannst du ausgehen, das ändert sich nicht.« (Lacht.)

Allgemein gesprochen: Was würden Sie Nachwuchspolitikern raten?
Sich auf bestimmte Themenbereiche zu konzentrieren. Bereit zu sein, auf vieles zu verzichten, weil man politisch nur etwas erreichen und bewegen kann, wenn man zu hundertzehn Prozent dabei ist. Und nicht enttäuscht zu sein, wenn man nicht schnell erreicht, was man erreichen möchte. Max Weber hat Politik mit dem Bohren dicker Bretter verglichen. Nein, du musst dich sogar durch ganze Wälder hindurcharbeiten.

2. EINZELHÄNDLER, RECHTSANWALT, POLITIKER

Ich habe im Leben so viel Glück gehabt.

Wolfgang Bosbachs politischer Werdegang verlief im Rückblick wie im Lehrbuch. Er absolvierte das, was man in der Politik die »Ochsentour« nennt: 1972 Eintritt in die CDU; 1974 Vorsitzender der Jungen Union; 1975 bis 1979 Mitglied im Kreistag; 1979 bis 1999 Ratsmitglied in Bergisch Gladbach; 1994 erstmals Einzug in den Bundestag als direktgewählter Abgeordneter des Wahlkreises Rheinisch-Bergischer Kreis, seitdem sechs Mal wiedergewählt; 2000 bis 2009 stellvertretender Fraktionsvorsitzender; von November 2009 bis September 2015 Vorsitzender des Innenausschusses.

Weniger geradlinig und eher untypisch war sein beruflicher Werdegang: Mittlere Reife, Ausbildung zum Einzelhandelskaufmann, Supermarktleiter, Besuch der Rheinischen Akademie Köln mit Abschluss »Staatlich geprüfter Betriebswirt«, Abitur auf dem zweiten Bildungsweg, Studium der Rechtswissenschaften an der Universität zu Köln, 1988 erstes und 1991 zweites juristisches Staatsexamen, seit 1991 Rechtsanwalt in der Kanzlei Winter Rechtsanwälte in Bergisch Gladbach.

Zugleich gibt es im Leben von »WoBo«, wie ihn seine Freunde nennen, zwei Konstanten: Er verkörpert geradezu idealtypisch den lebensfrohen »bergischen Jong« und wirft sich für seine CDU in jede Schlacht.

Wieso sind Sie 1972 im Alter von 20 Jahren in der CDU gelandet?
Wäre eine andere Partei überhaupt in Frage gekommen?
Nein, definitiv nicht. Ich komme aus einem Elternhaus, in dem
die Politik immer eine große Rolle gespielt hat – und zwar unter
der Überschrift »Nie wieder«. Meine Eltern waren bis zu meinem Engagement in der CDU nie Mitglied einer Partei. Der Zweite
Weltkrieg – und seine dramatischen Folgen, auch für meine Eltern und ihre Familien – war in der Erinnerung noch sehr lebendig. Meine Mutter hatte ihre beiden Brüder verloren, mein Vater
seinen einzigen, das Elternhaus war ausgebombt. Meine ältere
Schwester und ich haben natürlich gefragt, wie es zu dieser
absoluten Katastrophe kommen konnte. Neben der Politik hat
auch die Religion eine große Rolle gespielt. Das war deshalb interessant, weil mein Vater katholisch war und meine Mutter
evangelisch ist. Wir haben als Kinder immer erlebt, dass die
Mama mit dem Papa in den katholischen Gottesdienst gegangen
ist und der Papa mit der Mama zusätzlich noch in den evange-
lischen.

Und die Kinder?
Wir sind beide katholisch. Mein Vater hat einmal in einer Fern-
sehsehsendung dazu gesagt: »Katholischer, als meine evange-
lische Frau die Kinder erzogen hat, hätte ich das auch nicht gekonnt.«

*Zurück zur Politik. Wie wurde aus politischem Interesse politisches
Engagement.*
Der Anfang der Siebzigerjahre war eine Zeit lebhaftester gesellschaftlicher Debatten: über den Paragrafen 218 Strafgesetzbuch,
das Verbot der Abtreibung, oder die neue Ostpolitik Willy Brandts.
Hinzu kam ein gescheitertes konstruktives Misstrauensvotum:
Rainer Barzel gegen Willy Brandt. Es herrschte eine innenpoli-
tisch unglaublich aufgeheizte Atmosphäre. Viele Menschen bekannten sich zu einer Partei. Auf jedem zweiten Auto befand

sich ein Aufkleber mit einem politischen Slogan. Gerade viele junge Menschen traten damals in eine Partei ein, und so bin auch ich damals Mitglied der Jungen Union geworden.

Hat das »C« für ihre Hinwendung zur Union eine Rolle gespielt?
Ja, vor allem wegen des Lebensrechts ungeborener Kinder.

Die CDU, in die Sie eingetreten sind, war eine andere als die CDU, für die Sie jetzt im Bundestag sitzen: wertebewusster, konservativer, noch nicht so sozialdemokratisiert. Vermissen Sie manchmal Ihre gute alte Union?
Ja, es ist eine andere CDU als 1972 oder zu den sehr bewegten Zeiten des Kampfes um den NATO-Doppelbeschluss 1982/83. Nicht nur der Staat, auch die gesellschaftlichen Verhältnisse haben sich seit dieser Zeit enorm verändert und damit auch meine Partei. Wir hatten immer unsere drei Wurzeln: eine christlich-soziale, eine liberale und eben auch eine wertkonservative. Und es galt der Grundsatz: »Damit der Baum wächst, müssen alle Wurzeln gepflegt werden.« Auch das hat sich verändert. Was ich wirklich bedaure, ist, dass die Wertkonservativen heute nicht mehr so selbstverständlich zur Partei gehören wie damals.

Was haben Ihre Eltern Ihnen mitgegeben, was für Sie zur Richtschnur wurde – persönlich wie politisch?
Zunächst einmal Misstrauen gegenüber jeder Form von Fanatismus und Extremismus, Maß und Mitte wahren. Dazu kam eine Haltung, auch auf die kleinen Dinge des Lebens zu achten, wie Pünktlichkeit, Zuverlässigkeit, Fleiß, nichts zu versprechen, was man nicht halten kann, zu beenden, was man begonnen hat ...

Die sogenannten Sekundärtugenden ...
Genau. Die werden nach meiner Überzeugung zu sehr verspottet oder gar verachtet. Denn hinter dieser Haltung stehen auch

immer Inhalte: Welches Verhältnis haben wir zu unserem Land und zu unseren Mitmenschen? Wie ernst nehmen wir unsere Arbeit, unsere Verantwortung? Werden wir tatsächlich den Anforderungen und Erwartungen gerecht? Was für mich noch prägend war, war der begeisterte Patriotismus meines Vaters.

Wie hat sich der geäußert?

Mein Vater war Patriot im besten Sinn des Wortes. Im Sinne des Wortes von John F. Kennedy:»Frage nicht, was dein Land für dich tun kann, frage, was du für dein Land tun kannst.« Er war deshalb ganz begeistert, als ich Vorsitzender der Jungen Union wurde, und hat mich in meinem politischen Engagement immer bestärkt. Aus seiner Erfahrung im Dritten Reich hat er mir noch mitgegeben, niemals einem Menschen so viel Macht zuzugestehen, dass er ein ganzes Land ins Unglück stürzen kann, und das Land gegen jede Form von Radikalismus zu schützen.

Sprechen wir über Ihren beruflichen Werdegang. Sie haben die Schule nach der Mittleren Reife verlassen. Warum? Waren Sie ein schlechter Schüler? Hatten Sie »null Bock« aufs Abitur? Oder wollten Sie Geld verdienen?

Ich habe eine superintelligente Schwester, die selbstverständlich aufs Gymnasium ging und immer glänzende Zeugnisse mit nach Hause brachte. Meine Noten waren nicht so beeindruckend. Ich hatte immer großes Interesse an den schönen Dingen des Lebens und machte für die Schule nie mehr als unbedingt nötig. Meine Eltern waren jedenfalls überzeugt, dass ich die Aufnahmeprüfung fürs Gymnasium nicht schaffen würde, und haben mich auf der Realschule angemeldet. Die habe ich dann absolviert, wollte aber schnell raus aus der Schule und eine Lehre als Einzelhandelskaufmann machen.

War das eine eher zufällige Berufswahl oder eine bewusste Entscheidung?

Durch meinen Vater. Der war jahrzehntelang und zuletzt als Personalleiter bei der Konsumgenossenschaft Köln tätig, der späteren COOP West AG. Mir hat der Einzelhandel Spaß gemacht, ich habe dort immer gern gearbeitet.

Sie haben ja auch schnell Karriere gemacht, wurden schon in jungen Jahren Marktleiter.
Ja, nach vier Jahren wurde die Stelle im COOP-Markt in Bergisch Gladbach-Refrath frei. Das war insofern lustig, als ich in diesem Markt meine Ausbildung begonnen hatte. Jetzt kam ich als Chef zurück, kannte alle und wusste noch genau, wer damals den Lehrling Bosbach gut behandelt hatte, aber auch, wer mir jeden Abend den Besen in die Hand gedrückt hatte, um den Parkplatz zu fegen (lacht).

Wie sollte Ihre Karriere weitergehen?
Ich war schon mit 21 Jahren Leiter eines der größten Märkte. Mir war klar, du kannst vielleicht einen noch größeren Markt bekommen. Aber willst du das wirklich bis zum 65. Lebensjahr machen? Eigentlich wollte ich im Unternehmen bleiben und dort in der Zentrale Karriere machen. Dafür brauchte ich jedoch mehr als nur die Mittlere Reife und den Kaufmannsgehilfen-Brief. Deshalb bin ich an die Rheinische Akademie Köln gegangen, um dort den staatlich geprüften Betriebswirt zu machen. Damit hatte ich auch das Fachabitur. Aber mit dem klaren Ziel, wieder zu COOP zurückzukehren.

Was gab den Ausschlag, ein Jura-Studium anzuschließen?
An der Akademie kam ich zum ersten Mal mit dem wirtschaftsbezogenen Recht in Kontakt zur Juristerei. Da wusste ich: Eigentlich willst du genau das machen, du willst Jurist werden. Ich hatte allerdings kein Vollabitur. Zudem brauchte man damals noch das kleine Latinum, um zum Studium zugelassen zu werden. Da war es eine glückliche Fügung, dass meine Schwester Latein-

lehrerin war und mir dabei helfen konnte. Ich machte dann auf dem Köln-Kolleg, also auf dem zweiten Bildungsweg, das Abitur, um in Köln Jura studieren zu können.

Wie haben Sie das finanziert?
Meine Schwester hatte studiert. Ich glaube nicht, dass meine Eltern auch noch mein Studium hätten finanzieren können. Ich wollte das auch nicht, also musste ich nebenbei arbeiten, um Geld zu verdienen. Da war es ein großes Glück, dass ich halbtags für Franz Heinrich Krey arbeiten und so mein Studium finanzieren konnte. Krey war von 1976 bis 1994 direkt gewählter Abgeordneter des Wahlkreises Rheinisch-Bergischer Kreis. Arbeit und Ausbildung ließen sich vereinbaren, weil der Bundestag damals noch in Bonn war. Das ist von Bergisch Gladbach aus nicht weit. 1994 habe ich Franz Heinrich Krey dann politisch beerbt.

Hat bei Ihrem Wechsel zur Juristerei auch eine Rolle gespielt, dass ein Anwalt mehr verdient als ein Supermarktleiter?
Überhaupt nicht. Ich hatte schon als junger Mann im Einzelhandel ein relativ gutes Gehalt, und es war keineswegs sicher, ob ich als Rechtsanwalt viel mehr verdienen könnte. Ich hatte als Referendar dann das Glück, in die Kanzlei Winter Rechtsanwälte zu kommen, für die ich heute noch tätig bin. Die Sozien hatten mir schon während des Studiums gesagt: »Sie können bei uns sofort anfangen, ganz gleich, mit welcher Note Sie das Examen machen.« Das war ein tolles Angebot, ich wollte aber kein angestellter Anwalt sein, sondern gleich Sozius werden. Da haben die Herren mir klargemacht, dass ich mir erst mal ein paar Sporen verdienen müsste. Es hat ihnen aber imponiert, dass ich im Keller der Kanzlei angefangen habe, denn dort stand mein erster Schreibtisch! Ich hatte auf ein repräsentatives Büro überhaupt keinen Wert gelegt. Sie haben mir dann auch nach kurzer Zeit das Angebot gemacht, Sozius zu werden, was ich sofort und gerne angenommen habe.

Sie sind zweifellos ein sozialer Aufsteiger – haben sich hoch-
kämpfen müssen.
Ja, ich komme aus eher einfachen Verhältnissen. Ich bewundere
meine Eltern heute noch dafür, dass sie es mit Fleiß und Bescheidenheit geschafft haben, dass es uns jedes Jahr ein Stückchen
besser ging.

Viele Ihrer Studienkollegen hatten es aufgrund ihrer Elternhäuser
sicher leichter. Hat das Ihre Einstellung zu Themen wie Chancen-
gerechtigkeit und Bildungspolitik beeinflusst?
Aufstieg durch Bildung halte ich für einen ganz entscheidenden
Punkt, auch im Zusammenhang mit dem Thema Zuwanderung
und Integration. Ich habe auch immer ein Herz für die kleinen
Leute gehabt. Das hat auch mit meiner Zeit im Supermarkt zu
tun. Wenn ich Waren auslieferte, bekam ich oft bei den Kunden
in den Wohnblocks ein kleines Trinkgeld. In den Nobelvillen
gab's nichts. Da ging das: Tür auf, »Danke«, Tür zu. Das vergisst
man nicht.

Ihr Lebenslauf belegt, dass Leistung sich lohnt. Nun behaupten
viele, unsere Gesellschaft wäre undurchlässiger geworden. Was Sie
geschafft haben, wäre demnach heute so nicht mehr möglich.
Stimmt das?
Wir haben auch heute viele Möglichkeiten und Chancen.
   Chancengleichheit im Sinne von »Alle müssen beim Start in
das Leben die gleichen Chancen haben« wird es wohl nie geben
können, aber ein hohes Maß an Chancengerechtigkeit muss ein
wichtiges politisches Ziel sein und bleiben. Gerade beim Thema
Bildung ist nicht nur die staatliche Bildungspolitik von großer
Bedeutung, sondern auch das Bildungsinteresse im Elternhaus.
Für Bildungserfolge trägt nicht der Staat die alleinige Verantwor-
tung, die Verantwortung der Eltern ist mindestens genauso groß.
In meinem Elternhaus gab es weder beeindruckenden Wohl-
stand noch Armut – jedenfalls hat es uns Kindern nie an dem

gefehlt, was für Kinder wirklich wichtig ist. Meine Eltern haben uns immer gelehrt, bescheiden zu sein und zu bleiben.

Vielleicht ist es heute tatsächlich schwieriger als in der Vergangenheit, aber auch heute gilt noch: Es gibt für jeden vielfältige Möglichkeiten und Chancen. Wenn man wirklich will, das Talent dazu hat, fleißig ist und diese Chance nutzt, dann kann man seine Ziele auch erreichen.

Sie würden es sich zutrauen, dasselbe heute ebenfalls zu schaffen – unter ganz anderen Bedingungen?

Ja, denn die Bildungschancen hängen mindestens so sehr vom Bildungsehrgeiz der Eltern ab wie von den staatlichen oder privaten Bildungsangeboten. Meine Eltern haben mit uns niemals Urlaub im Ausland gemacht. Urlaub machten wir immer bei den Großeltern im Westerwald. Die weiteste Familienreise ging nach Dießen am Ammersee. Weil das für uns so unvorstellbar weit war, haben wir auf der Hinreise sogar noch in Rothenburg ob der Tauber übernachtet. Mehr konnten sich die Bosbachs damals nicht leisten. Aber wenn irgendetwas für die Schule oder den Sport gebraucht wurde, war immer Geld da. Da haben meine Eltern auf manches zugunsten ihrer Kinder verzichtet. Dafür bin ich ihnen immer noch dankbar. Wir neigen heute leider dazu, jede Verantwortung an den Staat zu delegieren. Und wenn etwas schiefläuft, sind sofort der Staat oder die Politiker schuld, meistens beide.

Es gibt so gut wie keinen Politiker, auf dessen Weg es nicht auch Rückschläge und Niederlagen gegeben hätte. Wolfgang Bosbach macht da keine Ausnahme. Obwohl er erst 25 Jahre alt und gerade seit fünf Jahren Parteimitglied ist und obendrein noch in der Ausbildung steckt, greift der junge Mann 1977 nach dem CDU-Vorsitz in seiner Heimatstadt Bergisch Gladbach und setzt sich als Außenseiter gegen zwei Gegenkandidaten durch. Doch mit seinem Ehrgeiz und seiner rhetorischen Überlegenheit macht er sich in den eigenen Reihen nicht nur Freunde. Nach einem knappen Jahr gibt er das Amt wieder ab. Die *Bergische Landeszeitung* kommentiert seinen Absturz so:»Die Parteimaschinerie mag es grundsätzlich nicht, wenn junge Überflieger raketengleich aufsteigen und Posten besetzen, auf die andere Leute zehn oder mehr Jahre gewartet haben.«

Sie haben 1990 Ihr zweites Staatsexamen gemacht, wurden Rechtsanwalt. Aber schon 1994 kandidierten Sie zum ersten Mal für den Bundestag. Wann hatten Sie sich entschieden, Politik zum Beruf zu machen?
Ich war ja zuvor fünf Jahre Mitglied des Kreistags, danach zwanzig Jahre Mitglied des Rates der Stadt Bergisch Gladbach und noch zusätzlich zwölf Jahre lang Mitarbeiter eines Abgeordneten. Politik hat mich also stets beschäftigt. Mir war schon klar, dass ein Bundestagsmandat einen ganz anderen Einschnitt bedeutet als ein kommunalpolitisches Mandat. Aber da tagte der Bundestag noch in Bonn, und das sind bis Bergisch Gladbach nur etwa 50 Kilometer.

Aber Sie wussten 1994 schon, dass der Bundestag nach Berlin umziehen wird.
Das wusste ich. Aber in den ersten sechs Jahren konnte ich oft noch nach einem Tag in Bonn abends noch zwei, drei Stunden in Bergisch Gladbach in der Kanzlei arbeiten. Durch den Umzug nach Berlin konnte ich in Sitzungswochen nicht mehr anwaltlich tätig sein. Und in sitzungsfreien Wochen raubte mir die Anwaltstätigkeit die letzte Stunde Freizeit. Da wurde mir dann klar, dass ich nicht Sozius bleiben konnte. Seitdem arbeite ich nur noch freiberuflich für die Kanzlei. Ich hatte es mir einfacher vorgestellt, Mandat und Beruf zu vereinbaren. Aber nach dem Umzug nach Berlin ging es zeitlich einfach nicht mehr.

Sie haben 1987 geheiratet, mit 35 Jahren. Ihre Frau hat also einem politisch bereits sehr aktiven Mann das Jawort gegeben. Hat Ihre Frau sich nie an Ihrem politischen Engagement gestört?

Es wäre in meiner Ehe wohl schwieriger geworden, wenn ich mein politisches Interesse erst nach der Heirat entdeckt hätte. Meine Frau wusste also, dass ich abends selten zu Hause sein werde. Ich habe ihr damals gesagt: »Wenn du etwas in Kenntnis eines Mangels kaufst, kannst du das hinterher nicht reklamieren. Du nimmst also alle meine Vor- und Nachteile in Kauf.« (Lacht.) Das hat meine Frau auch immer tapfer ertragen, und sie hat mich auch in allen Wahlkämpfen unterstützt. Aber auch für sie und die Familie war der Umzug des Parlaments nach Berlin eine Zäsur. Bis dahin hatte ich die Kinder oft morgens in den Kindergarten oder die Schule gebracht und bin anschließend nach Bonn gefahren. Das war dann mit einem Mal vorbei. Wenn ich dann freitags aus Berlin kam, wollte jedes der Kinder alles loswerden, was es unter der Woche erlebt hatte. Und der Papa wollte erst mal seine Ruhe haben. Das war nicht immer einfach.

Ein Leben als Politiker und ein ausgeprägtes Familienleben schließen sich aus. Kann man das der Partnerin, dem Partner zumuten?

Eigentlich nicht. Meine Frau hat ja noch bis zum dritten Kind als Bankkauffrau gearbeitet. Wir hatten aber das große Glück, dass meine Schwiegermutter bis heute im Haus wohnt und dass auch meine Eltern sich gerne um ihre Enkel kümmerten. Meine Frau hatte also durchaus ihre Freiräume. Wir waren dank der aktiven Großeltern wirklich entlastet. Sonst wäre das in der Tat für meine Frau sehr schwer gewesen.

Ihre Frau war in gewisser Weise eine verheiratete Alleinerziehende.

Völlig richtig. Leider.

Hatten Sie da manchmal ein schlechtes Gewissen?

Im Grunde jeden Freitag, wenn ich von Berlin nach Hause gekommen bin. Weil ich gemerkt habe, wie viel Familiäres an mir vorbeigegangen ist. Oder wenn ich wissen wollte: »Warum erfahre ich das erst jetzt?«, lautete die Antwort oft: »Ich habe fünf Mal versucht, dich anzurufen. Aber du warst ja nicht erreichbar.« Da sprach aus meiner Frau manchmal auch Resignation.

Ihre Kinder hatten von Geburt an einen Politiker zum Vater. Wäre denen ein Vater, der für sie häufiger da ist, nicht lieber gewesen?
Einerseits fanden die Kinder das schon toll, was der Papa so macht. Da war er mal in der Zeitung oder im Fernsehen, darauf wurden sie angesprochen. Auf der anderen Seite haben sie auf viele Selbstverständlichkeiten verzichten müssen, aufs Kino mit dem Papa oder Schwimmbadbesuche. Das Problem ist doch: Wenn man als Politiker Freizeit hat, dann will man auch mal für sich sein. Deshalb habe ich immer versucht, das im Urlaub zu kompensieren. Dann habe ich aber erst gemerkt, was an mir vorbeigegangen ist. Nur ein Beispiel: In einem Urlaubshotel gab es Gartenschach, und meine damals zehn- oder zwölfjährige Tochter Caroline wollte mit mir spielen. Ich hatte gar keine Ahnung, dass sie das von meinem Vater gelernt hatte. Zum Schluss hatte ich größte Mühe, gegen mein Kind nicht zu verlieren.

Versuchen Sie, da heute etwas gutzumachen?
Man muss auch sehen: Als Politiker bekommt man viele interessante Einladungen und lernt tolle Leute kennen. Da finden die Kinder, wenn sie älter sind, es prima, wenn man sie mitnimmt. So versuche ich heute, ein bisschen gutzumachen, was ich versäumt habe, als die Kinder noch klein waren.

Apropos Familie: Ist die CDU für Sie auch so etwas wie eine Familie?
Ja, und das ist auch ein wichtiger Grund, warum ich nie Politik für eine andere Partei machen würde oder könnte. Für mich ist

die CDU nicht nur eine politische Organisation, sondern auch ein Stück emotionaler Heimat.

Da ist die Bezeichnung »Mutti« für die Parteivorsitzende doch ganz passend.
(Lacht schallend.) Ich halte das nicht für despektierlich. Die Mutti ist ja diejenige, die die Familie zusammenhält. Wenn die Kinder sich in den Finger schneiden, rufen sie ja nicht nach dem Papa, sondern nach der Mama.

Sie sind ja auch ein begeisterter Karnevalist. Würden Sie Ihre Karnevalsgesellschaft Große Gladbacher KG von 1927 auch als Familie bezeichnen?
Noch mehr als die Partei, weil ich im Karneval nicht nur schöne Stunden, sondern wunderbare Jahrzehnte verbracht habe. In Berlin habe ich aber manches Mal das Gefühl, wer sich als Karnevalist outet, macht sich verdächtig. Denn die Kombination Fröhlichkeit plus Verkleidung und ernsthaftes Arbeiten passt in den Augen vieler einfach nicht zusammen. Da kann der Rheinländer nur sagen: weit gefehlt. Fröhlich sein und hart arbeiten schließen sich nicht aus.

Man sagt den Karnevalisten nach, sie seien, wenn es um Präsenz auf der Bühne, um Beförderungen in der Garde oder gar um die Kür von Prinz und Prinzessin geht, völlig humorlos.
Der Kölner nimmt den Karneval sehr ernst. Der kann über alles lachen – nur nicht über den Karneval! Ich war 22 Jahre Präsident meiner Gesellschaft. Da habe ich in Sitzungen oft gesagt: »Leute, es geht doch nur um Karneval, nehmt das doch nicht alles so ernst!« Aber zu viele kennen da keinen Spaß. Insofern bin ich vielleicht ein untypischer Karnevalist.

Hat man es als Politiker nicht einfacher, wenn man mit staatstragender Miene durch die Gegend läuft und sich bierernst gibt?

Genauso ist es. Wenn man mit einem rheinischen oder pfälzischen Dialekt daherkommt, gilt man schon als potenzieller Karnevalist, damit als leicht albern und zu ernsthafter Arbeit nur begrenzt fähig. Wer gar fröhlich daherkommt, gilt schnell als Bruder Leichtfuß. Das sollte man nicht unterschätzen. Wer schwermütig daherkommt, dem traut man tiefe Gedanken zu. Dem nimmt man auch ab, dass er leicht melancholisch wirkt, weil er um die Probleme der Welt weiß. Dabei wird die Lage nicht besser, wenn ich schlecht gelaunt bin.

»Wolfgang Bosbach gibt nicht auf. Am Samstag ist der 60 Jahre alte CDU-Politiker beim Parteitag der CDU Nordrhein-Westfalen in Münster zusammengebrochen. Ein Defibrillator, der in seinem Herzschrittmacher eingebaut ist, hatte offenbar grundlos einen Stromstoß ausgelöst. Während Bosbach auf dem Weg in die Uniklinik war, wählte ihn der Parteitag mit 97,4 Prozent auf Platz sieben der Landesliste für die Bundestagswahl. Der herz- und krebskranke Christdemokrat hat den »Defi« in seiner Brust bereits am Sonntag deaktivieren lassen. Und war schon wieder unterwegs – zu Günther Jauch (›Im Namen Allahs – was tun gegen Deutschlands Gotteskrieger?‹) nach Berlin.«

Zitat aus: Kristian Frigelj: »Bei der ersten SMS lag ich
noch auf dem Boden«. In: Welt.de, 17.03.2013.

Sie waren schon bei Ihrer ersten Bundestagskandidatur ein Mann mit Herzproblemen.
Das war die Folge einer verschleppten Grippe. Mitten im ersten Bundestagswahlkampf wurde bei mir eine Herzmuskelschwäche diagnostiziert. Das konnte ich überhaupt nicht gebrauchen, weil ich vor meiner Nominierung versprochen hatte, als Kandidat alle größeren Orte im Wahlkreis mit dem Fahrrad zu besuchen, Motto: Bosbach strampelt sich ab. Das war eine sehr leichtsin-

nige Aussage, denn das Bergische Land ist für Radfahrer eine echte Herausforderung – da geht es ständig rauf und runter. Das hatte die Presse natürlich aufgegriffen, und bei jeder Tour gab es Berichte. Da war mir klar: Da musst du durch, Herzschmerzen hin, Herzschmerzen her. Bei einem Gipsbein hätte jedermann Verständnis gehabt, dass ich nicht Rad fahren kann. Aber ich konnte ja keinem den schwachen Herzmuskel zeigen. Deshalb habe ich alles getan, dass meine Erkrankung nicht bekannt wird. Gesundheitsfördernd war das mit Sicherheit nicht.

Sie haben geradezu Raubbau betrieben.
Ja, das war politisch richtig, aber gesundheitlich in hohem Maße unvernünftig.

Sie machen, wenn man Ihre unzähligen Redeverpflichtungen und Interviewtermine sieht, viel mehr als andere Abgeordnete. Ihr Wahlkreis ist sozusagen die ganze Bundesrepublik. Sie haben, was öffentliche Termine angeht, ein Pensum wie ein Fraktionsvorsitzender oder Minister – nur ohne großen Apparat. Denken Sie manchmal: »Ich habe für die Politik meine Gesundheit ruiniert«? Oder sagen Sie sich: »Ich wäre auch als Anwalt krank geworden«?
Eindeutig das Letztere. Die Herzerkrankung habe ich mir geholt, als ich noch gar nicht Mitglied des Bundestags war. Und wann der Krebs ausgebrochen ist, kann ich nur vermuten. Denn die Blutuntersuchung, die ich 2004 beim Einbau des Herzschrittmachers machen lassen musste, war völlig unauffällig. Der Hinweis auf den Krebs kam erst 2010. Da war ich 58 und damit in dem Alter, in dem Männer in Bezug auf Prostatakrebs besonders gefährdet sind. Dass meine Aktivitäten davor und danach nicht gesundheitsfördernd waren und sind, das ist wohl so. Aber dass die politische Tätigkeit Auslöser für die Erkrankungen war, das glaube ich nicht.

Können nicht auch psychische Ursachen den Krebs fördern?

Die Sorge habe ich auch. Ich habe mich viel zu oft über Dinge geärgert und Probleme mit ins Bett genommen. Das könnte durchaus ein Auslöser gewesen sein. Aber dass der Krebs durch körperliche Belastung ausgelöst worden wäre, das glaube ich nicht.

Aber die Ärzte müssen Ihnen doch ständig gesagt haben: »Herr Bosbach, treten Sie kürzer, spielen Sie nicht mit Ihrer Gesundheit«?
Im Grunde nein. Ich kann mich gut erinnern an ein Gespräch mit einem Arzt, der sich ausführlich mit meiner Lebensführung befasst hat. Das ging so: »Rauchen?« – »Ich rauche nicht.« »Übergewicht?« – »Ich habe kein großes Übergewicht.« »Sport treiben und sich an der frischen Luft aufhalten?« – »Mache ich, wann immer die Zeit das zulässt.« Antwort des Arztes: »Dann machen Sie weiter das, was Ihnen Spaß macht.«

Sie könnten auch etwas kürzertreten.
Sicherlich. Aber wann immer ich mir das vorgenommen habe, war der Vorsatz nach vier Wochen wieder vergessen. Zu den lustigen Begebenheiten zählen da die Gespräche mit vielen Fraktionskollegen. Die sagen erst: »Denk auch mal an dich, und übernimm dich nicht.« Darauf folgt dann die Frage: »Kannst du nicht in meinem Wahlkreis sprechen?« Wenn ich dann sage, das sind aber 200 Kilometer hin und 200 zurück, sagt der Kollege: »Wäre aber trotzdem schön, wenn du kommst.« Da denke ich: Besser eingeladen als ausgeladen. (Lacht.)

Mit einem Herzschrittmacher kann man – siehe Helmut Schmidt – sehr alt werden. Sie aber leiden seit 2010 an Prostatakrebs und haben das damals auch öffentlich gemacht.
Nein, nicht ich habe meine Erkrankung öffentlich gemacht, im Grunde war sie damals schon öffentlich bekannt. Ich hatte mich bewusst in Hamburg operieren lassen, wo mich niemand kannte und ich meine absolute Ruhe hatte. Aber bei der nachfolgenden

Strahlentherapie habe ich 30 Mal im Wartezimmer des Krankenhauses in Bergisch Gladbach gesessen. Da haben mich ja viele Leute gesehen und angesprochen. Deshalb habe ich dann gesagt, was Sache ist. Was hätte ich denn sonst sagen sollen?

Bisweilen ist der Vorwurf zu hören, Sie vermarkteten Ihre Krankheiten geradezu. Ihr ehemaliger Fraktionskollege Reinhard Grindel, der heutige DFB-Präsident, spottete einmal, er wundere sich, dass Sie einen operativen Eingriff am Herzen nicht hätten live im Fernsehen übertragen lassen.

Über eine solche Kommentierung kann ich mich wundern, denn ich habe über meinen Gesundheitszustand noch nie in meinem Leben auch nur eine einzige Presseerklärung abgegeben oder ungefragt Stellung genommen. Ich bin im Laufe der letzten Jahre mehrfach nach meinem Gesundheitszustand gefragt worden, und darum habe ich ehrlich geantwortet, aber nur dann. Von mir wird es auch in Zukunft kein Bulletin zu meinem Gesundheitszustand geben. Aber bevor Gerüchte die Runde machen und Spekulationen ins Kraut schießen, sage ich lieber offen, wie der Stand der Dinge ist. Dann gibt's auch keine Unklarheiten.

Sie sprachen und sprechen sehr offen über Ihre Krankheiten. Wo liegt für Sie die Grenze zwischen Ihrer Privatsphäre und medialem oder öffentlichem Interesse?

Gerade durch meine Art des Umganges mit der Krankheit habe ich erfahren, dass man mit Offenheit und Ehrlichkeit vielen Menschen Mut machen kann. Eine Krebserkrankung ist nichts, was peinlich ist, wofür man sich rechtfertigen oder gar entschuldigen müsste. Ein Beispiel, das mich zu Tränen gerührt hat: Ich spaziere mit meiner Frau durch die Fußgängerzone in Kitzbühel. Da kommt ein älterer Herr auf mich zu, packt mich an beiden Schultern und sagt: »Herr Bosbach, ich habe dasselbe wie Sie! Sie sind mein Vorbild, ich mache das genauso wie Sie, ich gebe nicht auf!« Die Worte Krebs oder Prostata sind überhaupt nicht gefallen. Aber dem Mann habe ich offensichtlich durch meinen Umgang mit der Krankheit Mut gemacht.

Die Grenze ist natürlich da, wo der Intimbereich berührt wird. Wo es nicht um die Erkrankung selbst oder die damit verbundenen Belastungen und Beeinträchtigungen geht, sondern um die ganz persönlichen Folgen. Das ist nur für mich ganz persönlich von Belang.

Ich kann mich an kein einziges Foto von Ihnen im Krankenzimmer erinnern, nur an eines in der Eingangshalle der Charité.
Das ist ein wirklich schönes Beispiel.

Das war im März 2013, als Sie sich nach einer Fehlfunktion Ihres Defibrillators einer OP unterziehen mussten.
Die *Bild am Sonntag* wollte damals ein Interview mit mir machen, und ich hatte schon im Vorgespräch gesagt, dass es von mir niemals ein Bild im Krankenzimmer geben wird. Zu meiner Überraschung kam dann mit der Reporterin auch ein Fotograf ins Krankenzimmer. Ich habe etwas unwirsch reagiert, und wir haben uns darauf verständigt, dass er ein Bild von mir allenfalls beim Verlassen des Krankenhauses machen darf. Auch in Zukunft wird es von mir Bilder im Bett und dann auch noch mit Schlafanzug nie geben.

Im Jahr 2013 haben Sie selbst bekanntgegeben, Ihre Krebserkrankung sei wegen fortgeschrittener Metastasen unheilbar. Wie lebt man damit, wenn man genau weiß, dass man nur noch eine sehr begrenzte Zeit zu leben hat?
Zunächst einmal war schon die Diagnose ein Schock. Zuerst hieß es, es handle sich nur um einen erhöhten PSA-Wert, also nichts Tragisches. Dann wurde eine Biopsie vorgenommen, also Zellen entnommen und bewertet. Das bestmögliche Ergebnis dieses sogenannten Gleason-Score ist zwei, das schlechteste zehn. Bei mir war es der Wert sieben. Von da an stand fest, dass es nur

noch zwei Behandlungsoptionen gibt: Strahlentherapie oder radikale Prostatektomie, also die vollständige Entfernung der Prostata. Bestrahlungstherapie hätte bedeutet: 30 Bestrahlungen im selben Institut. Ich konnte aber nicht so lange Zeit nicht in Berlin sein.

Sie hätten dem Bundestagspräsidenten einen Brief schreiben und sich beurlauben lassen können.
Ich wollte auf keinen Fall meine Abgeordnetentätigkeit ruhen lassen: bloß keine Schwäche zeigen. Aber ausschlaggebend für die Prostatektomie war eher ein psychisches Moment: Ich wollte den Krebs ein für alle Mal aus dem Körper verbannen. Damals hatte ich ja noch die Hoffnung, die Krankheit könnte so gestoppt werden. Nach der Operation hat sich dann sehr schnell herausgestellt, dass der PSA-Wert wieder angestiegen war. Da musste ich trotzdem noch eine Strahlentherapie durchführen. Die führte aber auch nicht zu dem gewünschten Ergebnis, weil sich schon Metastasen gebildet hatten. Das war die für mich schlechteste Nachricht. Jetzt ging es nicht mehr um Heilung, sondern nur noch um Lebensverlängerung und Erhaltung der Lebensqualität. Da schluckt man schon, da stellen sich plötzlich ganz andere Fragen. Ich unterziehe mich seitdem einer medikamentösen Therapie. Die ist mit Nebenwirkungen verbunden; ich ermüde schneller, kann aber mein bisheriges Leben bis zur Stunde weiterleben. Darauf kommt es an.

Wie viele Jahre haben Ihnen die Ärzte 2013 noch gegeben?
Nach der ersten Krebsdiagnose gaben sie mir statistisch noch etwa 23 Jahre. Damals war ich 58 Jahre alt. Das hätte bedeutet: 81 Jahre, da kann man nicht meckern. Nachdem sich Metastasen gebildet haben, ist ein kürzerer Zeitraum realistisch. Ich setzte aber schon darauf, dass es im Laufe der Jahre neue diagnostische und auch neue therapeutische Maßnahmen gibt. Ich setzte da ganz auf die Forschung.

In so einer Situation versucht es mancher mit Methoden außerhalb der Schulmedizin bis hin zum Besuch eines Wunderheilers. Waren Sie auch einmal in dieser Versuchung?

Ich habe in den letzten Jahren eine ganze Masse von guten und gut gemeinten Hinweisen bekommen, bis hin zur Anmeldung eines Wünschelrutengängers. Der bot meiner Frau an, mit seiner Wünschelrute in unserem Haus und auf unserem Grundstück die Quelle meiner Erkrankung zu suchen. Das fand ich geradezu rührend. Ich bin nämlich der festen Überzeugung, man solle nicht ausschließlich auf die klassische Schulmedizin setzen. Ich habe mit einem Arzt, der alternativen Heilmethoden keineswegs ablehnend gegenübersteht, über alternative Möglichkeiten gesprochen. Aber bisher habe ich noch keine gefunden, die die Schulmedizin ersetzen könnte.

Also auf den Wünschelrutenservice haben Sie verzichtet?

(Lacht.) Dieses Angebot habe ich dankend abgelehnt.

Man weiß ja nie, wie sich so eine Krankheit entwickelt, ob sie mit Schmerzen verbunden ist.

Im Moment leide ich nicht an Schmerzen im klassischen Sinne. Die Medikamente führen aber zu einer chronischen Ermüdung.

Das merkt man Ihnen aber nicht an.

Na ja. Als das begonnen hatte, wollte ich mich mittags ein, zwei Stunden hinlegen. Das ging aber gar nicht, weil ich dann stundenlang geschlafen hätte. Aber ich habe mein Leben insofern umgestellt, dass ich nach 22 Uhr nicht mehr arbeite und auch keine Akten mehr mit in mein Berliner Hotel nehme. Das habe ich abgestellt. Ich schaffe es jetzt sogar, spätabends mal in Ruhe ein Buch zu lesen oder fernzusehen.

Haben Sie schon ernsthaft darüber nachgedacht, falls die Schmerzen zu schlimm werden, dann mache ich Schluss?

Nein, das ist für mich überhaupt kein Thema. Wobei ich natürlich nicht weiß, was noch alles auf mich zukommen könnte. Man sollte da also mit Prognosen vorsichtig sein. Aber ich kann mir nicht vorstellen, dass ich in eine Situation kommen könnte, in der Suizid eine Option wäre. Vielleicht will ich mir das auch gar nicht vorstellen. Deshalb halte ich mich mit Unwert-Urteilen über das Handeln anderer sehr zurück.

Ist diese Haltung Ausdruck Ihrer Lebensfreude oder
Ihres Glaubens?
Das hat mit beidem zu tun. Ich hänge als überzeugter Rheinländer am Leben. Aber nach meiner religiösen Überzeugung gehört auch Leiden zum Leben. Da spreche ich nicht von unerträglichen Schmerzen. Da kann ich sogar verstehen, wenn Menschen Schmerzen nicht mehr aushalten können und deshalb verzweifelt nach Auswegen suchen. Deshalb habe ich Respekt vor der Einstellung anderer, auch wenn ich diese vielleicht nicht teile.

Haben Sie eigentlich eine Patientenverfügung?
Ich habe nach der letzten Diagnose versucht, eine abzufassen. Ich bin aber daran gescheitert, weil ich nach wenigen Sätzen einfach nicht wusste, was ich schreiben sollte. Woher soll ich denn wissen, was ich in einer Situation möchte, die ich persönlich weder kenne noch kennen kann? Denn die Patientenverfügung hat ja dann ihre Bedeutung, wenn der Patient selber nicht mehr äußerungsfähig ist. Meine Haltung zu einer Patientenverfügung hängt vielleicht auch damit zusammen, dass meine Frau wesentlich jünger ist als ich und wir drei Kinder haben. Ich habe nämlich volles Vertrauen in meine Familie, dass sie im Fall des Falles die für mich richtige Entscheidung treffen würde.

Sie hatten einen guten Freund, einen Bestattungsunternehmer,
der ebenfalls an Krebs erkrankt war und inzwischen gestorben ist.
Der hatte für den Fall seines Todes angeblich alles akribisch ge-

plant. Haben Sie Ihrer Familie auch schon gesagt, was dann zu tun und zu lassen ist?

Fritz Roth war einer meiner besten Freunde. Den bewundere ich heute noch, weil er sich der Schwere seiner Erkrankung bewusst war und dennoch zu keinem Zeitpunkt seine Lebenslust und seinen Lebensmut verloren hat. Sein Tod war für mich deshalb so erschütternd, weil wir noch wenige Tage vor seinem Tod über ein gemeinsames Buchprojekt gesprochen hatten.

Aber Ihr Freund hatte alles für den Fall des Todes geregelt.

Ja, bis ins kleinste Detail.

Und Sie?

Nein, ich habe noch nichts geregelt. Ich würde das erst dann tun, wenn mir die Ärzte sagen würden: »Herr Bosbach, Sie müssen jetzt mit dem Schlimmsten rechnen.« Dann würde ich schon dafür sorgen, dass nach meinem Tod nichts dem Zufall überlassen bleibt.

In Köln sagt man: »Mir klääve am Lääve – Wir kleben am Leben.« Kann man sagen, wenn das auf jemanden zutrifft, dann auf Wolfgang Bosbach?

Dieser Satz hat für mich große Bedeutung. Mit meinen zwei ernsthaften Erkrankungen habe ich in meinem Leben zweimal richtig Pech gehabt. Aber insgesamt habe ich viel, viel mehr Glück gehabt, da kann ich dem lieben Gott nur von Herzen dankbar sein. Und weil ich das Leben so liebe, möchte ich auch nicht so schnell loslassen.

3. ZWISCHEN GEWISSEN UND SOLIDARITÄT

Ich kann meine Meinung nicht blitzschnell wechseln.

»Der CDU-Politiker Wolfgang Bosbach, bekannt für sein Nein zu Griechenland-Hilfen, erwägt wegen der möglichen erneuten Verlängerung des Hilfsprogramms seinen Rückzug aus der Politik. ›Jede Abstimmung ist auch eine Frage der Solidarität mit der Bundesregierung. Ich will nicht immer die Kuh sein, die quer im Stall steht‹, sagte Bosbach der ›Rheinischen Post‹ mit Blick auf die Abstimmung im Bundestag an diesem Freitag. ›Ich überlege persönlich, wie es weitergehen soll.‹«

Zitat aus: dpa/DW/dol: »Will nicht die Kuh sein, die quer im Stall steht«. In: *Die Welt*, 23.02.2015.

Wenn es den Begriff des Parteisoldaten nicht schon gegeben hätte, hätte er für Sie erfunden werden müssen. Wolfgang Bosbach kennt man als einen Politiker, der sich furchtlos für seine CDU in die Schlacht wirft: »Right or wrong, my party.« *Selbst wenn Sie mal abweichender Meinung sind, lassen Sie immer noch durchschimmern, dass die aus Ihrer Sicht falsche Mehrheitsmeinung der CDU nicht ganz so falsch ist, wie die Positionen von SPD oder Grünen.*

(Lacht schallend.) Ja, so kann man das sagen.

Dieses Bosbach-Bild ist im Februar 2015 schwer erschüttert worden, als Sie plötzlich die Möglichkeit Ihres Ausstiegs aus der Politik andeuteten, weil Sie nicht für die Verlängerung des Hilfspakets für Griechenland stimmen wollten. Da wurde dann heftig spekuliert, wie Bosbachs »Big Bang« wohl ausfallen würde. Doch statt des großen Knalls gab's nur eine leichte Verpuffung: Sie legten den Vorsitz des Innenausschusses nieder und blieben im Bundestag. Hatten Sie Angst vor der eigenen Courage bekommen?

Nein. Aber ich hatte die Wirkung auf die Parteibasis unterschätzt, auch die Reaktion der Bürgerinnen und Bürger. Von den vielen, die mir geschrieben haben, sagten 90 Prozent: »Wir haben volles Verständnis für Ihre Haltung.« Aber sie schrieben auch, um den Begriff des Parteisoldaten zu verwenden: »Hier wird nicht desertiert.« Es gab im Wahlkreis viele, die sagten mir: »Wir haben dich 2013 nicht trotz deiner Haltung in der Griechenlandfrage gewählt, sondern genau deswegen.« Viele sagten auch: »Du hast für vier Jahre kandidiert. Da kannst du dich nicht nach zwei Jahren aus dem Staub machen.« Es wäre auch das erste Mal seit 1976 gewesen, dass mein Wahlkreis nicht durch einen CDU-Abgeordneten im Bundestag vertreten gewesen wäre.

Jetzt mal Hand aufs Herz: Sie wussten doch, dass die Parteifreunde sagen würden: »Das kannst du uns nicht antun.«

Ganz ehrlich: Ich habe die Wirkung tatsächlich unterschätzt. Es gab eine Sitzung des Kreisvorstandes in sehr ernster Atmosphäre. Insbesondere mein Vorgänger Franz Heinrich Krey hat mir den Kopf gewaschen. Es gab auch Sorgen meiner Mitarbeiterinnen und Mitarbeiter, die verständlicherweise fragten: »Was wird dann aus uns?« Als ich alle Argumente abgewogen hatte, habe ich mich dann entschieden, den Ausschussvorsitz niederzulegen, aber nicht das Mandat. Den Vorsitz verdanke ich, anders als das Mandat, allein der Fraktion. Deshalb kann die Fraktion auch ein besonderes Maß an Solidarität erwarten.

War dann Ihre Äußerung »Ich will nicht immer die Kuh sein,
die quer im Stall steht« etwas voreilig?
Nein, denn dieser Satz gilt heute auch noch. Man muss doch
sehen: Die Partei- und Fraktionsführung erwarten Solidarität
und Loyalität zur Partei und Fraktion. Aber ich hatte immer
schon zwei Eigenschaften, die ich auch nicht ablegen kann. Zum
einen kann ich nicht blitzschnell meine Meinung wechseln, zum
anderen habe ich nicht das Talent, gegen meine Überzeugung
abzustimmen und dann so zu tun, als sei das jetzt schon immer
meine Überzeugung gewesen. In dieser Lage bin ich beim Thema
Flüchtlinge leider schon wieder.

Es macht doch eigentlich inhaltlich keinen Sinn, wegen eines Dis-
senses in der Euro-Politik den Vorsitz des Innenausschusses nie-
derzulegen. Wenn Sie Vorsitzender des Auswärtigen Ausschusses
oder des Haushaltsausschusses gewesen wären, hätte man das
verstehen können. War der Abschied vom Innenausschussvorsitz
eine symbolische Handlung – aber das falsche Symbol?
Noch einmal: Den Ausschussvorsitz verdanke ich der Fraktion.
Damit sind auch einige Privilegien verbunden, die der normale
Abgeordnete nicht hat: ein größeres Büro, durch das Ausschuss-
sekretariat mehr Unterstützung, eine erhöhte Vergütung. Deshalb fühlte ich mich auch der Fraktion gegenüber zu besonderer
Loyalität und Solidarität verpflichtet. Aus diesem Grund habe
ich das herausgehobene Amt abgegeben, nicht aber meine politische Überzeugung.

Sie hatten ja in der Tat ein sehr schönes, repräsentatives Büro im
Paul-Löbe-Haus. Jetzt sitzen Sie etwas weiter weg vom Schuss in
einem Gebäude in der Straße Unter den Linden. Haben Sie das als
Degradierung empfunden?
Überhaupt nicht. Aber wirklich leidgetan hat mir die Trennung
vom Sekretariat des Ausschusses und von dessen Leiter,
Dr. Heinz-Willi Heynckes, zu dem ich ein hervorragendes per-

sönliches Verhältnis habe. Wir waren fast wie ein altes Ehepaar. Der Weggang von dort war deshalb schon eine Art Scheidung. Ansonsten bedeutete mein Umzug ein Zurück zu den Wurzeln. Genau in diesem Gebäude, einen Stock höher, habe ich nach dem Berlin-Umzug meine Tätigkeit aufgenommen – als Zimmernachbar von Helmut Kohl.

Hat Ihr Rückzug vom Ausschussvorsitz das Verhalten der Fraktionsspitze Ihnen gegenüber verändert? Spüren Sie, dass man dort jetzt denkt: »Okay, der Bosbach ist jetzt nicht mehr so wichtig«?
Ich glaube schon, dass das für die Partei- und Fraktionsführung eine Erleichterung war. Die wissen ja auch, dass ein Ausschussvorsitzender mehr Einfluss hat als andere Abgeordnete.

Wie war eigentlich die Reaktion der Ausschusskollegen auf Ihren Rücktritt?
Riesig gefreut habe ich mich vor allem über sehr nette Worte von der politischen Konkurrenz, insbesondere von dem SPD-Kollegen Burkhard Lischka. Dessen Rede hat mich wirklich berührt.

Und bei den Parteifreunden?
Deren Reaktion hat mich nachdenklich gemacht. Da fragt man sich: »Was hast du falsch gemacht, dass die auf einmal alle so nett zu dir sind?« Im Ernst: Die Kollegen haben sich menschlich ganz großartig verhalten. Sehr gefreut hat mich auch, dass die Arbeitsgruppe Innenpolitik der Fraktion ein Abendessen für mich gegeben hat. Das war sehr gut besucht, und dort wurde mehr gelacht als getrauert. Richtig so!

Eine Zeitung schrieb nach Ihrer Entscheidung, in der Politik zu bleiben: »Die Kuh bleibt quer im Stall.« Was hat sich für Sie seitdem geändert? Wie lebt es sich »quer« in der Fraktion?
Freier. Ich habe auch mehr Zeit. Was auch gut ist, weil meine Kraft nachlässt. Ich muss einfach kürzertreten. Eines aber hat

sich nicht geändert: die vielen Anfragen von Parteifreunden mit der Bitte, in ihren Wahlkreisen zu sprechen.

Sie sind schon sehr lange im Deutschen Bundestag. Und wissen genau, wie in der Fraktion die Mechanismen der Macht funktionieren. In kritischen Situationen werden Abgeordnete unter Druck gesetzt, wird ihnen mit dem Entzug von herausgehobenen Posten gedroht. Ist das Klima rauer geworden?

Es hat schon immer Versuche gegeben, Kollegen mit abweichender Meinung »auf Linie« zu bringen, wie das so schön heißt. Ich habe sogar Verständnis dafür, dass sich die Fraktionsführung um ein hohes Maß an Geschlossenheit bemüht. Aber wenn man merkt, dass ein Kollege aus voller Überzeugung, nicht aus Profilierungssucht, eine bestimmte Position einnimmt und diese auch inhaltlich begründen kann, dann sollte man das respektieren. Zu signalisieren: »Überlege dir gut, wie du dich verhältst, wenn du hier noch etwas werden willst« – das geht gar nicht. Aber wenn ein Abgeordneter das Vertrauen der viel zitierten Basis hat, wenn die geschlossen hinter ihm steht, dann braucht er sich in Berlin keine Sorgen zu machen.

Sofern der Abgeordnete einen sicheren Wahlkreis hat.

Das stimmt. Das weiß man in der Fraktion auch. Ich habe bei der letzten Wahl 58,5 Prozent der Erststimmen bekommen, die CDU 45 Prozent der Zweitstimmen, was auch ein tolles Ergebnis ist. Aber es gab im Wahlkreis Tausende, die nicht die CDU gewählt haben, aber den Kandidaten Bosbach.

Es gab ja sicher auch viele Versuche, Sie zum Beispiel in der Griechenlandfrage umzustimmen.

Da hatte ich eine wirklich schöne Begegnung mit Peter Altmaier, dem damaligen Ersten Parlamentarischen Geschäftsführer der Fraktion. Zu dessen Stellenbeschreibung gehört es ja, die Truppe beieinanderzuhalten. So hatte auch Peter Altmaier den Auftrag, den Abgeordneten Bosbach auf Linie zu bringen. Er sagte, er wolle mit mir wegen meiner abweichenden Haltung beim zweiten Griechenlandpaket sprechen. Ich sollte das aber nicht persönlich nehmen. Ich sagte:»Peter, meinst du, dass das Zweck hat?« Antwort:»Nein.« Da machte ich den Vorschlag:»Lass uns eine Tasse Kaffee trinken. Und wenn ich gefragt werde, ob du mir den Kopf gewaschen hast, werde ich sagen: Und wie!« So haben wir es dann gemacht.

Nun sind Sie nicht nur wegen Ihres sicheren Wahlkreises unabhängiger als andere. Sie hätten auch jederzeit in Ihre Kanzlei zurückgehen können. Viele junge Berufspolitiker hängen aber existenziell vom Mandat ab.
Zunächst einmal: Die haben sich nicht selbst in den Bundestag gewählt. Sie sind alle gewählt worden. Aber es ist durchaus möglich, dass sich Kolleginnen und Kollegen, die noch in der ersten oder zweiten Legislaturperiode sind, von der Fraktionsführung leichter beeindrucken lassen. Das ist auch nachvollziehbar. Ich weiß noch genau, wie es mir gegangen ist, als ich 1994 in den Bundestag kam und plötzlich mit Helmut Kohl und Wolfgang Schäuble in einer Fraktion saß. Da hatte ich mehr das Gefühl von Ehrfurcht als von Kollegialität.

Ist das viel zitierte»freie Mandat« noch Realität?
Oder mehr oder weniger eine Fiktion?
Völlig unabhängig von Einflüssen ist kein Abgeordneter. Ich kenne keinen, der aus eigener Kraft in den Bundestag gekommen ist. Auch ich nicht, obwohl bei mir der Abstand zwischen Erst- und Zweitstimmen größer ist als bei allen anderen CDU-Abgeordneten. Ich weiß doch ganz genau: Als Einzelbewerber wäre auch ich im Wahlkreis nur zweiter Sieger. Natürlich verdanken wir unsere Mandate den Wählerinnen und Wählern. Aber Kandidat wird man nur durch das Vertrauen der Partei. Deshalb muss man auch immer darauf achten, was die Partei denkt und er-

wartet. Im Moment der Entscheidung ist man aber allein. Ich habe schon oft genug meine Hand gehoben für Entscheidungen, mit denen ich nicht hundertprozentig einverstanden war. »Freiheit des Mandats« kann nicht heißen, dass ich mich gegenüber Partei und Fraktion völlig rücksichtslos verhalten kann. Auch in der Politik muss man Rücksicht nehmen. Und nicht jede Entscheidung ist tatsächlich eine Gewissensentscheidung – jedenfalls nicht für mich.

Sie sind leidenschaftlicher Parlamentarier, und Ihre Partei ist an der Regierung. Wie sehen Sie Ihre Aufgabe: Ihre Regierung zu kontrollieren oder zu unterstützen?

Zunächst ging es mir immer darum, meinen Wahlkreis und die Interessen seiner Bürgerinnen und Bürger im Bundestag so gut wie möglich zu vertreten. Dass man als Mitglied einer Regierungsfraktion hinter der eigenen Regierung steht, ist eine Selbstverständlichkeit. Aber wenn man aus guten sachlichen Gründen Zweifel an bestimmten Entscheidungen hat, dann muss man diese Zweifel auch frei äußern können, ohne dass man sofort als Störenfried wahrgenommen wird. Man muss auch als Mitglied einer Regierungsfraktion oder Koalition für eine von der Regierung abweichende Position kämpfen können. In den sechs Jahren als Ausschussvorsitzender habe ich auch nie die eigenen Leute geschont, wenn ich der Meinung war, es ist noch nicht alles gesagt, was gesagt werden muss, oder es besteht noch dringender Aufklärungsbedarf. Ich bin regelmäßig sauer geworden, wenn wir wesentliche Informationen nur aus den Medien erfahren haben, nicht von der Regierung.

Ein Parlamentarier muss darauf achten, dass er von der Regierung wirklich ernst genommen wird. Ich gehöre nicht zu denen, die regelmäßig parlamentarische Anfragen stellen, aber ich bitte die Regierung häufig schriftlich um Auskunft. Das ist ein mühsames Geschäft, auch wenn die eigene Partei regiert. Die Regierung nimmt sich viel Zeit, zu viel Zeit, um derartige Anfragen zu beantworten. Über eine Antwort innerhalb von vier bis sechs Wochen wäre ich schon glücklich. Gelegentlich habe ich den Eindruck, die Regierung nimmt sich dann besonders viel Zeit, wenn ein Abgeordneter aus den eigenen Reihen um Auskunft bittet – denn die eigenen Leute machen ja weniger Ärger als die Opposition. Im Jahr 2015 habe ich den damaligen baden-württembergischen Justizminister Rainer Stickelberger von der SPD angeschrieben und hatte schon nach zwei Wochen eine umfassende Antwort. Da war ich wirklich platt. So bin ich von der eigenen Bundesregierung noch nie verwöhnt worden.

Wie reagieren Sie, wenn ein Minister partout nicht antwortet?
Ich bin auch da ziemlich hartnäckig und frage immer wieder nach, auch bei den eigenen Leuten. Der Regierung wäre es sicher lieber, wenn wir Abgeordnete nicht ständig Fragen stellen würden, denn die Beantwortung ist nicht selten mit einem hohen Aufwand verbunden. Aber wir fragen doch nicht um des Fragens willen, sondern um unsere parlamentarische Arbeit ordentlich machen zu können und um der Erwartungshaltung der Bürgerinnen und Bürger gerecht zu werden.

Eine hypothetische Frage: Wenn Sie wüssten, von meiner Stimme hängt die Regierungs-Mehrheit ab …
Tatsächlich war ich nie in dieser Lage. Bei den Euro-Rettungspakten wussten ja die Kritiker, dass es im Parlament dafür eine breite, fraktionsübergreifende Mehrheit gibt. Das hat uns innerparteilich allerdings überhaupt nicht geholfen. Uns wurde ja immer wieder gesagt: »Es kommt nicht auf die Mehrheit im Parlament an, sondern vielmehr auf die eigene Mehrheit der Koalition.« Und die war in der letzten Koalition von Union und FDP sehr knapp.

Bundeskanzler Schröder hat sich seine Mehrheit mehrfach gesichert, indem er eine Sachfrage mit der Vertrauensfrage verbunden

*hat. Wenn Angela Merkel dasselbe beim Euro oder in der Flücht-
lingsfrage machte?*
Auch dann würde ich nicht gegen meine Überzeugung abstimmen, sondern mein Mandat niederlegen. In dieser Form würde
ich mich nie unter Druck setzen lassen.

*Zu den gängigen Vorurteilen gegenüber der Politik gehört, die Ab-
geordneten würden von den Lobbyisten stark beeinflusst. Groben
Schätzungen zufolge gibt es in Berlin 5000 Lobbyisten, mehr als
2000 sind offiziell beim Bundestag registriert. Sagen diese Zahlen
etwas über deren Einfluss?*
Das wüsste ich auch gern. Ich lese jeden Artikel über die Einfluss-
nahme von Lobbyisten auf politische Entscheidungen mit großem Interesse und frage mich, warum dieses Heer seit 1994 um
mich einen großen Bogen macht. Das kann allerdings daran liegen, dass die Innenpolitiker weniger Kontakt zu Lobbyisten haben als Wirtschafts-, Gesundheits- oder Verteidigungspolitiker.
Ich kann mich nicht auch nur an einen einzigen Vorgang erinnern, bei dem ich das Gefühl hatte, ein Lobbyist wolle auf mich
und meine parlamentarische Arbeit in unbotmäßiger oder gar
unzulässiger Weise Einfluss ausüben.

*Lobbyisten sollen künftig keine Hausausweise mehr für den
Bundestag bekommen.*
Für dieses Thema fehlt mir die eigene Erfahrung; die Beantra-
gung von Hausausweisen für Lobbyisten war noch nie mein Geschäft. Vielleicht sollten wir aber auch einmal näher definieren,
was wir unter Lobbyarbeit verstehen. In meiner gesamten parlamentarischen Arbeit hatte ich sehr viel Kontakt zu den Vertretern
der beiden großen Kirchen. Aber sind das wirklich Lobbyisten,
denen man Hausausweise verweigern sollte?

*Das würde ein Sozialdemokrat mit Blick auf die Gewerkschaften
auch fragen.*

Völlig richtig. Ich habe auch oft Besuch von Gewerkschaftern: Deutsche Polizeigewerkschaft, Gewerkschaft der Polizei, Bund der Kriminalbeamten. Aber in der Bevölkerung werden eher Unternehmer und Vertreter von Wirtschaftsverbänden mit Lobbyismus gleichgesetzt als Kirchen oder Gewerkschaften.

Sie haben bereits erwähnt, in den 22 Jahren als Bundestagsabgeordneter im Plenum nur wenige Male aus Gewissensgründen nicht mit Ihrer Fraktion gestimmt zu haben. Um was ging es dabei, von Griechenland einmal abgesehen?

Das erste Mal war das gleich in der ersten Wahlperiode bei der Novellierung des Paragrafen 218 Strafgesetzbuch. Das Verfassungsgericht hatte die ursprüngliche Fristenlösung verworfen. Später wurde dann eine Fristenlösung mit Beratungszwang beschlossen, auch wenn man das nicht so nennt. 1995 habe ich beim Begleitgesetz zum novellierten Paragrafen 218 StGB nicht mit meiner Fraktion gestimmt, weil ich die Sorge hatte, dass das neue Recht das ungeborene Leben nicht so schützt, wie es eigentlich notwendig wäre.

Das zweite Mal war bei der Erbschaftssteuerreform 2009. Ich war strikt dagegen, Geschwister, Nichten und Neffen steuerrechtlich so zu behandeln wie familienfremde Personen. Auch deshalb, weil ich im Bekanntenkreis einen Fall hatte, wo Bruder und Schwester, die beide unverheiratet waren, jahrzehntelang zusammengelebt und füreinander Sorge getragen haben. Ihr einziges Vermögen war ein kleines Einfamilienhaus. Wieso sollte im Todesfall des einen der andere so besteuert werden wie bei einem völlig fremden Erbe? Der Überlebende hätte das Haus verkaufen müssen, um die Erbschaftssteuer zahlen zu können. Für mich war es eine Gewissensfrage, diesem Plan im Bundestag nicht zuzustimmen.

Und würden Sie heute in diesen Fällen abermals anders abstimmen als die Fraktion?

Ja. Beim Paragrafen 218 wissen wir heute, dass meine Befürchtung nicht grundlos war. Leider. Die Zahl der Schwangerschaftsabbrüche ist zwar zurückgegangen, aber nicht allein wegen der gesetzlichen Beratungspflicht, sondern weil die Zahl der Schwangerschaften insgesamt deutlich zurückgegangen ist. Auch in meiner Ablehnung der Erbschaftssteuerreform von 2009 sehe ich mich bestätigt. Die der Union von der SPD abgetrotzte Schlechterstellung naher Verwandter ist später von der schwarz-gelben Koalition wieder korrigiert worden. Und die aktuellen Entwicklungen in Griechenland bekräftigen eher die Position der Skeptiker als die der Befürworter immer neuer Milliardenhilfen.

4. KONSERVATIVE UND CDU

Noch gibt es erhebliche Unterschiede
zwischen SPD und CDU – noch.

»Frage: ›Warum halten Sie es für falsch, dass die Union sich unter Angela Merkel öffnet, zur Mitte rückt, um neue Wählerschichten zu erschließen?‹
Antwort: ›Es geht um das Maß. Übertreibt man, berührt das die Identität, den wertkonservativen Markenkern unserer Partei, die das ›C‹ im Namen trägt. Dies darf nicht weiter verwässert werden. Natürlich müssen wir uns zur Mitte öffnen, der Jugend eine Perspektive geben. Aber wir leben in einer sich differenzierenden Gesellschaft, die CDU hatte dies als Volkspartei aufgenommen. Es gab die Flügel der Konservativen, der Arbeitnehmer, der Wirtschaft. Jetzt kommt keiner mehr richtig vor, auch nicht mit Personen, mit denen sich die verschiedenen Wählergruppierungen identifizieren können.‹«

Der brandenburgische Innenminister Jörg Schönbohm im Interview.
Zitat aus: Thorsten Metzner: Jörg Schönbohm: »Die Wahl sollte ein
Warnschuss sein«. In: *Der Tagesspiegel*, 05.10.2009.

Sie gelten als einer der letzten Konservativen in der Union.
Was heißt eigentlich »konservativ« im Jahr 2016?
Die beste Definition steht meines Erachtens im Brief des heiligen Apostel Paulus an die Thessalonicher: »Prüfet alles, und behaltet das Gute.« Das gefällt mir schon deshalb, weil es ebenso

präzise wie einprägsam ist. Bei Kurskorrekturen und Veränderungen frage ich mich oft, ob das Neue wirklich besser ist als das Bewährte, oder ob es nur darum geht, modern zu wirken. Dazu gehören für mich aber auch noch Tugenden wie Fleiß, Anständigkeit oder Ehrlichkeit.

Die sogenannten preußischen Tugenden umfassen ja noch viel mehr. Wie steht's zum Beispiel mit Aufrichtigkeit, Bescheidenheit, Gewissenhaftigkeit, Pflichtbewusstsein, Pünktlichkeit, Sparsamkeit, Unbestechlichkeit, Zurückhaltung, Zielstrebigkeit, Zuverlässigkeit?
Die Bedeutung dieser Tugenden wird meiner Überzeugung nach unterschätzt. Manche runzeln sogar die Stirn und schütteln den Kopf, weil sie als Sekundärtugenden geschmäht wurden. Von Oskar Lafontaine noch mit dem Hinweis garniert, mit diesen Tugenden könne man auch ein KZ leiten. Ich habe allerdings den Eindruck, dass die sogenannten Sekundärtugenden in der jungen Generation wieder Konjunktur haben. Das erlebe ich – auch als Familienvater – immer wieder, dass viele junge Leute Wert darauf legen, mit diesen Tugenden zu leben.

Nun kann man alle diese Tugenden beherzigen und zugleich überzeugter Sozialist sein. Oder etwa nicht?
Ja, man sollte trennen zwischen konservativer Lebensführung und konservativer Politik. Helmut Schmidt hätte alle diese Begriffe wohl für sich reklamiert. Die Bezeichnung »konservativer Politiker« hätte er aber für sich selbst wahrscheinlich abgelehnt. Ich bin mir nicht einmal sicher, ob Helmut Kohl sich selbst als konservativen Politiker bezeichnen würde.

Franz Josef Strauß hat einmal gesagt: »Konservativ sein heißt, an der Spitze des Fortschritts zu marschieren.« Können Sie damit etwas anfangen?
Ja. Wobei ich aber nicht jede Neuerung für einen Fortschritt halte.

*Von Thomas de Maizière stammt der Satz, konservativ sei kein
Wert, das sei eine Haltung.*
Konservativ ist dann kein Wert, wenn man den Begriff nicht
inhaltlich ausfüllt, ihm keine politische oder gesellschaftspoli-
tische Bedeutung gibt und deshalb das Wort eine leere Hülse
bleibt.

*Dann machen wir uns mal an die inhaltliche Ausfüllung. Jörg
Schönbohm hat vom »konservativen Tafelsilber« der Union gesprochen. Was gehört zu diesem Besteckkasten? Was wird nicht
mehr poliert?*
Denken Sie nur daran, wie schwer sich die Union vor gut fünfzehn Jahren mit dem Begriff »Leitkultur« getan hat. Als Friedrich
Merz diesen Begriff in die Debatte eingeführt hat, hat die CDU
nicht entschieden Stellung pro Leitkultur bezogen, sondern sich
bemüht, den Begriff politisch-korrekt zu erklären. Leitkultur hat
nie bedeutet »Deutschland, Deutschland über alles« oder »Am
deutschen Wesen soll die Welt genesen«. »Leitkultur« steht für
einen Wertekonsens, der in unserem Land von allen Menschen
beachtet werden muss, völlig unabhängig von Staatsangehörigkeit, Hautfarbe und Religion. »Leitkultur« ist das Band, das alle
Menschen in unserem Land verbindet, damit über 80 Millionen
auf relativ kleinem Raum friedlich und konfliktfrei miteinander
leben können. Warum haben wir nicht deutlich gesagt: »Da hat
Friedrich Merz völlig recht!«? Ich kann mir das nur damit erklären, dass wir aus historischen Gründen ein eher schwieriges
Verhältnis zum eigenen Land haben.

*Der Ausstieg aus der Kernenergie und die Abschaffung der
Wehrpflicht gelten vielen als Belege für den Abschied der Union
von ihren konservativen Wurzeln.*
Die friedliche Nutzung der Kernenergie zum Zwecke der Energie-
erzeugung war meiner Überzeugung nach nie Bestandteil des
Tafelsilbers der Christlich-Demokratischen Union. Anders war

das damals bei den Diskussionen um den NATO-Doppelbeschluss. Die größten Demonstrationen in der Nachkriegszeit gab es ja nicht gegen die Kernenergie oder Hartz IV, sondern gegen den NATO-Doppelbeschluss. Damals standen 500.000 Menschen im Bonner Hofgarten und demonstrierten gegen Helmut Kohl, obwohl nicht er, sondern Helmut Schmidt den NATO-Doppelbeschluss unterzeichnet hatte. Der größte Teil der öffentlichen Meinung war gegen die Union, der größte Teil der veröffentlichten auch. Trotzdem ist die Union bei ihrer politischen Überzeugung geblieben, und danach gab es kein neues Wettrüsten, sondern echte Abrüstung. Danach gab es keine Erhöhung der Kriegsgefahr, sondern eine in jeder Hinsicht erfreuliche politische Entwicklung: Solidarność in Polen, Glasnost und Perestroika in der Sowjetunion. Und am Ende fiel die Mauer. Bei der Kernkraft war es anders. Da waren die Bundesregierung und alle Länderregierungen der Meinung, der gesellschaftliche Widerstand gegen die friedliche Nutzung der Kernenergie ist zu groß, um den bisherigen Kurs fortzusetzen. Das hat aber nichts mit einer angeblichen Sozialdemokratisierung der Union zu tun, sondern mit fehlender gesellschaftlicher Akzeptanz der Kernenergie. Dass die Energiewende aus bekannten Gründen dann sehr überstürzt erfolgte, ist allerdings ein anderes Kapitel.

Müsste man aber von Konservativen nicht erwarten, dass sie sagen: »*Wir sind von unserem politischen Konzept überzeugt. Dafür muss ich kämpfen und auch notfalls mal verlieren?*«
Das war bei der Nachrüstungsdebatte der Fall, da haben wir gekämpft. Beim Atomausstieg ging es im Hinblick auf die Landtagswahlen in Baden-Württemberg und Rheinland-Pfalz im März 2011 ganz schnell. Aber: Machen wir uns nichts vor. Jeder weitere Wahlkampf wäre zu einem Plebiszit über die Energiepolitik, genauer gesagt über die weitere Nutzung der Kernenergie, geworden. Es hätte auch überhaupt keine Planungssicherheit mehr für die Energiewirtschaft gegeben, weil je nach politischen Mehr-

heitsverhältnissen sich die Energiepolitik immer wieder geändert hätte. Es gab noch einen wichtigen Unterschied zum NATO-Doppelbeschluss: Damals stand die Partei geschlossen gegen alle anderen. Beim Atomausstieg gab es in der Union ganz unterschiedliche Auffassungen, von vorbehaltsloser Unterstützung bis zur großer Skepsis, und das ist im Grunde bis heute auch noch so.

Sprechen wir über die Abschaffung der Wehrpflicht. Die wurde von einem smarten Bundesverteidigungsminister auf dem Altar der Haushaltspolitik geopfert und von einer CDU-Kanzlerin als ein Stück Modernisierung verkauft. War das ein Fehler?
Beim Thema Wehrpflicht ging es weniger um die Entscheidung selbst als um die Art der Entscheidungsfindung. Bei der Wehrpflicht ging es der Union nie nur um die Gewährleistung der Verteidigungsfähigkeit der Bundesrepublik Deutschland bei Angriffen von außen. Die Wehrpflicht war auch Ausdruck des Modells vom »Bürger in Uniform«. Die Bundeswehr sollte nicht außerhalb der Gesellschaft stehen, sondern integraler Bestandteil sein. Deshalb haben sich so viele in der Union mit deren Abschaffung so schwergetan. Ich persönlich auch. Ich habe allerdings sehen müssen, dass sich die Frage der Wehrgerechtigkeit massiv stellte. Wenn nur noch zwanzig oder dreißig Prozent eines Jahrgangs eingezogen werden, dann kann man in einer Bürgersprechstunde nicht mehr plausibel erklären, warum der eine junge Mann zum Bund muss, seine beiden Freunde aber nicht.

Die Abschaffung war also kein Fehler?
Die Wehrpflicht war nicht mehr zu halten. Neben der Frage der Wehrgerechtigkeit gab es auch zunehmende Zweifel an der Verfassungsmäßigkeit der Wehrpflicht. Die Bundeswehr ist ja ausdrücklich zum Zwecke der Landesverteidigung gegründet worden. Doch ihre Aufgaben haben sich deutlich verändert. Das gilt

für die stetig steigende Zahl der Auslandseinsätze, bei denen ohnehin keine Wehrpflichtigen eingesetzt wurden. Die Entscheidung, die Wehrpflicht – je nach Betrachtungsweise – abzuschaffen oder auszusetzten, halte ich deshalb nicht für falsch, sondern für zumindest vertretbar.

Genau genommen wurde die Wehrpflicht nicht abgeschafft, sondern nur ausgesetzt.
Es ist ein Formelkompromiss. Faktisch ist die Wehrpflicht abgeschafft. Wenn man sie wieder in Kraft setzen wollte, könnte man das nur mit der Notwendigkeit der Verteidigung des eigenen Landes begründen. Und ich hoffe, dass wir nicht in eine Situation kommen, wo wir sie mit dieser Begründung wieder einführen müssen.

War die faktische Abschaffung der Wehrpflicht nicht ein Beispiel dafür, wie innerparteiliche Demokratie nicht funktionieren sollte: Die Spitze legt sich fest, und die Basis muss das abnicken, wenn sie die Kanzlerin nicht beschädigen will?
Die Art und Weise, wie die Entscheidung 2011 gefallen ist, war auch für mich nur sehr schwer nachvollziehbar. Es musste doch jedem klar sein, was für ein wichtiges Thema die Wehrpflicht für die Union ist. Ihre Abschaffung wurde von oben verkündet und erst dann in der Partei diskutiert. Diese Reihenfolge hat viele irritiert. Das hätte umgekehrt laufen müssen: zuerst eine breite innerparteiliche Debatte und dann die Entscheidung.

Warum hat die CDU es nicht geschafft, eine allgemeine Dienstpflicht einzuführen? Da hätte jeder junge Mann wählen können, ob er zur Bundeswehr geht, zu einer sozialen Organisation oder in die Entwicklungshilfe – ein Dienst auf Zeit für die Allgemeinheit.
Darauf haben wir bewusst verzichtet. Ob Wehrpflicht oder allgemeine Dienstpflicht: Beides ist ein gravierender Einschnitt in die Lebensplanung junger Menschen. Man hätte dann auch nicht

differenzieren können zwischen jungen Männern und jungen Frauen. Zudem waren damals alle der Meinung, die Ausbildungszeiten müssten insgesamt verkürzt werden. Deshalb auch das Abitur nach zwölf statt nach dreizehn Jahren. Dennoch ist interessant, dass der Bundesfreiwilligendienst einen enormen Zuspruch hat. Ich persönlich halte es für besser, hier auf Freiwilligkeit zu setzen statt auf Zwang.

»Die Konservativen leben noch. Sie wissen nur nicht mehr so genau, warum. (...)
Konservative sind heute nicht heimatlos, aber planlos. Ihnen fehlt ein intellektueller Überbau zu Einstellungen und Forderungen. Gerade die Tatsache, dass konservative Positionen heute in Deutschland ein Element der aus unterschiedlichen Wurzeln kommenden Volkspartei CDU sind, macht einen verständlich abgegrenzten konzeptionellen Kern des spezifisch Konservativen unerlässlich. Das Fehlen des sichtbaren konservativen Kerns führt zu Frustration und gelegentlicher Radikalisierung derer, die sich diesem Denken verbunden fühlen, und ist zugleich das Einfallstor der vermeintlich liberalen und fortschrittlichen Vertreter, die das Konservative wegen dieser fehlenden Begründung als überlebt betrachten.«

Zitat aus: Roland Koch: Konservativ, Freiburg 2010.

*Kommen wir zu einem weiteren konservativen Thema:
der Familienpolitik.*
Ich merke, dass wir uns zunehmend schwertun, präzise zu definieren, was »Familie« ist. Zu sagen, Familie ist überall dort, wo man füreinander Sorge trägt, überall dort, wo Kinder sind, müsste doch eine ganz selbstverständliche Formulierung sein. Es kann aber auch in familiärer Verbundenheit die Schwiegertochter für die Schwiegermutter sorgen, der Schwiegersohn für den Schwiegervater oder die Enkelin für die Großmutter. Es muss

nicht immer nur die Eltern-Kind-Beziehung sein. Deshalb war ich auch bei der Erbschaftssteuerreform 2009 strikt dagegen, Geschwister, Nichten und Neffen steuerrechtlich zu behandeln wie familienfremde Personen. Das ist dann bei der nächsten Reform glücklicherweise wieder korrigiert worden.

Welchen Status hat die Familie in der heutigen Gesellschaft? Welchen Status sollte sie haben?

Gerade bei den Debatten um gleichgeschlechtliche Lebensgemeinschaften wird oftmals übersehen, dass die herausgehobene Stellung von Ehe und Familie im Grundgesetz nicht die Begründung darin hat, dass es sich um eine heterosexuelle und nicht um eine homosexuelle Beziehung handelt, sondern darin, dass nur aus der Verbindung von Mann und Frau Kinder hervorgehen und die so gebildete Familie die Keimzelle der Gesellschaft ist.

Auch lesbische Frauen können ihre Eizellen befruchten lassen und Mütter werden.

Jetzt sollten wir aber den seltenen Ausnahmefall nicht zur Begründung dafür heranziehen, den Normalfall nicht länger zum Maßstab zu nehmen. Zeugung von Kindern durch gleichgeschlechtliche Partner ist immer noch nicht möglich. Ich gehe auch nicht davon aus, dass sich daran zukünftig etwas ändern wird.

Nun hat die CDU vor 15 Jahren ihr Familienbild modernisiert. Demnach ist Familie dort, wo Eltern für Kinder und Kinder für Eltern dauerhaft Verantwortung übernehmen. Das geht weit über das klassische konservative Familienbild hinaus: Vater, Mutter, Kind beziehungsweise Kinder.

Da müssen wir den gesellschaftlichen Wandel sehen, der sich ungeachtet von Parteitagsbeschlüssen vollzieht. Es ist nun mal die Lebenswirklichkeit, dass die Familienentwürfe vielfältiger sind als in der Vergangenheit. Trotzdem halte ich es für richtig, dass wir uns bei dem Begriff »Familie« auf die Eltern-Kind-Beziehungen und auf die Beziehungen zwischen den Generationen und das Füreinander-Einstehen in persönlicher Verbundenheit beziehen.

Wir haben hohe Scheidungsraten. Die sogenannte Patchworkfamilie mit geschiedenen und wiederverheirateten Partnern mit gemeinsamen Kindern sowie solchen aus früheren Beziehungen kommt immer häufiger vor. Wie geht ein konservativer Politiker mit dieser Entwicklung um?
Meine Kinder, deine Kinder, unsere Kinder – das ist heute vielfach Realität. Das hat auch damit zu tun, dass man früher wahrscheinlich häufiger an der Ehe festgehalten hat, um nach außen den Schein zu wahren, obwohl die Beziehung zerrüttet war. Heute zieht man wohl offensichtlich schneller rechtliche Konsequenzen.

Die CDU hat einst gegen die vom Staat anerkannte gleichgeschlechtliche Partnerschaft gekämpft, sich aber inzwischen damit abgefunden.
»Abgefunden« ist wohl eine richtige Formulierung.

Nun fällt auf, dass in den Medien die eingetragene Partnerschaft immer häufiger als Ehe bezeichnet wird, zum Beispiel: »Klaus Wowereits Ehemann«, nicht »Wowereits Partner«. Macht die semantische Unterscheidung noch Sinn?
Die semantische Unterscheidung macht trotz der weitestgehenden rechtlichen Gleichstellung der eingetragenen Partnerschaften mit der traditionellen Ehe noch Sinn. Es gibt einen fundamentalen Unterschied: Der Begriff sollte reserviert bleiben für die Beziehung von Mann und Frau, weil nur aus dieser Beziehung Kinder hervorgehen können. Das ist entgegen allen Behauptungen auch heute noch keine rare Ausnahme: Aus achtzig Prozent aller Ehen gehen Kinder hervor.

Es gibt ja auch Unionspolitiker, die sagen, in einer eingetragenen Partnerschaft würden doch konservative Werte gelebt: das Einstehen füreinander, die lebenslängliche Bindung. Warum dann nicht »Ehe für alle«?

Ich kann mich da nur wiederholen: Es geht um die Unterscheidung von Beziehungen, aus denen Kinder hervorgehen können, und solchen, in denen das nicht möglich ist. Das hat nichts mit Diskriminierung zu tun, sondern mit Differenzierung.

Und wie lange hält die CDU insgesamt an dieser Unterscheidung noch fest?

Das frage ich mich auch. Ich schließe es nicht aus, dass die Union in einigen Jahren auch darüber anders denkt. Ich weiß aber, dass das für viele Mitglieder ein ganz heikler Punkt ist. Verständnis und Akzeptanz in der Partei für gleichgeschlechtliche Lebenspartnerschaften sind gewachsen und damit auch für den Kurswechsel der Union. Aber für die Frage, worin sich die Union noch von der politischen Konkurrenz unterscheidet, hat dieses Thema immer noch Bedeutung. Da sollte niemand die Wirkung einer Änderung unterschätzen. Deshalb bin ich auch dafür, dass die Union an diesen Begriffen und den Begriffsunterschieden festhält.

Wie sollte eine zeitgemäße konservative Familienpolitik aussehen?

Meiner Überzeugung nach gehört zu einer modernen Familienpolitik, dass der Staat die Familien unabhängig davon fördert, ob sie ihre Kinder selbst betreuen oder in einer Kita betreuen lassen. Deshalb sollten CDU-regierte Bundesländer das Betreuungsgeld auf Landesebene einführen. Karlsruhe hat ja keineswegs entschieden, dass das Betreuungsgeld per se verfassungswidrig ist. Karlsruhe hat lediglich entschieden, dass es dafür keine Bundeskompetenz gibt. Ich kann aber nicht feststellen, dass die CDU in den Ländern dafür heftig kämpft. Was spricht eigentlich dagegen, auch die Eltern finanziell zu unterstützen, die sich lieber selbst um die Erziehung ihrer Kinder kümmern, als sie in staatliche Betreuung zu geben? Es ist doch wirklich ungerecht, Eltern mit dieser Haltung vorzuwerfen, sie wollten ihre Kinder von sozialen Kontakten fernhalten, sie wollten sie isolieren. Es ist interessant, dass bei fast allen gesellschaftlichen Fragen die Wahlfreiheit der Menschen in den Mittelpunkt gestellt wird. Nur bei der Frage »Familiäre oder staatliche Betreuung?« wird das enger gesehen, weil es dem politischen Mainstream entspricht, die Betreuung in einer Kindertagesstätte für besser zu halten als familiäre Betreuung. Das schlägt sich leider in der staatlichen Förderung nieder, obwohl ein Kita-Platz mit etwa 1.000 Euro pro Kind und Monat viel teurer ist als das Betreuungsgeld.

Nicht wenige argumentieren heute doch so: »Der Staat hat in die Ausbildung der jungen Frauen viel Geld investiert. Wenn die alle nach der Geburt des ersten Kindes zu Hause bleiben, war ihre Ausbildung auf Staatskosten eine Verschleuderung von Steuergeldern.« Was sagt der Vater von drei Töchtern dazu?
Meine Frau hat bis zum dritten Kind gearbeitet, auch mit Unterstützung der Großeltern. Aber was macht eine alleinerziehende Mutter? Was machen Eltern, die im Schichtdienst arbeiten? Wir können auf diese staatlichen Hilfen nicht verzichten. Jede Familie sollte individuell entscheiden können, wie sie das regelt. Der Staat muss allerdings die Voraussetzungen schaffen, dass Wahlmöglichkeiten bestehen. Und mit der Abschaffung des Betreuungsgeldes werden die Wahlmöglichkeiten eingeschränkt.

Die Gegner des Betreuungsgeldes behaupten, Eltern hielten ihre Kinder von der Kita fern, um das Geld zu kassieren.
Das mag es sogar in dem einen oder anderen Fall geben, aber das darf doch kein Grund sein, das Betreuungsgeld generell zu verweigern. Dass Eltern wegen 150 Euro im Monat zu Hause bleiben, obwohl sie ein Vielfaches davon verdienen könnten, ist schon eine skurrile Vorstellung.

*Den Kindern zuliebe auf etwas zu verzichten, Opfer zu bringen –
ist das heute noch zeitgemäß?*
Ich weiß nicht, ob der Begriff »Opfer« hier passt. Mit der Erfüllung des Kinderwunsches übernehmen Eltern eine große Verantwortung. Das stimmt. Aber Opfer? Kinder sind eine große
Freude, sie machen das Leben bunter, spannender, schöner. Zugegeben: Manchmal machen sie das Leben auch anstrengender
(lacht).

*Um bei den Frauen zu bleiben: Die von der Großen Koalition be-
schlossene Frauenquote war ja nicht nur eine Forderung der SPD.
Auch in der CDU gab es da große Unterstützung. Ist die Vergabe
von Positionen und Ämtern nach Geschlecht nicht eine ordnungs-
politische Sünde, ein Verstoß gegen das Leistungsprinzip?*
Das ist schon deshalb ordnungspolitisch interessant, weil der
Bund nicht bei sich selbst angefangen hat, nicht in den Bundes-
ministerien, nicht in den Behörden. Er hat sein Augenmerk sofort auf die Privatwirtschaft gerichtet. Für mich wäre die Lage
völlig anders gewesen, wenn man gesagt hätte, jetzt machen wir
erst mal eine verbindliche Quote für Bundesminister, für Staats-
sekretäre, auch noch für Abteilungsleiter in den Ministerien.
Aber davon war nie die Rede. Gehandelt wurde nach dem Motto:
Wenn wir es schon nicht selber machen, dann soll sich wenigstens die Wirtschaft politisch korrekt organisieren.

Apropos Quote: Wann kommt bei uns die Migrantenquote?
Ich glaube nicht, dass man den Migranten damit wirklich einen
Gefallen täte. Denn unausgesprochen sagt man mit einer Quote:
Über die klassischen Kriterien Eignung, Befähigung, Leistung
werden es die Migranten nicht schaffen. Also müssen wir ihnen
einen Schutzraum geben. Das halte ich für falsch. Sie werden
es schaffen, und dafür gibt es auch genügend Beispiele. Außerdem: Stellen Sie sich doch bitte einmal vor, besser Qualifizierte
würden deshalb nicht eingestellt oder befördert, weil sie einen

Migrationshintergrund haben – das würde sofort und verständlicherweise nicht nur zu Ärger, sondern zu völlig unnötigen Spannungen zwischen den Bevölkerungsgruppen führen.

Ist die CDU nicht mehr oder weniger auf dem Kurs: »Wir helfen Müttern, die partout am Herd kleben. Aber unser eigentliches Leitbild ist doch die ganztags berufstätige Mutter – mit Ursula von der Leyen als ›role model‹«?
Nicht die gesamte CDU ist auf diesem Kurs. Aber es hat eine Kurskorrektur gegeben. Auch die Union fragt sich natürlich: »Warum haben wir eine so extrem niedrige Geburtenrate, auch im Verhältnis zu anderen Industriestaaten wie Frankreich?« Offenbar ist die Verbindung von Beruf und Karriere bei uns schwieriger als in anderen Ländern. Da brauchen wir bessere Rahmenbedingungen.

Die CDU ist nach Ansicht vieler Beobachter in den letzten zehn, fünfzehn Jahren sozialdemokratischer geworden. Verstehen Sie, dass viele Konservative sich heimatlos fühlen?
Ja und nein. Zugegeben, die doppelte Energiewende, die Änderungen in der Familienpolitik oder die Abschaffung der Wehrpflicht haben viele irritiert. Aber noch gibt es erhebliche Unterschiede zwischen SPD und Union – noch.

Sie haben im Zusammenhang mit dem »C« erwähnt, man könne das Profil der CDU gerade bei bioethischen Fragen gut erkennen, also bei Themen wie Schutz des ungeborenen Lebens, Stammzellenforschung oder Sterbehilfe.
Ja.

Nehmen wir den Paragrafen 218. Als die sozialliberale Koalition Anfang der 1970er-Jahre die Fristenlösung einführen wollte, hatte die CDU/CSU einen Gegenentwurf. Da wusste man, wofür die Union stand, auch wenn es ein paar Abgeordnete gab, die

gegen jede Lockerung des Abtreibungsverbots waren, und ein
paar, die liberaler waren. Heute stehen die Unionsabgeordneten
bei bioethischen Themen hinter verschiedenen Initiativanträgen.
Die Fraktion hat keine eigene Position mehr.
Bei der Frage des Paragrafen 218 stimmt das. Damals sind wir
gegen die ursprüngliche Fristenlösung sogar vor das Verfassungsgericht gezogen – und zwar mit Erfolg. Heute haben wir nun
eine Fristenlösung mit Beratungszwang, auch wenn man das
nicht so nennt. Das Bundesverfassungsgericht hat die jetzige
Regelung akzeptiert, aber dem Gesetzgeber eine Beobachtungs-
und Nachbesserungspflicht auferlegt. Der Gesetzgeber sollte in
regelmäßigen Abständen überprüfen, ob sich die Erwartungen
an das Gesetz erfüllen, dass durch die Beratung die Zahl der
Schwangerschaftsabbrüche deutlich zurückgeht. So war es dann
tatsächlich, aber in erster Linie, weil die Zahl der Schwangerschaften deutlich zurückging, nicht allein wegen der gesetzlichen Beratungspflicht.

Das Gesetz hat also die Erwartungen nicht erfüllt.
Jedenfalls nicht alle. Leider. Trotzdem fasst die Union dieses
Thema nicht mehr an, weil es für eine erneute Änderung weit
und breit keine parlamentarische Mehrheit gibt, weil die Union
selbst sich mit der derzeitigen Lage jedenfalls mehrheitlich abgefunden hat und weil auch die gesellschaftliche Akzeptanz für
eine weitere Reform fehlen würde. Aber man muss auch sehen:
Bei der Abstimmung über die Strafbarkeit der kommerziellen
Sterbehilfe hat sich doch ganz deutlich gezeigt, wo die ganz
große Mehrheit der Fraktion steht – auf der Seite des Lebens-
schutzes.

»Der Berliner Kreis in der Union ist ein Zusammenschluss von
Abgeordneten von CDU und CSU aus dem Bundestag und den
Länderparlamenten. Unser Ziel ist es, dass die konservativen, die

christlich-sozialen und die liberalen Wurzeln der Unionsparteien im politischen Alltag erkennbar sind und in konkrete Politik umgesetzt werden.«

Zitat aus: www.berlinerkreisinderunion.de, Startseite, 27.06.2016.

Wir sprachen bereits darüber, dass sich die CDU seit Ihrem Eintritt 1972 stark verändert hat und dass Sie das Gefühl vermissen, als Konservativer in der CDU wirklich erwünscht zu sein. Tatsächlich hat die CDU seit dem Ausscheiden von Alfred Dregger im Jahr 2002 eigentlich keinen konservativen Bannerträger mehr. Roland Koch wollte das aus verschiedenen Gründen nicht sein, und Jörg Schönbohm, der frühere brandenburgische Innenminister, konnte diese Rolle bundesweit nicht recht ausfüllen. Warum haben die Konservativen keinen neuen Frontmann, keine Frontfrau hervorgebracht?

Das frage ich mich auch. Seit Alfred Dregger gibt es niemanden mehr, der das Konservative oder Nationalkonservative ganz persönlich glaubhaft verkörpert. Roland Koch hätte das gekonnt. Mit seiner Unterschriftenaktion gegen die doppelte Staatsbürgerschaft im hessischen Landtagswahlkampf 1999 und seinem Wahlsieg wurde er plötzlich zu einer Art Vorzeigekonservativem der Union. Ich hatte aber den Eindruck, dass er diese Rolle gar nicht einnehmen wollte. Jörg Schönbohm hatte auch das Format, kam aber aus dem relativ kleinen Landesverband Brandenburg und hatte daher keine große Hausmacht. Ich schätze ihn sehr, und er hätte zweifellos das konservative Profil der Union schärfen können.

Innerhalb der CDU gibt es den »Berliner Kreis«, der versucht, das konservative Tafelsilber zu polieren. So richtig erfolgreich ist diese Gruppierung nicht. Gibt es in der CDU vielleicht zu wenige Konservative, um eine schlagkräftige Gruppierung zu bilden? Oder fehlt denen der Mut?

Es gibt zu wenige Konservative in der Union, die ganz offen zu ihrer Position stehen. Viele fragen sich wohl:»Nutzt es mir, oder schadet mir das eher? Wie verändert das meine Stellung in der Fraktion?« Der Zuspruch zum Berliner Kreis war am Anfang sehr groß. Aber dann haben doch einige Kolleginnen und Kollegen erklärt, man identifiziere sich zwar zu hundert Prozent mit den Zielen, wolle damit aber nicht öffentlich in Erscheinung treten. Ich bedaure das, denn ich habe noch an keiner einzigen Veranstaltung des Berliner Kreises teilgenommen, bei der auch nur ein Satz gefallen wäre, mit dem die CDU ernsthaft ein Problem haben könnte.

Sie selbst nehmen an den Gesprächsrunden des »Berliner Kreises« teil?
Ja, wann immer es terminlich geht, bin ich dabei.

Hat Angela Merkel jemals mit Ihnen über den »Berliner Kreis« gesprochen?
Nein. Sie hat ja auch mit dem gesamten Kreis nie gesprochen, sondern das ihrem damaligen Generalsekretär Hermann Gröhe überlassen.

Mal etwas flapsig formuliert: War mit Merkels 41,5-Prozent-Ergebnis bei der letzten Bundestagswahl der »Berliner Kreis« nicht erledigt?
Keineswegs. Wir hätten doch die 41,5 Prozent niemals erzielt, wenn die FDP nicht dermaßen abgestürzt, sondern auch nur annähernd an ihre 14,6 Prozent der Bundestagswahl von 2009 herangekommen wäre.

Aber die Konservativen in der CDU haben doch so argumentiert: Mit dem Merkel-Kurs vergraule die CDU bürgerlich-konservative Wähler; die blieben zu Hause. Mit 41,5 Prozent, also einem Kohl-Ergebnis, ist Angela Merkel doch immun gegen diese Kritik.

Nur scheinbar. Denn bei der Fixierung auf die 41,5 Prozent wird ja übersehen, dass wir unser wichtigstes politisches Ziel nicht erreicht haben: die Fortsetzung der Koalition von Schwarz-Gelb. Die Folgen haben wir dann im Koalitionsvertrag der Großen Koalition gesehen. Dessen Inhalte spiegeln ja nicht das Wahlergebnis wider, sondern eher die traurige Tatsache, dass es im Deutschen Bundestag eine linke Mehrheit gibt.

»Das Scheitern des ›Berliner Kreises‹ in der Union illustriert ein größeres Problem: Eine ganze Denkrichtung fehlt in unserem politischen Diskurs. Wir brauchen mehr konservative Kontrapunkte.«

Zitat aus: Robin Alexander: Ohne Konservative ist mehr als die CDU in Gefahr. In: *Die Welt*, 22.08.2012.

Im »Berliner Kreis« waren zwei Publizisten aktiv, die 2013 maßgeblich an der Gründung der AfD beteiligt waren: Alexander Gauland und Konrad Adam. Wenn die CDU-Spitze mehr Verständnis für die Anliegen des »Berliner Kreises« gehabt hätte, wäre es dann vielleicht gar nicht zur Gründung der AfD gekommen?
Gute Frage, aber jede Antwort wäre rein spekulativ. Die Gründung der AfD hätten wir sehr wahrscheinlich nicht verhindern können, denn sie wurde ja ursprünglich aus Protest gegen die diversen Euro-Rettungsbemühungen gegründet. Aber vielleicht hätte die Union dann weniger Stimmen – und auch weniger Mitglieder – an diese neue Partei verloren. Bei Konrad Adam weiß ich wirklich nicht, warum er sich in diesem Kreis nicht mehr engagiert hat. Bei Alexander Gauland dürfte es die Reaktion auf ein Treffen im Konrad-Adenauer-Haus gewesen sein. Ich kann mich noch gut an ein Gespräch des »Berliner Kreises« mit dem damaligen CDU-Generalsekretär Hermann Gröhe erinnern. Im Verlaufe des Gespräches hatte Alexander Gauland irgendetwas gesagt, was meiner Meinung nach zutreffend war, jedenfalls

kein Grund zur Aufregung. Daraufhin hat Hermann Gröhe seine Sicht der Dinge dargelegt. Dann hat sich Alexander Gauland zurückgelehnt, die Arme vor dem Bauch verschränkt und nichts mehr gesagt. Da kamen mir ernsthaft Zweifel, ob er noch dabeibleibt. Ich glaube, in diesem Moment hat Alexander Gauland gedacht, die CDU wird dem Berliner Kreis niemals so viel Raum lassen, dass er im Gefüge der Partei eine Rolle spielen kann. Das habe ich seiner Körpersprache angesehen. Mit seiner Vermutung lag er allerdings richtig. Leider.

Alexander Gauland sagt, nicht er habe sich geändert, sondern die Partei.

Das unterschreibe ich zu fünfzig Prozent. Ich bin 1972 CDU-Mitglied geworden. Natürlich hat sich die CDU in diesen 44 Jahren deutlich verändert, das Land und die Gesellschaft aber auch! Es hat epochale Veränderungen gegeben, und natürlich müssen Parteien darauf angemessen reagieren. Auch CDU und CSU.

War die »Sozialdemokratisierung« der Union demnach etwa zwingend?

Nach dem Verlauf der Koalitionsverhandlungen war klar, die SPD bekommt den gesetzlichen Mindestlohn, die Rente mit 63 und die Mietpreisbremse. Dafür gab es auf Wunsch der Union keine Steuererhöhungen und eine Verbesserung bei der Anerkennung von Erziehungszeiten im Rentenrecht, auf Drängen der CDU. Das konnte ich ja noch nachvollziehen. Aber dann wurden in einem atemberaubenden Tempo 1.600 neue Stellen geschaffen, um die Einhaltung des Mindestlohngesetzes durch die Arbeitgeber zu kontrollieren. Man unterstellte den Arbeitgebern sofort, sie würden alle möglichen, auch rechtlich fragwürdigen Anstrengungen unternehmen, um den Mindestlohn zu unterlaufen. Warum hat von der CDU niemand gesagt: »Ihr könnt doch nicht alle Arbeitgeber in der Bundesrepublik unter Generalverdacht stellen«? Bei kritischen Anmerkungen heißt es doch sonst immer sofort:

»Kein Generalverdacht!« Bei Arbeitgebern ist das offenbar anders. Selbstverständlich muss es eine Kontrolle auch beim staatlich festgesetzten Mindestlohn geben, aber die sehr hohe Zahl der dafür vorgesehenen Stellen hat mich schon überrascht. Wenn wir Innenpolitiker damals, also 2014, uns bemühten, neue Stellen für das Bundeskriminalamt, den Verfassungsschutz oder das Bundesamt für Migration und Flüchtlinge zu schaffen, hieß es immer: »Woher soll denn das Geld kommen?« Aber 1.600 Stellen zur Kontrolle des Mindestlohns wurden sofort bewilligt. Wäre ein deutlicher Stellenzuwachs bei den Sicherheitsbehörden nicht schon damals dringend notwendig gewesen? Und wäre der jetzt beschlossene Stellenzuwachs bei der Bundespolizei und anderen Sicherheitsbehörden auch dann erfolgt, wenn es nicht die fürchterlichen Terroranschläge von Paris und Brüssel gegeben hätte und wenn nicht die Zahl der Wohnungseinbrüche stetig steigen würde? In der Innenpolitik ist es leider nicht selten so, dass erst etwas passieren muss, bevor die Politik reagiert.

Sie selbst sind Mitglied im »Berliner Kreis«. Warum sind Sie nicht sein Sprecher, sozusagen der moderne Alfred Dregger?
Man hat mich mehrfach darum gebeten, mich an die Spitze der Bewegung zu setzen. Aber diese zusätzliche Belastung hätte ich schon damals nicht geschafft, und das gilt heute erst recht.

Also hat die Innenpolitik für Sie Priorität.
Ja, ganz eindeutig.

Sehen Sie unter den jungen Abgeordneten einen oder eine, der oder die das Zeug hätte, die Konservativen anzuführen?
Carsten Linnemann, dem Vorsitzenden der Mittelstandsvereinigung, traue ich das zu, obwohl er nicht Mitglied des »Berliner Kreises« ist. Aber inhaltlich teilt er unsere Positionen, und er ist klug, erfrischend klar und direkt. Nicht so ein Einerseits-andererseits-Typ.

»Unsere politische Kultur ist geprägt von den Gemeinsamkeiten der europäischen und den Besonderheiten der deutschen Geschichte. Dazu gehören vor allem die föderale und die konfessionelle Tradition, das besondere Verhältnis zwischen Staat und Kirche und die Verantwortung, die den Deutschen aus den Erfahrungen zweier totalitärer Regime auch für die Zukunft erwächst. Diese kulturellen Werte und historischen Erfahrungen sind die Grundlage für den Zusammenhalt in unserer Gesellschaft und bilden unsere Leitkultur in Deutschland. Wir wollen sie mit Leben erfüllen.«

Zitat aus: CDU-Grundsatzprogramm von 2007,
Abschnitt 36.

Kommen wir zum Patriotismus. Das ist ein etwas angestaubter Begriff ...
... ja, leider ...

... ebenso wie »deutsches Volk«. Gibt es überhaupt noch ein »deutsches Volk«? Oder besteht Deutschland aus so vielen Minderheiten, dass es gar nicht mehr möglich ist, die Interessen »des Volkes« zu definieren?
Wenn Sie mit der Formulierung »Interessen des deutschen Volkes« die Interessen nur der deutschstämmigen Bevölkerung oder der Menschen mit deutscher Staatsangehörigkeit meinen, dann wird das nur ganz wenige Politikfelder betreffen, wie beispielsweise das Wahlrecht, das mit der Staatsangehörigkeit verknüpft ist. Aber schon beim kommunalen Wahlrecht für EU-Ausländer gibt es hier Ausnahmen. Durch die starke Zuwanderung der letzten Jahrzehnte hat sich die Zusammensetzung der Bevölkerung so stark verändert, dass wir weniger von »dem Volk« im Sinne vom deutschen Staatsvolk sprechen als von der Bevölkerung. Damit meinen wir alle Menschen, die dauerhaft hier leben – ganz unabhängig von ihrer Staatsangehörigkeit und Herkunft.

Hat da die CDU beim Thema Patriotismus zu viel Terrain auf-
gegeben?

Können Sie sich noch daran erinnern, als der damalige CDU-Generalsekretär Laurenz Meyer sagte: »Ich bin stolz, ein Deutscher zu sein.« Was gab das für Debatten! Da habe ich mich auch gefragt, was wir eigentlich für ein Verhältnis zu unserem Land haben. Niemand *muss* das sagen. Aber ich möchte, dass man das sagen darf, ohne sofort in die rechtsradikale Ecke gestellt zu werden. Wir differenzieren zu wenig zwischen Nationalismus und Patriotismus. Der völlig übersteigerte Nationalismus der Nationalsozialsten hat viel Leid über unser Land, Europa und die Welt gebracht. Patriotismus dagegen ist Vaterlandsliebe, und Vaterlandsliebe ist eine gute Sache. Trotzdem tut sich die Union sehr schwer damit, eine solche Haltung offensiv zu vertreten.

Warum tun wir uns so schwer damit, wie jedes andere Land
unsere eigene Kultur als Maßstab für das Leben in unserem Land
festzulegen?

Das hängt sicherlich mit unserer nationalsozialistischen Vergangenheit zusammen, aber nicht nur. Wir versuchen, alles zu vermeiden, was auch nur den Eindruck erwecken könnte, wir würden uns über andere Völker und Nationen erheben. Ein Patriot würde das auch nicht tun. Ein Patriot schätzt sein eigenes Land in ganz besonderer Weise und versucht, ihm tatkräftig zu dienen.

Wie lange wird der Nationalsozialismus mit seinen scheußlichen
Verbrechen einem unverkrampften Patriotismus noch im Wege
stehen?

Das ist im kollektiven Bewusstsein unseres Landes verankert und wird auch an künftige Generationen unter der Überschrift »Nie wieder« weitergegeben. Das ist auch richtig so. Es ist auch richtig, wenn wir sagen, dass unser Schicksal entscheidend von der europäischen Entwicklung abhängt. Deutschland liegt im

Herzen Europas, hat neun Nachbarn, mehr als jedes andere westeuropäische Land. Deshalb tritt der nationalstaatliche Gedanke deutlich hinter den Gedanken der Völkerverständigung und des europäischen Einigungsprozesses zurück. Dies allerdings widerspricht nicht einem unverkrampften Patriotismus.

Als Bundespräsident Horst Köhler nach seiner ersten Wahl 2004 sagte: »Ich liebe mein Land«, waren viele irritiert. Wäre das heute anders?
Heute wäre das eher eine Selbstverständlichkeit. Man würde sich eher über diejenigen wundern, die wegen eines solchen Satzes irritiert sind. Horst Köhler hat mit ganz einfachen Worten seinen Patriotismus beschrieben. Ich fand das sehr sympathisch, weil er dabei auf jedes Pathos verzichtete. Er wollte damit zum Ausdruck bringen: »Weil ich mein Land liebe, bin ich auch bereit, etwas mehr für mein Land zu tun als nur meine Pflichten als treuer Staatsbürger.«

Anders als Gustav Heinemann, der nach seiner Wahl 1969 sagte, er liebe nicht sein Land, sondern seine Frau.
Ja, das war eine ganz andere Akzentuierung. Nicht nur zum eigenen Land, sondern auch gegenüber dem Amt des Bundespräsidenten.

Hat sich das Verhältnis der Deutschen zu ihrem eigenen Land demnach positiv verändert?
Ja, wir sind deutlich entspannter geworden. Ich bin auch überzeugt, dass die Debatte über das Thema Leitkultur heute nicht mehr so kontrovers verlaufen würde wie im Jahr 2000. Man merkt ja auch beim Thema Integration, wie sich politische Akzente verschieben. Wenn man heute betont, dass das Erlernen der deutschen Sprache in Wort und Schrift der Schlüssel zur Integration ist, dann sagen selbst Grüne, das ist doch klar. Vor fünfzehn oder zwanzig Jahren galt das noch als Ausdruck ty-

pisch deutscher Überheblichkeit. Da schallte einem im Bundestag entgegen: »Ja, ja, Deutschland, Deutschland über alles.« Mit solchen platten Sprüchen wurde man damals konfrontiert. Dabei ging es doch nie darum, dass Zuwanderer ihre Herkunft verleugnen oder ihre Wurzeln kappen sollten. Der damalige Diskussionsstil hat sich glücklicherweise verändert.

Im Zusammenhang mit dem ungebremsten Zustrom an Flüchtlingen im Jahr 2015 sprechen inzwischen selbst SPD und Grüne von der Notwendigkeit einer Leitkultur. Im Grundsatzprogramm der CDU von 2007 ist an zwei Stellen etwas verschämt die Rede von einer »Leitkultur in Deutschland«. Eine Leitkultur in Deutschland – das könnte ja auch eine muslimische Leitkultur sein oder eine buddhistische.

Sie haben recht. Hier ging es nicht um eine rhetorische Variante, sondern auch um eine inhaltliche Veränderung. Viele haben sich ja nicht an dem Begriff »Leitkultur« gestört, sondern an dem Begriff »deutsche Leitkultur«. Mit dem Begriff »deutsche Leitkultur« wird ja nicht geleugnet, dass unsere Kultur auch von ausländischen Einflüssen mitgeprägt ist. Aber man wollte wohl alles vermeiden, was zu sehr nach deutschem Wesen, an dem angeblich die Welt genesen soll, klingt.

Der Begriff »Europäische Leitkultur« von Bassam Tibi bezeichnet einen Wertekonsens basierend auf den Werten der »kulturellen Moderne« von Jürgen Habermas und beinhaltet: Vorrang der Vernunft vor religiöser Offenbarung; Demokratie, die auf der Trennung von Religion und Politik basiert; Pluralismus und Toleranz. Stimmen Sie dem zu?

Dem stimme ich vorbehaltlos zu. Allerdings mit der Ergänzung, dass für uns der Kampf gegen jede Form von Antisemitismus ebenso zur Leitkultur gehört wie die vorbehaltlose Akzeptanz des staatlichen Gewaltmonopols. Letzteres ist für viele nicht selbstverständlich, für uns ist das aber eine zivilisatorische Errungenschaft. Selbstverständlich gehört auch die deutsche Sprache zu unserer Leitkultur. Schließlich ist sie unser wichtigster Kulturträger. Ich weiß nicht, wie Integration bei uns ohne fundierte Grundkenntnisse der deutschen Sprache funktionieren soll.

»Die bei uns lebenden Muslime sind heute ein Teil Deutschlands. Dazu gehört inzwischen auch ein Islam, der auf der Basis unserer freiheitlichen demokratischen Grundordnung gelebt wird. Die Deutsche Islamkonferenz soll daher fortgesetzt werden, um das Verhältnis von Staat und Religion für den Islam zu gestalten. Die Freiheit der Religionsausübung der Muslime in unserem Land muss gegen antimuslimische Tendenzen auch in Zukunft nachdrücklich verteidigt werden.«

Zitat aus: »Zusammenhalt stärken – Zukunft der Bürgergesellschaft gestalten«.
Beschluss des CDU-Parteitags 2015.

Deutsche Leitkultur und »Der Islam gehört zu Deutschland« – schließt sich das nicht im Grunde aus?
Da gibt es erhebliche Friktionen. Das beginnt schon mit der Frage, welcher Islam eigentlich gemeint ist. Wenn damit der Islam mit all seinen Ausprägungen wie Islamismus, Salafismus, Wahabismus verstanden wird, kann er nicht zu Deutschland gehören. Denn für uns ist die Trennung von Kirche und Staat von fundamentaler Bedeutung. Das würde ein überzeugter Salafist verneinen, weil es ihm nicht allein um die persönliche religiöse Überzeugung geht. Ihm geht es darum, dass sich auch das öffentliche Leben und das Handeln des Staates strikt an den Worten und Taten des Propheten auszurichten haben. Das ist unserem Verfassungsverständnis völlig fremd. Da stellt sich auch die Frage: Ist Islam ohne Scharia überhaupt denkbar? Die Scharia ist ja die wichtigste Rechtsquelle des Islam. Islam ohne Scharia

wäre deshalb ein Widerspruch in sich. Aber die Scharia kann ja niemals Teil unserer Rechtsordnung werden. Deshalb halte ich den Satz »Der Islam gehört zu Deutschland« für mehr als problematisch.

Der Satz stammt von Christian Wulff, und die Kanzlerin hat ihn übernommen.
Ja, die Kanzlerin hat ihn ohne Einschränkung übernommen. Aber der CDU-Parteitag im Dezember 2015 hat diesen Satz danach sehr voluminös interpretiert. Ich habe aber selbst mit dieser Interpretation meine Probleme, weil ich zwischen dem Islam in seiner Gesamtheit, einschließlich aller radikalen Strömungen, und den vier Millionen Muslimen unterscheide, die bei uns leben und die selbstverständlich Teil unserer Gesellschaft sind, als Nachbarn, Arbeitskollegen oder Vereinskameraden.

Nun hat die Kanzlerin auch gesagt: »Multikulti ist gescheitert.« Wie passt denn das zu »Der Islam gehört zu Deutschland«?
Dass Multikulti gescheitert ist, stimmt. Ich glaube, selbst den Grünen ist es nicht mehr so recht, mit der Forderung nach einer multikulturellen Gesellschaft in Verbindung gebracht zu werden. Im Bundestag habe ich das von Seiten der Grünen schon lange nicht mehr gehört. Im Grunde taugt der Begriff bei uns genauso wenig wie in Amerika. Wer jemals in New York war, weiß, dass die Stadt eben nicht ein »melting pot«, ein Schmelztiegel, ist, sondern ein unverbundenes Nebeneinander verschiedener Kulturen. Es ist schlicht falsch zu behaupten, in Amerika ließen sich die Trennungslinien zwischen den verschiedenen ethnischen Gruppen und Kulturen nicht mehr feststellen. Ein kurzer Besuch in Little Italy oder Chinatown wird diese Einschätzung sofort bestätigen.

Aber fühlen sich die Zuwanderer in den USA nicht trotzdem in erster Linie als Amerikaner?

Das ist vielleicht der entscheidende Unterschied. Wenn man Zuwanderer in Amerika nach ihren Zielen fragen würde, würden die allermeisten sagen: »to become a good American«, ein guter Amerikaner zu werden. Ich kann mir nicht vorstellen, dass die meisten Zuwanderer in Deutschland bei Aushändigung ihrer Aufenthaltsgenehmigung sagen, sie möchten gerne gute Deutsche werden. Die meisten werden sagen: »Ich möchte Teil der Gesellschaft werden, mich in diesem Land engagieren und hier ein gutes Leben führen.« Das ist eine andere Akzentuierung. Und gerade deshalb freue ich mich ja darüber, wenn sich jemand so gut integriert hat, dass er gerne unsere Staatsangehörigkeit annehmen möchte – dann allerdings bitte ohne Wenn und Aber, mit ungeteilter Zuwendung zu unserem Land.

Der Begriff der »multikulturellen Gesellschaft« ist ja keine Erfindung der Grünen, sondern stammt vom früheren CDU-Generalsekretär Heiner Geißler.
Ja, ich kann mich an leidenschaftliche Debatten mit Heiner Geißler erinnern. Er warb für die multikulturelle Gesellschaft und für ein Bekenntnis der CDU zum Einwanderungsland Deutschland. Er hielt das für ein erstrebenswertes Ziel, hat dabei aber vielleicht ausgeblendet, dass viele, die zu uns kommen, an einer wirklichen Integration nicht interessiert sind, sondern lieber in Stadtquartieren leben möchten, in denen Migranten in der Mehrheit sind. Dort kommt man dann auch ohne Integration in die Aufnahmegesellschaft im Alltag prima zurecht. Das allerdings ist doch kein gesellschaftspolitisch wirklich erstrebenswertes Ziel.

Wir haben in den vergangenen Jahrzehnten das Entstehen von Parallelgesellschaften nicht verhindern können, obwohl die Zahl der Migranten aus heutiger Sicht fast lächerlich klein war. Was macht uns denn zuversichtlich, dass diese Parallelgesellschaften sich in den nächsten Jahren nicht kräftig ausdehnen?

Erreichbar ist das zum Beispiel mit einer Wohnsitzauflage, jedenfalls dann, wenn öffentliche Leistungen bezogen werden. Man kann einem Zuwanderer nicht für alle Zeiten vorschreiben, wo er zu leben hat, aber für eine bestimmte Zeit nach Einreise schon. So haben wir das übrigens auch bei deutschen Spätaussiedlern gemacht, die ihren Wohnsitz nach Ankunft in der Bundesrepublik zunächst auch nicht frei wählen konnten, weil wir deren Konzentration an bestimmten Orten vermeiden wollten. Es ist ja verständlich, dass die Menschen dort hinwollen, wo schon ihre Landsleute leben. Aber das verstärkt die Konzentration an bestimmten Orten. Deshalb bin ich dafür, Zuwanderern, die staatliche Leistungen erhalten, für eine bestimmte Zeit eine Wohnsitzauflage zu erteilen. Auch mit der festen Überzeugung, wenn jemand drei bis fünf Jahre in einem Ort gelebt hat, wird er diesen Wohnort so schnell nicht wechseln.

Die Wohnsitzauflage steht ja in dem Integrationsgesetz, auf das sich die Große Koalition geeinigt hat. Vorgesehen ist auch, dass die Ablehnung oder der Abbruch von Integrationsmaßnahmen zu Leistungseinschränkungen führen. Geht das in die richtige Richtung?
Sowohl die Wohnsitzauflage als auch spürbare Konsequenzen bei hartnäckiger und schuldhafter Verweigerung von Integrationsanstrengungen halte ich für richtig. Es ist wirklich interessant, dass die Regelungen zur Wohnsitzzuweisung bei deutschen Spätaussiedlern nicht halb so stark kritisiert wurden wie die jetzt beabsichtigten Maßnahmen bei Flüchtlingen. Obwohl es in beiden Fällen darum geht, einer befürchteten Ghettobildung vorzubeugen. Wer in der Lage ist, seinen Lebensunterhalt selbst zu bestreiten, ist ja von der Zuweisung eines Wohnortes gar nicht betroffen. Wenn jemand an einem anderen Ort eine Beschäftigung finden kann, warum sollten wir ihm dann den Weg dorthin verbauen? Der Staat unternimmt gewaltige Anstrengungen, die Integration zu fördern. Aber diese Anstrengungen können nicht

das gewünschte Ergebnis haben, wenn es am Integrationswillen oder der Integrationsfähigkeit fehlt. Wer sich hartnäckig weigert, seinen eigenen Beitrag zur Integration zu leisten, der kann nicht erwarten, dass der Staat einfach achselzuckend zur Tagesordnung übergeht und keine spürbaren Konsequenzen zieht.

Aber ist die Drohung mit Sanktionen nicht sehr theoretisch? Wenn jemand sich partout nicht integrieren will, keine Kurse besucht und alle Ausbildungsangebote ablehnt: Mit welchen Kürzungen muss dann der Betreffende rechnen? Wir werden ja niemanden auf die Straße setzen oder verhungern lassen. Haben wir da überhaupt einen Spielraum?

Auch bei Flüchtlingen haben wir einen Spielraum. Bei der Weigerung, an Maßnahmen zur Integration in den Arbeitsmarkt mitzuwirken, gibt es ja bereits Sanktionen – und zwar ohne Unterschied, ob deutsche oder ausländische Staatsangehörige betroffen sind. Wer sich hartnäckig weigert, seinen Verpflichtungen aus einer Eingliederungsmaßnahme in den Arbeitsmarkt nachzukommen, muss mit spürbaren finanziellen Einbußen rechnen.

Was heißt »spürbar«?

Das Existenzminimum muss gewährleistet sein, aber Absenkungen von den Regelleistungen sind möglich. Es geht ja nicht nur um finanzielle Sanktionen. Bei integrationsunwilligen Zuwanderern kann die Sanktion auch darin bestehen, dass kein dauerhaftes Aufenthaltsrecht gewährt wird. Dazu sollte man wissen: Nach geltendem Recht werden anerkannte Asylbewerber und Flüchtlinge bei der Erteilung einer Niederlassungserlaubnis gegenüber anderen Angehörigen von Drittstaaten deutlich privilegiert. Flüchtlinge können schon nach drei Jahren den höchsten aufenthaltsrechtlichen Status erhalten, eine Niederlassungserlaubnis. Die ist vergleichbar mit den Rechten eines Staatsangehörigen ohne Wahlrecht. Wer aber hartnäckig alle Integrationsanstrengungen verweigert, kann nicht erwarten, dass bei bloßem Fristablauf dennoch ohne Weiteres eine Niederlassungserlaubnis erteilt wird.

Wie würden Sie unser Land im Jahr 2016 beschreiben: Als Gesellschaft mit hohem Zuwandereranteil, aber unverändert christlich-abendländischer Prägung? Oder als eine konturlose Gesellschaft?
Wir sind keine konturlose, aber eine verunsicherte Gesellschaft. Das liegt auch daran, dass wir viele Dinge nicht mehr beim Namen nennen. Ein Beispiel: Wenn der Vizekanzler einer vor einem Flüchtlingsheim randalierenden Meute zuruft:»Ihr seid Pack!«, dann gehört dazu nicht viel Mut. Mutig wäre es, wenn ein Politiker in einem Großstadtghetto den arabischen Großclans, die dort jenseits von Recht und Gesetz agieren und die Polizei pausenlos in Atem halten,»Ihr seid Pack!« zurufen würde. Das passiert allerdings nicht. Wir tun uns schwer mit der Festlegung, was wir in der Bundesrepublik Deutschland an Vielfalt wünschen und ganz selbstverständlich akzeptieren und was wir keinesfalls tolerieren können, wie beispielsweise eine Paralleljustiz, wie sie sich schon jetzt in Teilen unseres Landes etabliert hat, Ghettoisierung oder religiöser Extremismus, der keinen Respekt vor Andersgläubigen kennt.

Warum sind wir so betont tolerant?
Toleranz ist etwas Schönes, aber bitte keine Toleranz auch noch denen gegenüber, die selbst gar nicht daran denken, anderen gegenüber tolerant zu sein. Wir haben immer die Befürchtung, uns könnte vorgehalten werden, wir wollten unsere Vorstellungen vom Leben anderen Menschen mit anderer kultureller Prägung aufzwingen. Es ginge uns im Kern um Zwangsgermanisierung. Das aber ist wirklich Unsinn. Wenn 80 Millionen Menschen in einem relativ kleinen Land friedlich und konfliktfrei zusammenleben wollen, müssen alle die gleichen Regeln beachten, und das kann nur die Rechts- und Werteordnung unseres Lan-

des sein. Wir tun uns aber schwer damit, klar zu definieren, was zu diesen Regeln gehört und wo die Grenzen der Toleranz sind.

Der Kölner Erzbischof Rainer Maria Kardinal Woelki spricht von Deutschland als einer »multi-kulturellen, multi-religiösen Gesellschaft«.
Multi-religiös sind wir mit Sicherheit. Nicht nur, weil wir keine Staatsreligion haben, sondern auch deshalb, weil die Religionsfreiheit nicht nur in der Verfassung garantiert ist, sondern auch im täglichen Leben praktiziert wird. Das sieht man auch daran, dass die muslimischen Gemeinden durch den Bau großer Moscheen zum Ausdruck bringen: »Wir sind hier, wir bleiben hier, wir verstecken uns nicht, sondern demonstrieren unsere Stärke.«

Gehört zur multi-religiösen Gesellschaft auch der Muezzin, der vom Minarett aus zum Gebet ruft?
Nein. Der Muezzin gehört nicht zu unserer gewachsenen kulturellen Tradition. Ich möchte das auch nicht vergleichen mit dem liturgischen Glockengeläut der christlichen Kirchen. Das ist nun ein klassischer Bestandteil des christlichen Teils unserer christlich-jüdischen Tradition; der Muezzin ist es nicht.

Angela Merkel hat auf dem Karlsruher Parteitag ihre Vision von Deutschland im Jahr 2040 so beschrieben: »Deutschland soll in 25 Jahren ein Land sein, das offen, neugierig, tolerant und spannend ist – mit einer starken eigenen Identität.« Sie haben die Botschaft gehört, haben Sie auch den Glauben?
Es wäre schön, wenn diese Beschreibung in 25 Jahren Realität wäre. Das allerdings setzt voraus, dass wir uns einigen können, was unter einer eigenen Identität zu verstehen ist, auf was man sich einigen muss, um ein konfliktfreies Miteinander zu gewährleisten. Im Augenblick erlebe ich aber, dass die Zentrifugalkräfte in unserer Gesellschaft immer stärker werden. Wenn beim Thema Zuwanderung und Integration die Ansichten einer Mehrheit

der Bevölkerung im Bundestag fast komplett ausgeblendet werden, dann besteht die Gefahr, dass immer mehr Wähler der Mitte sich in die Wahlenthaltung verabschieden oder zu den Parteien an den äußersten politischen Rändern abwandern.

5. FLÜCHTLINGE

2017 wird das Schicksalsjahr
der Europäischen Union.

»Nicht nur für Flüchtlinge und Armutsmigranten ist Deutschland
das attraktivste Land Europas, auch auf regulärem Wege zieht es
viele Ausländer in die Bundesrepublik. Wie das Statistische Bundesamt auf Basis vorläufiger Ergebnisse einer Schnellschätzung der
Wanderungsstatistik mitteilt, wurde bis zum Jahresende 2015 ein
Zuzug von knapp zwei Millionen ausländischen Personen registriert.

Gleichzeitig zogen rund 860.000 Ausländer aus Deutschland
fort. Daraus ergibt sich ein Wanderungssaldo von 1,14 Millionen
ausländischen Menschen. Das ist der höchste jemals gemessene
Wanderungsüberschuss von Ausländern in der Geschichte der Bundesrepublik. Insgesamt hat sich die Zahl der registrierten Ausländer 2015 von 8,15 auf 9,11 Millionen erhöht. (...)

Allerdings muss nach Erkenntnissen des Statistischen Bundesamtes davon ausgegangen werden, dass sowohl die Ergebnisse der
Wanderungsstatistik als auch die der Ausländerstatistik für 2015
niedriger liegen als die tatsächlichen Zahlen, da nicht alle Flüchtlinge und Migranten zeitnah registriert wurden. Gunter Brückner,
der im Bundesamt für die Ausländerstatistik zuständig ist, sagt der
›Welt‹: ›Die zwei Millionen beschreiben die Untergrenze. Wir wissen, dass die tatsächliche Zahl der Ausländer und Zugewanderten
höher liegt, wir wissen aber nicht wie hoch genau.‹«

Zitat aus: Marcel Leubecher: Zwei Millionen Ausländer? In: *Welt.de*, 21.03.2016.

In den vergangenen beiden Jahren, also 2014 und 2015, hatte kein Land so viele Zuwanderer zu verzeichnen wie die Bundesrepublik und die Vereinigten Staaten. Sind wir also ein Einwanderungsland?

Das kommt auf die Definition an. Wenn ein Land schon dann ein Einwanderungsland ist, nur weil es Einwanderung gibt, dann dürften fast alle Länder dieser Welt Einwanderungsländer sein. Richtiger dürfte die Definition sein, wonach nur solche Länder, die sich ganz gezielt um Einwanderung bemühen, Einwanderungsländer sind. Dann wären wir seit 1973, seit dem Anwerbestopp für sogenannte Gastarbeiter, kein Einwanderungsland mehr, obwohl wir uns in den letzten Jahren verstärkt um hochqualifizierte Zuwanderer bemüht haben.

Sicherlich sind wir kein klassisches Einwanderungsland, weil diese Staaten das Ziel verfolgen, ihre Bevölkerungszahl durch Zuwanderung deutlich zu erhöhen, etwa um das Potenzial an Arbeitskräften zu vergrößern. Das war bis jetzt nie das Ziel unserer Politik, abgesehen von der Zuwanderung in Mangelberufe oder von gesuchten Spezialisten.

So besehen sind wir ein passives Einwanderungsland.
Wenn man das so formulieren will: Ja.

Wenn so viele Menschen ausgerechnet zu uns kommen wollen, dann ist das doch auch ein Kompliment.
Das ist tatsächlich ein Kompliment für unser Land. Während wir selbst ständig beklagen, was bei uns tatsächlich oder angeblich so alles schiefläuft oder sozial ungerecht ist, sind wir für viele Menschen auf der Erde ein Ort der Sehnsucht, der Zuflucht und der Hoffnung.

Müssten wir da nicht stolz sein?
Darauf können wir wirklich stolz sein. Ich halte es auch für ein Kompliment, wenn ausländische Mitbürger sich entschließen,

die deutsche Staatsangehörigkeit anzunehmen. Mir ist es doch lieber, wenn jemand sagt: »Das ist mein neues Heimatland, und ich möchte auch dessen Staatsbürger werden«, als dass jemand sagt: »Um Gottes willen, die deutsche Staatsangehörigkeit möchte ich auf keinen Fall.«

Aber nicht wenige sagen: »Ich möchte die deutsche Staatsbürgerschaft, aber meine alte auch behalten.«
Vielleicht wäre das auch meine eigene Haltung, wenn ich einen Migrationshintergrund hätte. Aber man sollte sich schon vorbehaltlos für den Erwerb unserer Staatsbürgerschaft entscheiden. Die Zuwendung zu unserem Land sollte ungeteilt sein.

Die Befürworter einer möglichst großzügigen Aufnahme von Menschen aus aller Welt argumentieren gern mit der Überalterung unserer Gesellschaft. Die Kinder, die in den vergangenen Jahrzehnten nicht geboren wurden, könnten durch Zuwanderung ersetzt werden. Das ist doch eine genial einfache Lösung. Wo ist also das Problem?
Zuwanderung kann die negative demografische Entwicklung nur in sehr geringem Umfang ausgleichen. Zumal wir feststellen, dass die Zuwanderer sich in der zweiten, dritten Generation bei der Zahl der Kinder an die Deutschen anpassen. Viele sind in der Tat eine Bereicherung für unser Land, aber nun wirklich nicht jeder. Entscheidend ist ja nicht in erster Linie die Zahl der Zuwanderer, entscheidender ist, was sie nach Deutschland mitbringen – an Integrationsbereitschaft, an Integrationsfähigkeit, an Bildung oder Bildungsehrgeiz, beruflichen Erfahrungen und Kenntnissen. Ganz wichtige Frage: Findet die Zuwanderung auf freie Arbeitsplätze statt – wie zu Zeiten der Anwerbung der damals so genannten Gastarbeiter – oder in die sozialen Sicherungssysteme? Das ist ein ganz erheblicher Unterschied.

Frank-Jürgen Weise, der Chef des Bundesamtes für Migration und
Flüchtlinge, sah den Zustrom an Flüchtlingen Ende Oktober 2015
rundum positiv: »Das ist eine gute Bereicherung unserer Arbeits-
welt und unserer Gesellschaft, dass da nicht überall ältere graue
Herren durch die Gegend laufen und langsam mit dem Auto auf
der Autobahn rumfahren, sondern das wird eine lebendige Gesell-
schaft.« Können Sie mit dieser Aussage etwas anfangen?
Vielleicht wollte Herr Weise die Lage ironisch überspitzt darstellen. Tatsache ist, dass wir eine älter werdende Gesellschaft
sind und dass wir eine negative Bevölkerungsentwicklung haben. Aber die Zuwanderung allein wird das Problem nicht lösen.
Selbst wenn wir auch 2016 eine so große Zuwanderung wie im
Jahr 2015 hätten, würde das Durchschnittsalter der Bevölkerung
nur um zwei Jahre sinken. Es wäre also nicht der Weisheit letzter
Schluss, allein auf die Karte Zuwanderung zu setzen. Wir brauchen vor allem mehr Kinder. Interessant ist, dass wir in diesem
Zusammenhang immer von einer »Überalterung« unserer Gesellschaft sprechen. Dieser Begriff ist allerdings etwas schief.
Wir haben doch nicht zu viele ältere Bürgerinnen und Bürger,
wir haben zu wenige Kinder. Richtigerweise müssten wir eine
»Unterjüngung« beklagen.

Im Übrigen blenden wir das Thema Auswanderung völlig aus.
Wir hatten über einen längeren Zeitraum hinweg eine stabile
Auswandererzahl von etwa 100.000 pro Jahr. Seit einigen Jahren
ist die Zahl auf 150.000 gestiegen, unter ihnen sind viele junge,
hochqualifizierte Leute. Da muss man auch mal nach den Motiven forschen, warum diese Menschen für sich und ihre Familien
in anderen Ländern eine bessere Perspektive sehen als bei uns.

Linke, Grüne und Teile der SPD befürworten einen praktisch
völlig freien Zugang zu unserem Land. Auch Organisationen wie
Pro Asyl vertreten die Ansicht, es gebe so etwas wie ein Grundrecht,
sich das Land seiner Wahl frei auszusuchen. Was steckt für ein
Weltbild dahinter, was für ein Staatsverständnis?

Dass Nationen und Völker angeblich keine Bedeutung mehr haben. Dass es sozusagen ein universelles Menschenrecht gebe, den Ort, an dem man leben möchte, frei zu wählen. Das wird dann noch gerne mit dem Satz verknüpft: »Kein Mensch ist illegal.« Aus dieser Sicht spielt es keine Rolle, ob jemand ein Aufenthaltsrecht hat oder nicht – er soll leben dürfen, wo er will.

Und: Ist jeder Mensch legal? (Lacht.)
Diese Frage ist ziemlich schräg. Es geht doch nicht um den Menschen, sondern um sein Aufenthaltsrecht. Und selbstverständlich gibt es Menschen, die sich nach der Rechtsordnung unseres Landes hier illegal aufhalten. Dann ist der Aufenthalt dieser Personen illegal – nicht der Mensch selbst.

Politisch korrekt wäre es, von »illegalisierten Flüchtlingen« zu sprechen, weil ein Zuwanderer ohne Aussicht auf Bleiberecht nach Ansicht vieler Gutmenschen erst auf Grund unserer Gesetze zum »Illegalen« gemacht wird.
(Lacht.) Ja, man muss 2016 schon aufpassen, was man sagt, wenn man nicht an die Sprachpolizei geraten will. Die Grünen haben schon lange erreicht, dass sich unsere Sprache geändert hat. Bestimmte Begriffe sollen komplett aus dem Sprachgebrauch verschwinden.

Wir beide verhalten uns ja auch schon angepasst, indem wir von »Flüchtlingen« oder »Zuwanderern« sprechen, aber nicht differenzieren nach »Asylbewerbern«, »Schutzsuchenden nach der Genfer Konvention« oder »Arbeitsmigranten«.
Das ist in der Tat so. Ich erinnere mich gut an eine Sitzung der CDU-Landesgruppe Nordrhein-Westfalen im Bundestag im Dezember 2015. Dort referierte Dieter Romann, der Präsident unserer Bundespolizei, und er trennte strikt zwischen illegaler Einwanderung und dem Flüchtlingsstatus. Denn Flüchtling werde man erst durch die Anerkennung der Flüchtlingseigenschaft

nach einem Prüfverfahren. Da gab es kritische Kommentare, obwohl Dr. Romann die Sach- und Rechtslage zutreffend geschildert hatte. Man möchte natürlich durch den Begriff »Flüchtling« vertuschen, dass es sich in den meisten Fällen zunächst um eine unerlaubte Einreise handelt. Und allein durch den Begriff »Flüchtling« wird unterstellt, dass jeder, der kommt, einen legitimen, rechtlich anerkannten Fluchtgrund hat. Sonst hätte er sein Land ja nicht verlassen.

Die Bundesrepublik hat ein sehr liberales Asylrecht. Wenn Sie eine Asylrechtsrangliste aufstellten: Wo rangierte da die Bundesrepublik in Bezug auf Liberalität?
Ich weiß nicht, ob es weltweit noch ein weiteres Land gibt, das ein subjektives Grundrecht auf die Anerkennung als Asylberechtigter kennt.

Die allermeisten Staaten, auch westliche Demokratien, kennen das Asylrecht nur als institutionelle Garantie. Dann würde in unserer Verfassung stehen: »Die Bundesrepublik Deutschland gewährt Asyl. Näheres bestimmt ein Bundesgesetz.« Wir haben dagegen einen individuellen Rechtsanspruch für jeden politisch Verfolgten – weltweit. Mit anderen Worten: Jeder, der sich darauf beruft, politisch verfolgt zu sein, hat nach seiner Einreise in die Bundesrepublik gegebenenfalls sogar einen einklagbaren Rechtsanspruch auf Schutz in unserem Land. Dieses Versprechen kann man nur erklären mit den bitteren Erfahrungen der Nazizeit. Aber wir könnten es gar nicht einlösen, wenn sich jeder, der weltweit betroffen ist, darauf in Deutschland berufen würde. Das ist ja auch der Grund, warum im Artikel 16a so viele Restriktionen gegenüber dem ursprünglichen Recht eingefügt wurden.

Aber es gibt keine rechtliche Obergrenze, wie viele Asylberechtigte und Schutzsuchende wir aufnehmen.
Richtig ist, dass unser Asylrecht weder in der Rechtsordnung bezifferte Höchstgrenzen noch Quoten kennt. Richtig ist aber auch,

dass es natürliche Grenzen der Aufnahmefähigkeit eines Landes gibt. Auch wir haben keine unbegrenzte Integrationskraft, weder in der Gesellschaft noch auf dem Arbeitsmarkt. Diese Debatte haben wir in einem ganz anderen Zusammenhang schon einmal geführt – um den Numerus clausus. Es bekommen ja viele die Hochschulzulassung, die dennoch ihr Wunschstudium nicht beginnen können, weil es an Studienplätzen fehlt. Dagegen wurde geklagt mit dem Argument, der Staat, der den Hochschulzugang garantierte, müsse auch die jeweils nachgefragte Zahl an Studienplätzen zur Verfügung stellen. Damals hat das Bundesverfassungsgericht entschieden: Man kann vom Staat nicht mehr verlangen, als er objektiv zu leisten imstande ist. Da findet sich der alte römische Rechtsgrundsatz wieder, wonach niemand zu mehr verpflichtet sein kann, als er zu leisten in der Lage ist.

Artikel 16a besagt klipp und klar, dass Asyl bei uns nur beantragen kann, wer nicht aus einem sicheren Drittland kommt. Faktisch hält sich die Bundesregierung demnach nicht an die Verfassung.
Jein. Das Interessante ist ja, dass Paragraf 18 Absatz 2 des Asylgesetzes den Grenzbehörden bei Einreise aus einem sicheren Drittstaat – und Deutschland ist ausnahmslos von sicheren Staaten umgeben – keinen Ermessensspielraum einräumt, und wenn jemand trotz Passpflicht ohne Visum kommt, muss er zurückgewiesen werden. Im Absatz 4 ist aber geregelt, dass auf Anordnung des Bundesinnenministeriums von der verpflichtenden Zurückweisung aus humanitären Gründen abgesehen werden kann. Die Regierung beruft sich auf Paragraf 18, Absatz 4 Asylgesetz, dies ist jedoch erkennbar eine Ausnahmevorschrift.

Aber eines ist doch auch interessant: Bei der Asylrechtsänderung 1993 sagten einige Kritiker: »Jetzt wird sich niemand mehr auf dieses Recht berufen können.« Aber allein im Jahr 2015 haben das über eine Million getan. Bei konsequenter Anwendung des geltenden Rechts kämen nur solche Personen in den Genuss des Asylrechts, die auf dem Luftweg eingereist sind. Denn alle unsere EU-Nachbarstaaten sowie die Schweiz sind sichere, verfolgungsfreie Staaten.

Aber das spielt in der Praxis kaum eine Rolle.
Das hat sowohl etwas mit der Anwendung der Ausnahmevorschrift im Asylgesetz als auch mit dem Dublin-Abkommen zu tun. Selbst wenn wir nachweisen können, dass und wo ein Schutzsuchender zunächst ein anderes EU-Land betreten hat, dürfen wir ihn nicht in einer Art Kettenrückführung, also über die Reiseroute, zurückschieben. Die Zurücküberstellung kann nur innerhalb von sechs Monaten und nur in das Land erfolgen, wo er zuerst in die EU eingereist ist. War also Griechenland das erste EU-Land, das der Flüchtling erreicht hat, dann muss er dahin wieder zurück, auch wenn er über die deutsch-österreichische Grenze zu uns gekommen ist. Das wiederum trifft auf rechtliche Schwierigkeiten, wenn in diesen Staaten humanitäre und rechtliche Mindeststandards nicht eingehalten werden. Deshalb hat das Bundesverfassungsgericht richtig entschieden, dass wir aus Rechtsgründen nicht nach Griechenland rücküberstellen können, weil dort diese Standards nicht eingehalten werden. Es gibt auch immer mehr Urteile mit diesem Tenor in Bezug auf Italien und Ungarn. Das heißt: Je mehr Staaten diese Mindeststandards nicht einhalten, desto schwieriger lässt sich das Dublin-Abkommen umsetzen. Damit läuft dieses völkerrechtliche Abkommen viel zu häufig ins Leere.

War die Entscheidung der Kanzlerin vom 4. September 2015, unsere Grenzen faktisch zu öffnen, dann nicht nur eine Fortsetzung der bisherigen Politik?
Nein, denn es war eine Grenzöffnung unter Verzicht auf eine Grenzkontrolle, die diesen Namen auch wirklich verdient. Bei den Flüchtlingen aus Ungarn wussten wir ja, dass sie über Österreich einreisen werden. Die allermeisten hatten keinen Pass, kein Visum. Es war eigentlich der klassische Fall der unerlaub-

ten Einreise. Die Regierung beruft sich jedoch auf Paragraf 18, Absatz 4 Asylgesetz. Danach kann auf Anordnung des Innenministeriums aus humanitären Gründen von einer Zurückweisung abgesehen werden. Es ist jedoch bis heute unklar, wann und in welcher Form diese Anordnung ergangen ist. Jedenfalls ist dies Praxis seit September 2015. Das halte ich für rechtlich mehr als problematisch. Denn es handelt sich bei dieser Norm erkennbar um eine Ausnahmevorschrift für eine bestimmte Lage oder eine Übergangszeit. Es war sicher nicht der Wille des Gesetzgebers, dass durch eine einfache Änderung des Bundesministers die ansonsten geltende Rechtslage auf Dauer oder für sehr lange Zeit suspendiert werden kann. Und das ohne jede Beteiligung des Parlaments.

Sie waren ja dabei, als das Asylgesetz in seiner heutigen Fassung beschlossen wurde.
Nicht bei dessen erstmaliger Verabschiedung 1993, aber bei allen nachfolgenden Änderungen, und deshalb kann ich auch sagen, es war nicht Wille des Gesetzgebers, dass durch eine einfache Anordnung des Bundesinnenministers die ansonsten geltende Rechtslage für einen völlig unbegrenzten Zeitraum außer Kraft gesetzt werden kann – und das auch noch ohne Mitwirkung oder gar Zustimmung des Parlaments. Anders formuliert: Die wichtigste innenpolitische Entscheidung des letzten Jahres wurde nicht durch den deutschen Bundestag getroffen, sondern durch die Bundesregierung.

Aber wurde und wird diese Politik der offenen Grenzen faktisch nicht von einer All-Parteien-Koalition mitgetragen?
Von einzelnen Stimmen oder kleinen Gruppen abgesehen, tragen alle Fraktionen des Deutschen Bundestages die Willkommenspolitik der Bundesregierung mit, obwohl ein großer Teil der Bevölkerung diese Politik eher kritisch sieht oder gar scharf ablehnt. Dies bildet sich allerdings in den Debatten des Bundestages

nicht ab. Trotz dieser Einmütigkeit bei der Unterstützung der Willkommenspolitik gibt es Unterschiede zwischen der Union und der politischen Konkurrenz: Teile der SPD, die Grünen und Die Linke unterstützen die derzeitige Flüchtlingspolitik nicht nur parlamentarisch, sondern sehen in ihr die Erfüllung ihrer politischen Ziele. Nach deren Willen soll sich Deutschland durch ein hohes Maß an Zuwanderung von Menschen aus anderen Kulturkreisen fundamental verändern. Das war allerdings nie die Politik von CDU und CSU.

Läuft die Politik der Kanzlerin nicht auf dasselbe hinaus?
Gute Frage. Auch wenn diese Form der gesellschaftlichen Veränderung nie das erklärte politische Ziel der Union war, kann es durchaus sein, dass die hohe Zuwanderung Deutschland tatsächlich nachhaltig verändert. Gerade deshalb ist es richtig und wichtig, dass wir zurzeit einen deutlichen Schwerpunkt auf das Thema Integration legen. Schließlich können wir nach allen Erfahrungen nicht davon ausgehen, dass der größte Teil der Flüchtlinge uns schon in absehbarer Zeit wieder verlassen wird. Da sind wir uns in der Union völlig einig. Unterschiedliche Einschätzungen gibt es allerdings bei der Frage, welche Maßnahmen wir ergreifen müssen, damit wir nicht schon bald wieder in eine Lage kommen wie im zweiten Halbjahr 2015.

Die Kanzlerin setzt voll und ganz auf einen europäischen Ansatz, um die Flüchtlingszahlen dauerhaft deutlich zu reduzieren. Mit vielen anderen bin ich skeptisch, ob wir uns da ausschließlich auf die EU verlassen können, zumal es eine große Diskrepanz zwischen der europäischen Rhetorik und der europäischen Realität gibt. In den letzten Monaten sind immer mehr Staaten bei der Aufnahme von Flüchtlingen restriktiver geworden, auch traditionell aufnahmebereite Länder wie Österreich, Dänemark und vor allen Dingen Schweden. Und was nützt uns ein kraftvoller Beschluss für eine gerechte Verteilung der Flüchtlinge in den 28 Mitgliedsstaaten der EU, wenn anschließend eine ganze

Reihe Länder erklären, sie seien weiterhin nicht bereit, eine große Zahl von Flüchtlingen aufzunehmen?

Um auf die Möglichkeit einer fundamentalen Veränderung der Gesellschaft durch Zuwanderung zurückzukommen: Finanzminister Schäuble hat ja sogar Angst, ohne Menschen aus anderen Kulturkreisen wäre Europa zur Inzucht verdammt.

Da kaum ein Land weltweit so viel Zuwanderung hat wie die Bundesrepublik, war ich über diese Aussage des Bundesfinanzministers mehr als nur erstaunt. In unserer Geschichte haben wir uns noch nie gegen Zuwanderung abgeschottet, und wir werden uns auch nie abschotten. Für mich ist es unbegreiflich, dass immer wieder der Eindruck erweckt wird, als gäbe es beim Thema Zuwanderung nur die Alternative zwischen Abschottung, also dem Verhindern jeder Zuwanderung, und der völligen Öffnung der Grenzen für jeden, der einreisen möchte. Allein schon unsere Mitgliedschaft in der Europäischen Union und die damit verbundene Freizügigkeit, das Recht auf Familiennachzug auch für Drittstaatsangehörige und die Aufnahme von vielen Menschen aus humanitären Gründen schließen Abschottung aus.

Aber Herr Schäuble warnt vor einer Degenerierung Europas durch Inzucht.

Ich bin bestimmt nicht der Einzige, für den es völlig unverständlich ist, dass wir eine Politik der offenen Grenzen betreiben müssten, um unser Erbgut vor Degenerierung zu schützen. Keiner, der unter seinen Vorfahren niemanden mit Migrationshintergrund findet, sollte sich Sorgen um sein Erbgut machen!

Der Finanzminister hebt zudem hervor, die Muslime bei uns trügen zur Offenheit und Vielfalt unserer Gesellschaft bei.

Dass die Zuwanderung von Muslimen zur Vielfalt beiträgt, kann wirklich nicht ernsthaft bestritten werden. Fraglich ist allerdings, ob diese Vielfalt immer und in allen Ausprägungen eine Bereicherung für unsere Gesellschaft ist. Ich habe ja schon an anderer Stelle gesagt, dass es natürlich auch unter den Muslimen eine ganze Fülle von Beispielen für bestens gelungene Integration gibt, leider aber auch für fehlende Integrationsbereitschaft, fehlende Integrationsfähigkeit – oder gar für beides. Das allerdings ist keineswegs typisch für Muslime; diese Phänomene finden wir unabhängig von bestimmten religiösen Überzeugungen. Deshalb sollten wir Menschen auch nicht nach ihrer Religionszugehörigkeit beurteilen, nach Staatsangehörigkeit oder gar nach Hautfarbe, sondern nach Charakter und Verhalten.

Zurück zum 4. September 2015: War die Grenzöffnung ein Fehler?
Die Aufnahme von Flüchtlingen aus Ungarn Anfang September 2015 habe auch ich aus humanitären Gründen für richtig gehalten. Hätten wir das nicht gemacht, hätte Ungarn die Flüchtlinge mit Gewalt aus den Zügen holen und registrieren müssen – obwohl kein Flüchtling gezwungen werden kann, in einem Land einen Asylantrag zu stellen, wo er keinen Asylantrag stellen möchte. Es war eine verheerende Situation, es drohte eine humanitäre Katastrophe, man musste handeln. Danach hätten wir allerdings sofort zu Grenzkontrollen zurückkehren müssen, die diesen Namen verdienen, also zu einer konsequenten Anwendung des bis zum 4. September 2015 geltenden Rechts.

»Wir schaffen das.‹ Wie kann sie das sagen? Ich sage es, weil Deutschland schon so viele Herausforderungen bewältigt hat. Weil wir für unsere Werte einstehen, wie Adenauer, wie Helmut Kohl, wie nach der Wiedervereinigung, das haben wir geschafft, es sind blühende Landschaften. (...)
Wenn wir jetzt tatsächlich zweifeln würden, ob wir das schaffen, mit Blick auf unsere europäische Verantwortung, auf unsere humanitäre Verantwortung, auf unsere Verantwortung für Deutschland, dann wären wir nicht die Christlich Demokratische Union Deutsch-

lands. Aber wir sind sie! Und wie würde man über uns denken, wenn wir die Flinte schon ins Korn werfen?«

Angela Merkel am 14. Dezember 2015 auf dem CDU-Parteitag in Karlsruhe

Auf dem schon mehrfach erwähnten Karlsruher CDU-Parteitag gab es einen Initiativantrag, in dem gefordert wurde,»die geltende Rechtslage« anzuwenden und»Personen, welche aus einem sicheren Herkunftsland oder über einen sicheren Drittstaat illegal nach Deutschland einreisen wollen« schon an der Grenze abzuweisen. So richtig gekämpft hat für diesen Antrag niemand. Auch Sie nicht, obwohl Sie zu den Unterzeichnern des Antrags gehörten.

Es ging um die strikte Beachtung des geltenden Rechts. Für mich war es eine interessante Erfahrung, dass man sich auf einem CDU-Parteitag dafür rechtfertigen muss, wenn man für die strikte Beachtung des geltenden Rechts plädiert. Eigentlich müsste das eine Selbstverständlichkeit sein, aber die Zeiten haben sich geändert. Die Stimmung auf dem Parteitag war nach der Rede der Kanzlerin so, dass es einen großen Wunsch nach Einigkeit gab: nur keine kontroverse Debatte, keine politische Auseinandersetzung!

Trotzdem: Wäre es nicht für Ihre eigene Glaubwürdigkeit besser gewesen, Sie hätten der Kanzlerin auf dem Parteitag offen widersprochen?
Am zweiten Tag des Parteitags konnte ich aus Termingründen nicht mehr in Karlsruhe sein. Das stand bereits Monate vorher fest.

Auch für die Flüchtlingspolitik gilt: Wer die Begriffe definiert, legt auch Sichtweisen und Lösungsansätze fest. Kurz: Sprache ist Macht. Warum überlässt die Union ihren politischen Gegnern diese Macht?

Wir sind leider defensiver geworden. Das war zu Zeiten von Heiner Geißler anders. Vielleicht hängt das auch damit zusammen, dass wir uns als Union zu wenig zutrauen, solche Auseinandersetzungen erfolgreich zu bestehen. Die Leitkulturdebatte vor fünfzehn Jahren war dafür ein Beispiel. In vielen Medien waren wir zwar in der Defensive. Aber in der Bevölkerung haben viele gesagt: »Endlich wird auch darüber einmal gesprochen.« Das war beim NATO-Doppelbeschluss anders: Damals haben wir gekämpft, obwohl wir in der Defensive waren, und dieser Kampf hat sich auch gelohnt. Das hat die Geschichte bewiesen.

Während des Balkankriegs sprachen wir von »Asylanten«. Das wurde im Zeichen der Political Correctness durch »Asylbewerber« ersetzt. Heute sprechen alle von »Flüchtlingen«, obwohl nicht alle Zuwanderer Flüchtlinge sind. Versuchen wir doch einmal, Ordnung in diese babylonische Sprachverwirrung zu bringen. Es gibt den Asylbewerber nach Artikel 16 a. Da geht es um Schutz vor politischer Verfolgung durch den Herkunftsstaat. Sollte, müsste hier etwas geändert werden?

Nein. Der Begriff der politischen Verfolgung ist durch die Rechtsprechung verändert und erweitert worden. Es geht nicht mehr nur um die Verfolgung politischer Oppositioneller. Als Asylberechtigter kann auch anerkannt werden, wer aufgrund der Zugehörigkeit zu einer bestimmten Volksgruppe, einer Religionsgemeinschaft oder wegen seiner sexuellen Orientierung verfolgt wird. Dabei reicht nicht aus, dass es in einem Land politische Verfolgung gibt. Entscheidend ist, dass der Asylbewerber selbst von politischer Verfolgung bedroht war und deshalb fliehen musste. Das betrifft zurzeit nur etwa drei Prozent aller Schutzsuchenden, die als schutzbedürftig anerkannt werden. Die allermeisten werden also nicht wegen individueller politischer Verfolgung, sondern wegen eines Kriegsschicksals als schutzbedürftig anerkannt.

Dann gibt es den Flüchtlingsschutz nach der Genfer Konvention.
Danach wird anerkannt, wer sein Land aus Furcht vor Verfolgung
wegen seiner Rasse, Religion, Nationalität, politischen Überzeu-
gung oder Zugehörigkeit zu einer bestimmten sozialen Gruppe
verlassen hat. Sollte, müsste hier etwas geändert werden?
Nein, die Schutzgründe sind gegenüber dem Asylstatus stark
angenähert, aber nicht völlig identisch.

Dann gibt es den subsidiären Schutz. Er wird – vereinfacht gesagt –
gewährt, wenn jemand stichhaltige Gründe anführen kann, dass
ihm in seinem Herkunftsland ein ernsthafter Schaden droht. Sollte,
müsste hier etwas geändert werden?
Das betrifft jetzt nicht die unmittelbare Bedrohung von Leib und
Leben durch Krieg oder Bürgerkrieg. Man könnte sagen: Das gilt
für Flüchtlinge, die unter einem Kriegsschicksal leiden, wenn etwa in der Region Städte zerstört wurden. Oder weil die IS-Terro-
risten ihrem Dorf immer näher kommen. Das ist der klassische
Fall, wo man niemanden in sein Heimatland zurückschicken
kann, solange dort noch Krieg oder Bürgerkrieg herrscht.

Wir haben ja schon darüber gesprochen, dass es im rechtlichen
Sinne keine Obergrenze für Asylbewerber gibt. Wie sieht es bei
Schutzsuchenden nach der Genfer Konvention aus?
Hier gilt dasselbe, was ich im Zusammenhang mit Artikel 16a bereits ausgeführt habe: Es gibt keine bezifferten rechtlichen, aber
es gibt faktische Grenzen der Aufnahmefähigkeit und der Integrationskraft eines Landes, auch in der Bundesrepublik.

Nun ist das Argument nicht von der Hand zu weisen, bei einer
Obergrenze von 200.000 oder 300.000 könne man den nächsten
Schutzsuchenden, der kommt, nicht einfach abweisen, wenn alles
für ein Aufenthaltsrecht spricht.
Deswegen habe ich persönlich ein Problem mit einer festen zah-
lenmäßigen Obergrenze bei der Zuwanderung. Bei Kontingent-

lösungen müsste man jedoch selbstverständlich Obergrenzen festlegen, so wie wir das auch bei der Aufnahme von besonders schutzbedürftigen Flüchtlingen aus dem Irak getan haben.

Wie löst man diesen Widerspruch auf?
Wenn wir zu einer strikten Einhaltung des geltenden Rechts kommen würden, also zu Grenzkontrollen, die diesen Namen verdienen. Mit der Möglichkeit von Zurückweisungen käme es in kürzester Zeit zu einem Rückstau bis nach Italien und Griechenland. Dann wären diese Länder nicht nur belastet, sondern eindeutig überlastet. Dann müsste Europa mit Kontingentlösungen helfen. Das wären dann Obergrenzen, so wie wir sie schon in der Vergangenheit mit Resettlement-Programmen hatten. Im Gegensatz zur heutigen Praxis könnten wir dann selbst festlegen, wer zu welchem Zeitpunkt wohin kommt und wie viele insgesamt. Das wäre das klassische Modell einer gesteuerten Zuwanderung, diesmal allerdings aus humanitären Gründen. Bis zur Schließung der Balkanroute entschieden allein die Schutzsuchenden, wann sie kamen, wie viele kamen, wohin sie gingen.

Das müssten dann aber Kontingente in ganz anderen Größenordnungen sein als die 20.000 Syrer, die 2013/14 kommen durften.
Vor dem Hintergrund, dass es zu einer solchen gesteuerten Zuwanderung käme, halte ich die Zahl von 200.000 pro Jahr für realistisch. Etwa 200.000 Asylbewerber und Flüchtlinge hatten wir 2014, ohne dass es zu größeren Problemen bei der Aufnahme und Unterbringung gekommen wäre. Mit mehr als einer Million im Jahr 2015 sind aber definitiv sehr viele Kommunen an die Grenzen ihrer Aufnahmefähigkeit gekommen.

Wäre bei den erwähnten 200.000 der Familiennachzug miteingerechnet?
Ja. Wenn in einem Jahr 200.000 kommen, die im folgenden Jahr 50.000 Familienangehörige nachholen, könnten dann zu diesen

50.000 noch weitere 150.000 kommen. Es ist verständlich, dass gerade über das Thema Familiennachzug im letzten Jahr heftig gestritten wurde. Das darf allerdings niemanden wundern: Je mehr Menschen wir aufnehmen, desto größer wird die Zahl derjenigen, die auf dem Wege des Familiennachzugs nach Deutschland kommen können. Genau das aber ist das Problem. Wenn die Zahl der Zuwanderung aus humanitären Gründen deutlich reduziert wird, kann man beim Familiennachzug großzügiger sein als bei der Situation 2015.

Wo ziehen Sie die Grenze zwischen unserer humanitären Verpflichtung, Menschen in Not zu helfen, und einem nationalen – in Anführungszeichen – »Selbstschutz«?
Wir müssen unsere humanitären Verpflichtungen doch nicht nur aus rechtlichen Gründen erfüllen, sondern auch aufgrund unserer humanistischen Überzeugungen. Für einen Christdemokraten spielt das Gebot der christlichen Nächstenliebe eine große Rolle. Aber meine große Sorge ist, dass wir an der Schwelle zwischen Herausforderung und Überforderung stehen, wenn sich eine Situation wie im zweiten Halbjahr 2015 wiederholen sollte.

Das Motto heißt doch: »Wir schaffen das.«
Wir diskutieren zu wenig darüber, was in dem Satz »Wir schaffen das« mit dem kleinen Wörtchen »das« gemeint ist. Mit »das« müsste gemeint sein: angemessene, winterfeste Unterkünfte, nur vorübergehende Belegung von behelfsmäßigen Unterkünften wie Zelten oder Turnhallen, rasche Anerkennungsverfahren, gelungene Integration in Gesellschaft und Arbeitsmarkt. Je höher die Zahlen werden, umso schwieriger wird es, diese Ziele zu erreichen. Wir müssen unser Land vor einer Überforderung schützen, auch im Interesse der Flüchtlinge mit Bleiberecht. Je mehr Menschen nach Deutschland kommen, umso schwieriger wird ihre zügige und erfolgreiche Integration werden.

Es ist offenkundig, dass Europa keine einheitliche Flüchtlings-
politik hat. Das passt ja wohl nicht zu einem Gebilde, das sich
auch als Wertegemeinschaft versteht. Entspricht dieses Europa
noch dem, was Sie sich einmal davon erhofft hatten?
Im Moment sicher nicht. Es gibt einen unübersehbaren Widerspruch zwischen der europäischen Rhetorik und der europäischen Realität. Das haben wir schon beim Euro gesehen. Das
sehen wir auf noch dramatischere Weise bei der Flüchtlingspolitik. Insbesondere, weil die Europäische Kommission als Hüterin der Verträge offenbar nicht in der Lage ist, wirksam gegen
unbestreitbare Vertragsverstöße vorzugehen. Es ist auch kein
Geheimnis, dass Griechenland in Bezug auf Flüchtlinge schon
seit Jahren humanitäre und rechtsstaatliche Mindeststandards
nicht erfüllt. Auch weiß jeder, dass die EU-Außengrenzen keineswegs so sicher sind, wie sie sein müssten. Aber immer dann,
wenn die Brüsseler Institutionen sagen:»So kann es nicht weitergehen«, demonstrieren sie ihre eigene Machtlosigkeit. Denn
die EU-Kommission kann nicht überzeugend darlegen, wie sie
bestimmte Staaten dazu bringen will, sich unverzüglich ver-
tragstreu zu verhalten.

Ist es nicht so, dass die Vorstellungen der Kommission sich einfach
nicht mit denen der meisten Mitgliedstaaten decken?
Ich fürchte, das ist tatsächlich so. Wir erleben ja gerade bei der
Flüchtlingspolitik, dass die nationalen Interessen gegenüber der
viel beschworenen europäischen Solidarität immer mehr an Bedeutung gewinnen. Das hängt allerdings auch damit zusammen,
dass viele Regierungen um ihre Mehrheiten fürchten, falls sie
sich europäisch solidarisch verhalten. Dann bekämen in vielen
Ländern radikale politische Kräfte Wind unter die Flügel, und genau das möchten diese Regierungen verhindern.

Wie lange hält Europa den Widerspruch zwischen Anspruch und
Wirklichkeit noch aus?

Ich glaube, dass 2017 das Schicksalsjahr Europas wird, wenn die Flüchtlingszahlen nicht deutlich zurückgehen und die EU gleichzeitig nicht in der Lage ist, für eine angemessene, gerechte Verteilung der Flüchtlinge zu sorgen und für einen effektiven Schutz der Außengrenzen.

In der Vergangenheit war es ja oft so: Wenn es in der EU Schwierigkeiten gab, löste das die Bundesrepublik mit Geld – siehe Griechenland.
Die Flüchtlingsproblematik lässt sich aber nicht allein mit Geld lösen. Vor allem dann nicht, wenn trotz Weigerung zur Aufnahme weiterhin die Hilfszahlungen der EU in beträchtlicher Höhe genau in diese Staaten fließen.

Die Bundesregierung rechnet nach Angaben der »Süddeutschen Zeitung« mit insgesamt 3,6 Millionen Flüchtlingen bis 2020. Das gehe aus internen Prognosen des Wirtschaftsministeriums hervor, schreibt die Zeitung.

Weiter heißt es:»Das Bundeswirtschaftsministerium bestätigte, dass es zur Projektion der wirtschaftlichen Entwicklung ›intern eine rein technische Annahme für die Zuwanderung getroffen und innerhalb der Bundesregierung ressortabgestimmt‹ habe. Da es gegenwärtig nicht möglich sei, den Flüchtlingszustrom seriös vorherzusagen, wolle die Bundesregierung keine offizielle Prognose zur Flüchtlingsmigration abgeben. Den internen Zahlen zufolge würden zwischen 2016 und 2020 jährlich durchschnittlich eine halbe Million Flüchtlinge in Deutschland aufgenommen. Die Zahlen könnten allerdings von Jahr zu Jahr schwanken.«

Jeweils 500.000 zwischen 2016 und 2020, das wären 2,5 Millionen. Zusammen mit den 1,1 Millionen aus dem Jahr 2015 ergibt das 3,6 Millionen.

Zitiert nach: Cerstin Gammelin: Regierung erwartet 3,6 Millionen Flüchtlinge bis 2020. In: Sueddeutsche.de, 24.02.2016.

Wie sollte sich Deutschland in der Flüchtlingsfrage in Europa positionieren? Wir sind inzwischen liberaler als das klassische Flüchtlingsland Schweden.

Es ist interessant, dass es in der Vergangenheit immer die deutsche Position war, dass wir uns in Europa nicht isolieren dürfen. In der Flüchtlingspolitik haben wir uns aber isoliert. Während wir bei der Aufnahme immer großzügiger wurden und immer geneigter, das bis dahin geltende Recht zu suspendieren, wurde die Flüchtlingspolitik der anderen Länder immer restriktiver. Das sieht man am deutlichsten bei den skandinavischen Staaten Schweden und Dänemark. Dort sind die Regierungen dem Wunsch der Bevölkerung nach einer anderen Flüchtlingspolitik gefolgt.

Was meinen Sie: Gelten die Dublin-Regeln Ende 2017 noch?

Die Abkommen von Schengen und Dublin werden auch dann noch gelten, aber man wird großen Wert darauf legen, dass die EU-Außengrenzen wesentlich besser geschützt werden als in der Vergangenheit. Deshalb muss die EU die Frage beantworten, ob sie Frontex dort mit eigenen Befugnissen ausstatten will, wo EU-Staaten nicht in der Lage sind, ihre EU-Außengrenzen mit eigenen Kräften zu sichern.

Das beträfe in erster Linie zwei Länder: Italien und Griechenland.

Bis zum Abkommen zwischen der EU und der Türkei war die Lage in Griechenland geradezu kurios. Frontex kann Amtshilfe leisten, wenn die griechischen Grenzschutzbehörden sich überfordert fühlen und Amtshilfe erbitten. Aber wenn an der griechischen Küste überhaupt keine Grenzschutzbeamten im Einsatz sind und Amtshilfe nicht erbeten wird – wem kann Frontex dann Amtshilfe leisten? Wenn Griechenland keine Amtshilfe anfordert, nützen nach bislang geltendem Recht alle europäischen Anstrengungen nichts.

Was müsste sich ändern?
Frontex müsste das Recht bekommen, selbst einzugreifen, wenn das jeweilige EU-Mitgliedsland nicht in der Lage ist, die Grenze mit eigenen Kräften zu sichern.

Stellen wir uns vor, Frontex hätte diese Befugnisse. Jetzt kommt ein Boot mit Flüchtlingen an der italienischen Küste an. Was dann?
Dann muss die Identität festgestellt und geklärt werden, bei wem eine Schutzbedürftigkeit vorliegt. Wenn Flüchtlinge ohne Pässe ankommen und auch nicht auf andere Weise ihre Identität und Nationalität nachweisen können und eine Schutzbedürftigkeit nicht erkennbar ist, sollten sie zurückgeführt werden.

Und wenn Länder wie Libyen oder Marokko sich weigern, die Flüchtlinge zurückzunehmen?
Um das zu vermeiden, muss die Zurückweisung schon an der Grenze erfolgen. Das ist ja der fundamentale Unterschied zwischen Transitzentren und Einreisezentren. Einreisezentren dienen dem Zweck, bereits eingereiste Flüchtlinge zu überprüfen und bei Ablehnung wieder zurückzuführen. Im Transitzentren kann man dagegen die Frage beantworten, ob diese Personen überhaupt einreisen dürfen. Das zeigt sich ja beim Transitverfahren an Flughäfen: keine Einreise, wenn die Voraussetzungen hierfür nicht vorliegen.

Ist das Dublin-Verfahren für Deutschland nicht sehr bequem? Aus sicheren Drittstaaten darf jeder abgewiesen werden.
Ja, das Dublin-Verfahren privilegiert EU-Staaten ohne EU-Außengrenzen.

Bei Transitzonen in Griechenland oder Italien oder Spanien würden diese Länder viel stärker belastet als wir.
Deshalb müsste es dann Kontingentlösungen geben, damit die Länder mit EU-Außengrenzen nicht überlastet werden.

Europa müsste also diesen Ländern helfen, die Menschen dort zu registrieren, und dann diejenigen übernehmen, die aus humanitären Gründen in Europa bleiben dürfen.
Ja. Der entscheidende Unterschied zur gegenwärtigen Praxis ist der: Wir könnten die Zuwanderung wieder steuern und kontrollieren. Das haben wir im Moment bei Drittstaatangehörigen nur beim Visum-Verfahren. Das ist ja ein klassisches Steuerungsinstrument. In jedem Einzelfall wird geprüft: Wer darf einreisen – und wer nicht? Zurzeit bestimmen die Flüchtlinge aber selbst, ob sie kommen, wann sie kommen, wie viele kommen, wohin sie gehen. Wir haben also weder Begrenzung noch Steuerung noch eine Kontrolle, die diesem Namen gerecht wird.

Der EU-Türkei-Pakt sieht unter anderem vor:

- Alle Migranten, die ab dem 20. März 2016 irregulär auf den griechischen Inseln ankommen, müssen wieder in die Türkei zurückgebracht werden.
- Für jeden Syrer unter ihnen soll ein anderer Syrer auf legalem Weg in die EU kommen. Bis zu 72.000 Personen sollen auf diese Weise pro Jahr ausgetauscht werden.
- Jeder Asylantrag muss in Griechenland einzeln geprüft werden. Es soll keine »kollektiven Ausweisungen« geben. Die EU hilft den Griechen dabei mit Geld und Personal, stellt insbesondere Übersetzer und Asylexperten zur Verfügung.

Für die Rücknahme von Flüchtlingen aus Griechenland erhält die Türkei unter anderem folgende Gegenleistungen:

- Die bereits zugesagten drei Milliarden Euro für syrische Flüchtlinge in der Türkei sollen schneller bereitgestellt werden. Bis 2018 unterstützt die EU die Türkei bei der Unterbringung und Versorgung von Flüchtlingen mit weiteren drei Milliarden Euro.

- Bei den stagnierenden Verhandlungen über einen EU-Beitritt der Türkei werden fünf neue »Verhandlungskapitel« eröffnet. So lange aber Zypern wegen des andauernden Konflikts mit der Türkei über die geteilte Insel weitere Kapitel blockiert, sind das nur symbolische Fortschritte.
- Türkische Bürger sollen ohne Visum in die EU reisen können. Für diese Visafreiheit muss die Türkei aber zuvor insgesamt 72 Bedingungen erfüllen.

Nun ist die Zahl der Flüchtlinge, die noch nach Europa kommen, in der ersten Hälfte des Jahres 2016 deutlich zurückgegangen. Da spielten natürlich auch der Winter und das Wetter eine Rolle. Die Kanzlerin und ihr CDU-Generalsekretär führen das jedoch auf das Abkommen zwischen EU und Türkei zurück. Ist das nicht eine zu einfache Erklärung?

Der Rückgang der Flüchtlingszahlen Anfang 2016 ist zum einen auf die schlechten Witterungsbedingungen zurückzuführen und zum anderen erkennbar auf die Schließung der Balkanroute, die jedoch von der Bundesregierung nicht gewollt war und heftig kritisiert wurde.

Richtig ist, dass die Zahl der Flüchtlinge, die über die Türkei nach Griechenland kommen, aufgrund des Abkommens mit der Türkei weiter deutlich zurückgegangen ist. Richtig ist aber auch, dass Zehntausende noch in Griechenland ausharren, weil über ihre Asylanträge noch nicht entschieden worden ist. Deshalb ist zum jetzigen Zeitpunkt völlig unklar, wie mit ihnen weiter verfahren werden soll. Denn die Rückführung von Flüchtlingen mit abgelehntem Asylantrag in die Türkei greift ja nur bei Menschen, die nach dem 20. März 2016 von dort aus nach Griechenland gekommen sind.

Kann man also sagen, die Kanzlerin profitiert von einer Politik, die sie eigentlich ablehnt?

Die Kanzlerin profitiert nicht ausschließlich, aber überwiegend von der Schließung der Balkanroute. Durch diese Maßnahme haben viele Flüchtlinge die Hoffnung verloren, dass sie zügig in das Land ihrer Wahl weiterreisen können. Bei einer Öffnung dieser Route würden die Zugangszahlen schon in kurzer Zeit wieder deutlich ansteigen – trotz des Abkommens mit der Türkei.

Der erste Regierungschef, der seine Grenzen geschlossen hat, war der konservative ungarische Premier Viktor Orbán. Dafür ist er bei uns heftig kritisiert worden. In Österreich hat der Sozialist Werner Faymann einen Grenzzaun errichtet und eine Obergrenze eingeführt. Wundert Sie es, dass über diese österreichische Politik der Abschottung bei uns kaum gesprochen wird?

Die Kritik an Orbán hat mich nicht nur wegen ihrer Heftigkeit überrascht, sondern auch deshalb, weil Ungarn Wert auf die Feststellung gelegt hat, dass es rechtlich verpflichtet sei, die EU-Außengrenze wirksam zu schützen. Österreich hat dagegen die Grenze zu Slowenien, also eine EU-Binnengrenze, geschlossen. Aber da diese Entscheidung nicht von der oft mit Argwohn betrachteten ungarischen Regierung getroffen wurde, sondern von der rot-schwarzen Koalition in Wien, hat man das bei uns nur milde kritisiert, nicht heftig attackiert.

Das Abkommen der EU mit der Türkei ist in Kraft. Die Rückführung syrischer Flüchtlinge in die Türkei verläuft bisher sehr zäh.
Ja, in der Tat ist das jedenfalls zurzeit der Fall.

Welche Chancen geben Sie dem Abkommen?
Die Abschaffung der Kontrollen an den EU-Binnengrenzen erfolgte Zug um Zug gegen das Versprechen sicherer EU-Außengrenzen. Wenn aber die Europäische Union selbst erklärt, sie sei nicht in der Lage, die Außengrenzen hinreichend zu schützen, wir seien auf die Unterstützung der Türkei angewiesen, dann ist es kein Wunder, dass die Türkei darauf drängt, dass ihre bisher

immer abgelehnten politischen Forderungen erfüllt werden. Das ist die Grundproblematik. Hinzu kommt, dass – hier kommt es auf jedes Wort an – sich die EU verpflichtet hat, höchstens 72.000 schutzbedürftige syrische Flüchtlinge aufzunehmen. Es gibt aber kein Land, das EU heißt. Die Aufnahme von Flüchtlingen kann nur durch die Mitgliedsländer der EU erfolgen. Eine Verteilungsregelung, die von allen 28 Mitgliedsstaaten akzeptiert wird, gibt es aber bis jetzt – Ende Juli 2016 – nicht. Und es ist auch kaum damit zu rechnen, dass es eine solche Regelung geben wird. Dass die Türkei finanzielle Hilfen erwartet, weil sie mehr Flüchtlinge aufgenommen hat als jedes andere Land, das kann ich allerdings verstehen.

Wir brauchen die Türkei. Aber zahlen wir nicht einen sehr hohen Preis? Die Türkei will Visa-Freiheit für alle ihre Bürger. Ist da nicht zu befürchten, dass viele Kurden dann in die EU und insbesondere nach Deutschland kommen, um hierzubleiben?
Es hat ja schon vereinfachte Visa-Erteilungsverfahren gegeben, zum Beispiel für Geschäftsleute. Die EU hat schon auf die berechtigten Belange der Wirtschaft Rücksicht genommen. Eine völlige Visa-Liberalisierung haben wir bisher immer abgelehnt wegen der Befürchtung, dadurch könnte die irreguläre Migration deutlich ausgeweitet werden. Als ich gehört habe, dass die Bundesregierung das nicht mehr als problematisch ansieht, war ich sehr überrascht. Das wird damit begründet, dass dem weit überwiegenden Teil der Visa-Anträge schon jetzt stattgegeben werde; es sei bisher nur ein kleiner Teil abgelehnt worden. Diese Argumentation übersieht, dass viele nie einen Visa-Antrag gestellt haben, weil sie mit an Sicherheit grenzender Wahrscheinlichkeit mit einer Ablehnung rechnen mussten und deshalb die damit verbundenen Kosten sparen wollten. Die Passpflicht bleibt zwar bestehen. Ich habe aber erhebliche Zweifel, ob man beim Betreten eines Flugzeugs oder beim Grenzübertritt in Deutschland den Pass so intensiv prüfen kann, wie das unter Sicherheits-

aspekten notwendig wäre. Jedenfalls wird ein türkischer Pass bei Wegfall der Visumspflicht deutlich attraktiver werden. Bis heute weigert sich die Türkei allerdings, ausnahmslos alle Bedingungen der EU zu erfüllen, insbesondere die Terrorgesetzgebung zu ändern. Sollte die Türkei hier ihre Position aufgeben, müssten wir allerdings dringend vor der Visafreiheit ein EU-weites Einreise- und Ausreiseregister einführen, damit wir überhaupt feststellen können, wann wer eingereist ist und ob die Visaliberalisierung zu einem Anstieg der irregulären Migration führt. Darüber hinaus brauchen wir eine Art »Notbremse« für den Fall, dass es tatsächlich zu einer deutlichen Zunahme der illegalen Zuwanderung kommen sollte.

Zu dem Preis für das Abkommen gehört auch die Eröffnung neuer Verhandlungskapitel zum EU-Beitritt. Ist das nicht eher Symbolpolitik?
Die Bundeskanzlerin und die CDU/CSU-Bundestagsfraktion betonen immer wieder, eine Vollmitgliedschaft der Türkei lehnten sie weiterhin ab, man gebe nach wie vor dem Modell einer privilegierten Partnerschaft den Vorrang. Gleichzeitig will man die Beitrittsverhandlungen vorantreiben. Fakt ist aber, dass sich die Türkei in den vergangenen Jahren immer weiter von den europäischen Werten entfernt hat. Umso überraschter bin ich von der Beschleunigung der Beitrittsverhandlungen.

Ist es eigentlich realistisch, dass diese Verhandlungen über einen EU-Beitritt aus Sicht der Türkei erfolgreich zu Ende geführt werden können?
Wenn es bei den bisherigen Bedingungen für eine Mitgliedschaft in der EU bleibt – nein. Ich hielte es auch ganz grundsätzlich für einen Fehler, die EU-Außengrenzen auszudehnen bis an die Grenzen von Syrien, Iran und Irak. Das würde die EU geografisch überdehnen und politisch überfordern.

Wird Erdoğan nicht erwarten, dass wir künftig nicht so genau hin-
schauen, wie er die Kurden im eigenen Land behandelt?
Durch das Abkommen werden wir nicht rechtlich, aber politisch
zu einer erhöhten Rücksichtnahme geradezu gezwungen, denn
die EU hat ja Herrn Erdoğan den Schlüssel zur Tür nach Europa
in die Hand gegeben.

Dennoch muss die Bundesregierung auch weiterhin sehr genau hinschauen, wenn Erdoğan die Pressefreiheit mit Füßen
tritt oder es beim Kampf gegen Terroristen mit den Menschenrechten nicht so genau nimmt. Dies insbesondere auch deshalb,
weil Erdoğan den kläglich gescheiterten Putsch seit Mitte Juli
2016 zum Anlass nimmt, die Demokratie in der Türkei systematisch zu demontieren, um Schritt für Schritt ein autoritäres
Regime zu etablieren. Dazu darf man nicht schweigen! Ich kann
nur hoffen, dass das auch tatsächlich geschieht.

Hätte die Kanzlerin im Fall Böhmermann auch so gehandelt, wie sie
gehandelt hat, wenn es das Abkommen mit der Türkei nicht gäbe?
Vermutlich ja, weil die Türkei NATO-Mitglied und ein wichtiger
Handelspartner ist. Wir legen Wert auf gute Beziehungen zu An-
kara, auch wenn uns die aktuelle politische Entwicklung in der
Türkei große Sorgen bereitet. Problematischer ist eher die Argumentation der Bundesregierung. Es ging ja nicht mehr, wie viele angenommen haben, um die Frage »Strafverfolgung ja oder
nein?«. Präsident Erdoğan hatte ja zuvor bereits Strafanzeige er-
stattet und Strafantrag gestellt. Es hätte also ohnehin ein straf-
rechtliches Ermittlungsverfahren nach Paragraf 185 Strafgesetzbuch gegeben. Die Ermächtigung der Bundesregierung hatte ja
nur die Wirkung, dass zusätzlich noch gemäß Paragraf 103 Strafgesetzbuch ...

... dem sogenannten Majestätsbeleidigungsparagrafen ...
... ermittelt werden kann. Gleichzeit hat die Bundesregierung
allerdings erklärt, dass diese Vorschrift unbedingt und schnell

abgeschafft werden sollte. Warum man dann fünf Minuten vor zwölf noch die Strafverfolgung nach einer Vorschrift, die man ohnehin abschaffen will, ermöglicht – das ist nicht widerspruchsfrei.

Ist es eigentlich wahrscheinlich, dass ein Gericht aufgrund eines Paragrafen eine Strafe ausspricht, den der Gesetzgeber selbst für obsolet hält? Rechtstheoretisch ist das denkbar. Aber es wäre ein geradezu kurioses Ergebnis, denn der Fall Böhmermann dürfte der letzte sein, bei dem Paragraf 103 StGB überhaupt noch angewandt wird. Es sei denn, der Plan zu seiner Abschaffung wird genauso schnell wieder beerdigt, wie er geboren wurde.

Zurück zur Flüchtlingskrise. Bekanntlich stirbt ja die Hoffnung zuletzt. Gibt es irgendwelche Indizien, dass sich andere EU-Länder an Kontingentlösungen beteiligen würden, die über die symbolische Aufnahme von 20 oder 200 Flüchtlingen hinausgingen? Es wäre das größte Wunder seit der Auferstehung, wenn wir wirklich zu einer gleichmäßigen Verteilung innerhalb der EU kämen. Selbst wenn es das gäbe, stellte sich die Frage, wie es weitergehen wird, wenn Flüchtlinge gegen ihren Willen in ein bestimmtes Land geschickt werden. Da wird dann ein Flüchtling sagen: »Wieso soll ausgerechnet ich nach Rumänien, mein Freund aber nach Holland oder Österreich?« Da kommt sofort der Vorwurf der Willkür. Aber unterstellen wir einmal, dem Flüchtling würde gesagt: »Rumänien oder Rückführung.« Wenn er daraufhin nach Rumänien ginge: Wie groß wäre dann die Wahrscheinlichkeit, dass er dort auf Dauer bleibt? Die meisten werden versuchen, dort hinzukommen, wo sie ursprünglich hinwollten. Selbst wenn es zu einem praktizierten Verteilungsschlüssel käme, müsste die Weiterwanderung innerhalb der EU zumindest für einen längeren Zeitraum ausgeschlossen werden.

Also eine Kontingentlösung scheint auch nicht optimal zu sein.
Vielleicht wird man sich formal auf eine Kontingentlösung einigen. Aber ich glaube nicht, dass sich das 1:1 umsetzen lässt und dass die Flüchtlinge genau dort bleiben, wo sie hingeschickt werden. Das wäre ein Wunder.

Was bedeutet das unter dem Strich?
Wir brauchen a) die effektive Bekämpfung der Fluchtursachen, b) des Schlepper- und Schleuserunwesens und c) wirklich sichere EU-Außengrenzen. Dann wird man nicht nur über Kontingente sprechen müssen, sondern auch über Resettlement-Programme für Länder mit großen Auffanglagern wie die Türkei, Jordanien, Libanon. Ich gehe davon aus, dass bei anhaltendem IS-Terror, einem Wiedererstarken der Taliban in Afghanistan oder aufgrund anderer besorgniserregender Entwicklungen immer mehr Menschen die Hoffnung aufgeben, wieder in ihre Heimat zurückkehren zu können.

»Resettlement« heißt: Ansiedlung der über Kontingente gekommenen Flüchtlinge in den einzelnen EU-Ländern.
Ja. Aber man muss eines beachten. Wenn Grüne und Linke von Kontingenten und Resettlement sprechen, dann meinen sie immer: *zusätzlich* zu den Menschen, die ohnehin kommen. Ich meine mit Kontingent und Resettlement-Programmen: Erfüllung unserer humanitären Verpflichtungen bei gleichzeitiger Anwendung des geltenden Rechts, einschließlich der Zurückweisung an der Grenze beim Versuch einer unerlaubten Einreise, inklusive Rückkehr zur Anwendung der Dublin-Regeln.

Denken wir mal positiv: Strikte Grenzkontrollen plus Zurückweisungen an den Grenzen plus Verteilung mithilfe von Kontingenten plus Resettlement-Programme – das alles kommt. Werden dann nicht die meisten EU-Länder sagen: »Aber dafür zahlen sollen die Deutschen?«

Kann sein, dass einige so denken, aber nicht die Mehrheit. Denkbar ist allenfalls eine Lösung, dass die EU bestimmten Ländern hilft, die damit finanziell überfordert wären. Aber es kann nicht sein, dass die Bundesrepublik Deutschland sagt: »Wir geben nur deshalb anderen Ländern viel Geld, damit nicht alle Flüchtlinge zu uns kommen.«

Selbst wenn Brüssel zahlt, sind wir mit 28 Prozent dabei.
Das wäre dann tatsächlich so, ja.

Wagen wir einen Blick nach vorn: Falls der EU-Türkei-Pakt hält – haben wir dann in der Flüchtlingskrise das Schlimmste hinter uns?
Ich fürchte, nein. Wir haben nicht nur Fluchtbewegungen aus den südöstlichen Nachbarregionen der EU – also von Pakistan, Afghanistan, Irak, Syrien – Richtung Türkei. Wir haben auch nach wie vor Fluchtbewegungen aus dem Herzen Afrikas über Libyen in Richtung Italien. Diese Flüchtlingsrouten gibt es schon seit langer Zeit. Wir müssen deshalb auf diese Migrationsbewegungen ebenso achten wie auf die aus der Türkei in Richtung Griechenland und dann weiter nach Mitteleuropa. Außerdem stellen wir einen deutlichen Anstieg der Migration über die Ostroute fest, also über Russland und Polen.

Würden Sie ausschließen, dass noch einmal so viele Menschen zu uns kommen wie im Jahr 2015?
Bis zum Sommer dieses Jahres sind zwar die Zugangszahlen Monat für Monat deutlich zurückgegangen, aber der Migrationsdruck hält doch an! Aus Zentralafrika in Richtung Norden, aus den Krisengebieten im Nahen und Mittleren Osten und neuerdings verstärkt über die Ostroute, also aus Osteuropa über Polen in Richtung Deutschland. Aber die Bundesrepublik wird nicht ein zweites Mal mehr als eine Million Flüchtlinge innerhalb eines Jahres aufnehmen können. Es gibt faktische Grenzen der Aufnahmefähigkeit, auch bei uns.

In den ersten sechs Monaten des Jahres 2016 sind nach Angaben des Bundesamts für Migration und Flüchtlinge (BAMF) 222.264 neue Flüchtlinge registriert worden. Zwischen Januar und Juni sind trotz der Schließung der Balkanroute und ungeachtet des Abkommens der EU mit der Türkei demnach mehr Flüchtlinge gekommen als im ganzen Jahr 2014. Damals wurden 203.000 Asylbewerber gezählt, die höchste Zahl seit dem Balkankrieg Anfang der 1990er-Jahre.

Nach 91.000 Flüchtlingen im Januar ist der Zugang in den Monaten April, Mai und Juni auf jeweils circa 16.000 zurückgegangen. Bleibt es bei diesen Monatszahlen, ist in der zweiten Jahreshälfte mit rund 100.000 weiteren Flüchtlingen zu rechnen. Das bedeutete dann für das ganze Jahr 2016 insgesamt 320.000 Flüchtlinge.

Quelle: BAMF: Aktuelle Meldungen vom 8. Juli 2016. Im Internet.

6. EURO UND EUROPA

Ich selbst käme nie auf den Gedanken,
mich als Rebell zu bezeichnen.

»Die Verwirklichung der Europäischen Wirtschafts- und Währungsunion ist hinsichtlich ihrer Konsequenzen für uns Deutsche wie
auch für die Europäer die wichtigste und bedeutendste Entscheidung seit der Wiedervereinigung Deutschlands. Ich glaube, dass
sie – auf lange Sicht – eine der wichtigsten Entscheidungen des
ganzen Jahrhunderts ist. Mit all ihren Wirkungen auf andere Teile
der Welt stellt sie die tiefgreifendste Veränderung auf unserem
Kontinent dar. Sie ist zugleich der wichtigste Meilenstein im europäischen Einigungsprozess seit der Gründung der Montanunion
1951 und seit der Gründung der Europäischen Wirtschaftsgemein-
schaft 1957. (...)

Wir haben alle notwendigen Voraussetzungen für dauerhafte
Stabilität getroffen. Die Bundesregierung hat gemeinsam mit ihren Partnern – sie hat dabei eine wesentliche Rolle gespielt – im
Vertrag von Maastricht durchgesetzt, dass die Europäische Zentralbank in Frankfurt so unabhängig ist wie die Deutsche Bundesbank
und zuallererst der Stabilität der Währung verpflichtet ist.

Meine Damen und Herren, nach der vertraglichen Regelung gibt
es keine Haftung der Gemeinschaft für Verbindlichkeiten der Mitgliedstaaten und keine zusätzlichen Finanztransfers.

Heute hat einer unserer Kollegen von seiner Erfahrung im Europäischen Parlament berichtet. Wenn Sie quer durch alle Parteien

mit den Kollegen im Europäischen Parlament reden, wissen Sie, dass dieser Satz einen Moment des Innehaltens verdient: Nach den vertraglichen Regelungen gibt es keine Haftung der Gemeinschaft für Verbindlichkeiten der Mitgliedstaaten und keine zusätzlichen Finanztransfers.

Man muss doch einmal ehrlich sagen, was wir mit dieser Entscheidung anderen zugemutet haben; denn auch andere haben bestimmte Lebensgewohnheiten. Unterschiede gibt es nicht nur bei uns in Deutschland im Verhältnis der Bundesländer untereinander; diese gibt es auch im Verhältnis der europäischen Staaten untereinander. Trotzdem gilt dieser Satz, der eine große Bedeutung hat; denn damit ist im Vorfeld bereits viel für die Funktionsfähigkeit und die Stabilität der Währungsunion erreicht worden. Wichtig ist nun, dass das Erreichte gesichert und die Nachhaltigkeit der Konvergenz gewährleistet wird.«

Bundeskanzler Helmut Kohl am 23. April 1998 im Deutschen Bundestag vor der Entscheidung über die Einführung des Euro als europäische Gemeinschaftswährung. Von 615 Abgeordneten stimmten 575 zu.

Wann ist Ihnen zum ersten Mal bewusst geworden: Die Rettung Griechenlands ist eine »never ending story«?
Schon wenige Monate nach dem ersten Rettungspaket. Bereits 2010 hatte man uns einen Plan für die Rettung Griechenlands präsentiert, der im Kern folgendes Prinzip hatte: Wir nehmen Griechenland, das sich wegen Überschuldung nicht mehr auf den internationalen Finanzmärkten zu erträglichen Konditionen finanzieren kann, vorübergehend vom Markt. In dieser Zeit reformiert sich das Land so, dass es später wieder aus eigenen Kräften an die Finanzmärkte zurückkehren kann.

In der Hoffnung, dass dieser Plan aufgeht, habe ich damals zugestimmt. Aber schon nach kurzer Zeit hat sich herausgestellt, dass er nicht aufgehen kann. Ein durch Überschuldung entstandenes Problem kann man nicht dadurch lösen, indem man dem Schuldner immer neue, noch höhere Kredite gibt. Durch die diversen Rettungsaktivitäten kam es vielmehr zu einer großen Risikoverschiebung von den institutionellen Anlegern und Kreditgebern hin zu den Steuerzahlern der anderen Euro-Staaten. Diese – und nicht die privaten Kreditgeber – tragen nunmehr das Ausfallrisiko, falls Griechenland die Kredite nicht oder nicht in voller Höhe bedienen kann. Außerdem wurde von Monat zu Monat deutlicher: Die notwendigen Reformen wurden von Griechenland zwar überwiegend beschlossen, aber nicht, weil man sie für richtig hielt, sondern weil dies die Voraussetzung dafür war, dass weitere Hilfen gewährt wurden.

Wir reden jetzt von der Zeit seit 2012?
Überraschend schnell wurde deutlich, dass das erste Rettungspaket nie und nimmer ausreichen würde. Also wurde ein zweites geschnürt. Dem konnte ich dann nicht mehr zustimmen. Es drängte sich immer mehr die Frage auf, wie man ein Land grundlegend reformieren will, wenn die verantwortlichen Politiker selbst nicht an die Notwendigkeit dieser Reformen glauben oder diese zwar beschließen, aber anschließend nicht umsetzen. Bei allen europäischen Bemühungen muss man doch sehen: Griechenland war, ist und bleibt ein souveräner Staat. Man kann immer nur darauf hoffen, dass Griechenland die notwendigen Reformen nicht nur beschließt, sondern auch umsetzt. Wenn es am eigenen Reformwillen fehlt – wie will man das Land dann politisch zu Maßnahmen zwingen, die vom griechischen Parlament abgelehnt werden? Die letzten Jahre haben ja gezeigt: Wenn es an dem Willen von Parlament und Regierung fehlt, die notwendigen Reformen auch umzusetzen, oder wenn die Bevölkerung diese Reformen nicht akzeptiert, dann sind letztendlich alle europäischen Bemühungen vergeblich. Außerdem: Was nutzen kraftvolle Änderungen der Steuergesetze, wenn es Griechenland an einer effizienten Steuerverwaltung fehlt und das Land deshalb nicht in der Lage ist, alle festgesetzten Steuern auch zügig einzutreiben?

Was Sie gerade beschreiben, trifft ja unabhängig davon zu, ob in Athen Konservative, Sozialdemokraten oder Sozialisten regieren.

Bei der Regierung Samaras von der Nea Dimokratia war es schon etwas anders als jetzt bei Syriza. Die Regierung Samaras hat zumindest den Anschein erweckt, als sei man selbst von der Notwendigkeit der Reformen überzeugt und würde sich alle erdenkliche Mühe geben, diese Reformen auch umzusetzen. Aber allzu oft ist man entweder am Widerstand in der eigenen Partei, an der notwendigen Mehrheit im Parlament, an den Gewerkschaften oder der fehlenden Akzeptanz in der Bevölkerung gescheitert. Über den Widerstand in weiten Teilen der Bevölkerung darf man sich allerdings nicht wundern, denn die Regierungspartei Syriza macht ja seit der Regierungsübernahme fast genau das Gegenteil von dem, was man im Wahlkampf den Wählerinnen und Wählern versprochen hatte.

Griechenland ist ja keineswegs gerettet. Davon sind wir weit entfernt. Wie viele Abgeordnete der Union stehen denn noch hinter der Rettungspolitik für Griechenland?

Bei diesem Thema sieht es in unserer Fraktion nicht wesentlich anders aus als in der Flüchtlingsfrage. Ein Teil der Fraktion ist vom Kurs der Regierung überzeugt, ein anderer Teil hält die jetzige Politik für dringend korrekturbedürftig, und ein weiterer Teil sieht die Entwicklung mit großer Skepsis. Diese Kollegen wollen aber nicht illoyal gegenüber der Kanzlerin und der Regierung erscheinen und stimmen deshalb trotz Bedenken tapfer mit. Interessanterweise spielt Griechenland sowohl beim Euro als auch in der Flüchtlingspolitik eine zentrale Rolle. Dennoch gibt es zwischen beiden Themen einen fundamentalen Unterschied: In der Flüchtlingsfrage ist Griechenland tatsächlich objektiv überfordert. Das Land kann die EU-Außengrenzen aus eigenen Kräften nicht so schützen, wie man sie schützen müsste. Da kann man Griechenland nun wirklich nicht fehlenden Willen vorwerfen, hier ist das Land wirklich überfordert.

*Dass Griechenland angesichts des Zustroms an Flüchtlingen über-
fordert ist, ist das eine. Aber Griechenland behandelt diese Menschen ja so schlecht, dass wir aufgrund eines Urteils des Bundesverfassungsgerichts niemanden dorthin abschieben dürfen.*

Der EU-Kommission ist es sicherlich nicht erst Ende 2015 aufgefallen, dass in Griechenland asylrechtliche Mindeststandards
noch nicht einmal annäherungsweise eingehalten werden. Das
gilt sowohl für die Unterbringung der Flüchtlinge, für deren Versorgung als auch im Hinblick auf ein faires, rechtsstaatliches
Anerkennungsverfahren. Vor diesem Hintergrund hat uns das
Bundesverfassungsgericht schon vor vielen Jahren untersagt, im
Rahmen des Dublin-Verfahrens Flüchtlinge nach Griechenland
zu überstellen, damit das Asylverfahren dort durchgeführt werden kann. Aber offensichtlich war der EU-Kommission dieses
Thema bis Ende 2015 nicht wichtig genug, um Griechenland davon zu überzeugen, dass es notwendig ist, diese Standards ein-
zuhalten. Oder Brüssel sah sich nicht in der Lage, Griechenland
zur Einhaltung dieser Normen zu zwingen. Die EU-Kommission
weist zwar permanent darauf hin, dass sie die wichtige Funktion
als »Hüterin der Verträge« ausfülle, aber sie tut sich ganz offensichtlich schwer damit, das Recht selbst dort durchzusetzen, wo
es ganz offensichtlich verletzt wird.

*Für viele Parlamentarier aus der CDU/CSU war es bei den Hilfs-
paketen ganz wichtig, dass der Internationale Währungsfonds
mit dabei ist.*

Das ist richtig, zumal nicht nur die Bundesregierung, sondern
auch unser Fraktionsvorsitzender immer wieder darauf hingewiesen haben, dass die Beteiligung des IWF eine *conditio sine
qua non* sei – also ohne IWF kein weiteres Rettungspaket.

Er ist aber beim dritten Rettungspaket nicht mehr dabei.

Bislang ist es so, aber man hat uns gesagt, es sei nur eine Frage
der Zeit, bis der IWF wieder an Bord sei. Diese Zusage war für

viele Skeptiker ein wichtiger Grund, dem dritten Hilfspaket trotz aller Bedenken zuzustimmen. Bis zur Stunde ist der IWF jedenfalls nicht wieder an Bord. Griechenland wehrt sich mit Händen und Füßen dagegen, weil die Konditionen des IWF wesentlich härter sind als die der Europäischen Zentralbank und des Rettungsschirms ESM. Auch gibt es innerhalb des IWF immer mehr Stimmen, die eine Beendigung des Griechenland-Engagements verlangen. Außerdem wissen die Griechen, dass die Repräsentanten des IWF, wenn es um die Erfüllung von Auflagen geht, zu Kompromissen nur sehr begrenzt bereit sind. Der IWF tut nicht nur so, als würde er auf die strikte Einhaltung der Bedingungen bestehen, er besteht tatsächlich darauf. Da sind die europäischen Geldgeber, na ja, sagen wir einmal etwas flexibler.

Wenn der IWF weiterhin abseitssteht, müsste das doch bei vielen CDU/CSU-Abgeordneten zu einem Umdenken führen.
Wenn Flüchtlingskrise und Terrorismus nicht alle anderen Fragen überlagern würden, wäre das längst ein Thema in der Fraktion.

Athen behauptet, man könne die neuen Auflagen wegen der Flüchtlingskrise gar nicht einhalten. Wie glaubwürdig ist das?
Ich kann nur dringend dazu raten, die Flüchtlingskrise und ihre Folgen für Griechenland einerseits und die Euro-Rettungsbemühungen andererseits voneinander zu trennen. Wenn Griechenland sagt: »Mit dem hohen Zustrom von Flüchtlingen sind wir überfordert, da brauchen wir europäische Hilfe«, dann ist das verständlich, und diese Hilfe sollte man auch nicht verweigern. Die derzeitige Flüchtlingskrise kann allerdings kein Grund sein, das aktuelle Griechenland-Programm schon wieder zu ändern, wenn die Reformanstrengungen nachlassen, zumal es zwischen der Privatisierung von Staatsbetrieben und der Flüchtlingskrise keinen Zusammenhang gibt. Die mangelnde Bereitschaft Griechenlands, die verabredeten Privatisierungsprogramme konse-

quent durchzuführen, ist ja legendär. Schon vor Jahren sollten durch die Veräußerung von staatlichen Unternehmen oder durch Teilprivatisierungen insgesamt 50 Milliarden Euro erlöst werden. Bis heute sind noch nicht einmal 5 Milliarden realisiert. Wenn Athen wenigstens 30 oder 35 Milliarden Euro erzielt hätte, dann könnte man ja noch sagen: »Der Plan ist leider nicht zu hundert Prozent aufgegangen, aber Griechenland hat sich mächtig angestrengt.« Aber wenn die Privatisierungspläne nicht einmal zu zehn Prozent erfüllt wurden, dann hat das erkennbar nichts mit der Flüchtlingskrise zu tun. Dann fehlt es vielmehr am politischen Willen oder an den organisatorischen Fähigkeiten.

Griechenland hat nun wirklich keinen Mangel an europäischer Solidarität, an Hilfen und Plänen. Griechenland fehlt es an Wirtschaftskraft, an Wettbewerbsfähigkeit und den griechischen Unternehmen an Innovationskraft. Anders formuliert: Wenn es an der Bereitschaft des Staates fehlt, sich umfassend zu reformieren, und an der Fähigkeit der Privatwirtschaft, sich rasch zu modernisieren, dann können immer neue, immer höhere Kredite gewährt werden, die erhoffte Trendwende zum Besseren wird man so dennoch nicht erreichen.

Fehlt in Griechenland nicht ebenfalls eine leistungsfähige, moderne Verwaltung?
Bei uns lächeln wir ja oft über Verwaltung und Bürokratie. Aber in Griechenland kann man sehen, wie wichtig eine funktionierende Verwaltung für ein Staatswesen ist. Nicht um Bürger oder Unternehmen zu gängeln, sondern um die Voraussetzungen dafür zu schaffen, dass politische Entscheidungen auch umgesetzt werden oder dass es für Investoren Rechtssicherheit gibt. Was nützen kraftvolle Steuerreformen, wenn es den griechischen Finanzämtern an der organisatorischen Leistungskraft fehlt, die Steuerschulden präzise zu ermitteln und anschließend die Steuerforderungen auch tatsächlich von den Steuerpflichtigen einzutreiben?

Nun scheint die Bundeskanzlerin gegenüber Griechenland ebenso unbeirrbar zu sein wie in der Flüchtlingsfrage: »Wir schaffen das« ...
Der ebenso berühmte wie sympathische Satz »Wir schaffen das!« basiert auf dem Prinzip Hoffnung. Im Herbst 2015 hat die Bundeskanzlerin in der Fraktion darauf hingewiesen, dass man in Europa in der Flüchtlingsfrage zwar ganz unterschiedlicher Auffassung sei, aber auch in anderen Fragen habe es Differenzen gegeben und dennoch habe man sich geeinigt. In der Zeit danach haben allerdings immer mehr europäische Staaten in der Flüchtlingsfrage einen restriktiveren Kurs eingeschlagen und die Grenzen nicht weiter geöffnet, sondern geschlossen. Dies gilt sogar für traditionell aufnahmebereite Staaten wie Schweden oder Österreich. Im März 2016 hat die Bundesregierung zwar mit Erleichterung festgestellt, dass die Zugangszahlen der Flüchtlinge deutlich zurückgegangen sind, allerdings infolge der Schließung der Balkanroute, die von der Bundesregierung stets abgelehnt wurde.

Auch in der Euro-Krise hat die Bundesregierung großen Wert darauf gelegt, dass sich die Euro-Länder politisch nicht auseinanderdividieren lassen. Unter keinen Umständen wollte und sollte Deutschland eine isolierte Position einnehmen. Wolfgang Schäuble hat in diesem Zusammenhang ein aus meiner Sicht beeindruckendes Argument vorgebracht: Wenn es Griechenland trotz aller Bemühungen am Ende doch nicht schaffen sollte, auf Dauer in der Euro-Zone zu bleiben, dann dürfe die Verantwortung hierfür auf keinen Fall bei der Bundesrepublik Deutschland liegen.

Es ist ja interessant, dass nicht nur Griechenland, sondern auch Länder wie Spanien, Italien oder Frankreich Angela Merkel wegen ihres Eintretens für eine Austeritätspolitik scharf attackieren.
Das kann ich zwar nicht beweisen, aber ich habe das Gefühl, dass viele Länder in der südlichen Eurozone zwar die Bedenken gegen immer neue Hilfspakete teilen. Dennoch plädieren sie

vielleicht auch deshalb für weitere Hilfen, weil sie nicht aus-schließen können, dass sie eines Tages in eine vergleichbare Situation kommen und dann die gleichen Hilfen erhalten müss-ten. Ich habe vom zweiten Hilfspaket an auch deshalb Nein gesagt, weil ich der festen Überzeugung bin, dass wir das Prinzip »Handlung und Haftung gehören zusammen« nicht aufgeben dürfen. Deshalb ist ja auch in den europäischen Verträgen ver-ankert, dass kein Land für die Schulden eines anderen Landes haftet. In der Theorie ist das immer noch geltendes Recht. Wenn wir dieses Prinzip aufgeben, wird es Länder geben, die in ihrer Finanz- und Haushaltspolitik Risiken eingehen, die sie niemals eingehen würden, wenn sie wüssten, dass sie für deren Folgen allein und in voller Höhe haften müssen.

Bei den Verhandlungen über das dritte Hilfspaket im Sommer 2015 wurde viel über Differenzen zwischen dem Bundesfinanzminister und der Bundeskanzlerin berichtet. War das ein abgekartetes Spiel?
Die unterschiedliche Akzentuierung von Kanzlerin und Finanz-minister wurde von vielen so verstanden: *good cop, bad cop.* Ich bin allerdings davon überzeugt, dass Wolfgang Schäuble aus in-haltlichen, also sachlichen Gründen davon überzeugt war, dass es so wie bislang auf Dauer nicht weitergehen könne. Deshalb auch seine Überlegungen für einen »Grexit« auf Zeit. Diese Idee hatte ja auch schon Wirtschaftsminister Gabriel geäußert, ehe er wegen Druck aus der eigenen Partei davon wieder abrücken musste.

Am Ende hat Wolfgang Schäuble dann nachgegeben.
War das ein Fehler?
Seine letzte Rede in der Fraktion vor der Abstimmung war ein gutes Beispiel dafür, wie kompliziert Politik sein kann. Zunächst hat er fünfzehn Minuten lang erklärt, warum alles so schwierig ist. Warum es durchaus möglich ist, dass auch das neue Ret-

tungspaket nicht die gewünschte Wirkung haben wird und dass man auch ein weiteres Rettungspaket nicht ganz ausschließen könne. Aber aus einer ganzen Reihe von politischen Gründen, insbesondere aus europapolitischen Erwägungen, spreche mehr für ein Ja als für ein Nein, und deshalb müsse man halt zustimmen.

Hat Sie das nicht nachdenklich gemacht, wenn ein so erfahrener Politiker wie Wolfgang Schäuble dem Sinn nach sagt: »*Wir müssen aus politischen Gründen etwas machen, was ökonomisch eher fragwürdig ist*«?

Das hat mich zwar etwas schmunzeln lassen, aber so geht es mir immer, wenn ich den Begriff »politische Entscheidung« höre. Das heißt im Klartext doch: Eigentlich sprechen viele Argumente gegen diese Entscheidung, aber es gibt Gründe außerhalb der eigentlichen Sachentscheidung, die man in den Entscheidungsfindungsprozess miteinbeziehen muss. Deshalb werde ich immer etwas unruhig, wenn ich die Chiffre »politische Entscheidung« höre.

»Was kostet uns der EURO? Muss Deutschland für die Schulden anderer Länder aufkommen?

Ein ganz klares Nein! Der Maastrichter Vertrag verbietet ausdrücklich, dass die Europäische Union oder die anderen EU-Partner für die Schulden eines Mitgliedstaates haften. Mit den Stabilitätskriterien des Vertrags und dem Stabilitätspakt wird von vornherein sichergestellt, dass die Nettoverschuldung auf unter 3 % des Bruttoinlandsprodukts begrenzt wird. Die Euro-Teilnehmerstaaten werden daher auf Dauer ohne Probleme ihren Schuldendienst leisten können.

Eine Überschuldung eines Euro-Teilnehmerstaats kann daher von vornherein ausgeschlossen werden.«

Zitat aus: Plakat der CDU zur Europawahl 1999.

Die Medien haben Sie zum »Euro-Rebellen« gemacht.
Passt dieses Etikett zu Ihnen, oder ist es übertrieben?

Ich selbst käme nie auf den Gedanken, mich als Rebell zu bezeichnen. Im Grunde vertrete ich nur das, was meine eigene Partei den Wählerinnen und Wählern bei der Einführung des Euro ganz ausdrücklich versprochen hatte. Es war ja in den Neunzigerjahren keineswegs so, dass die gesamte Bevölkerung über die Einführung des Euro restlos begeistert war. Zwar freute sich die Wirtschaft über die Reduzierung von Umtauschkosten und die Minimierung von Wechselkursrisiken. Aber viele Wirtschafts- und Finanzwissenschaftler haben auf die Probleme hingewiesen, die entstehen können, wenn Länder von ganz unterschiedlicher Größe, Wirtschaftskraft und Wettbewerbsfähigkeit in einer einzigen Währung vereint werden. Diese Staaten hätten höchst unterschiedliche wirtschafts- und finanzpolitische Vorstellungen, und zunächst einmal müsse man doch diese Bereiche harmonisieren, bevor man eine gemeinsame Währung einführe. Es gab also schon vor der Einführung des Euro die Befürchtung, aus der Währungsunion könne eines Tages eine große Haftungsunion werden. Gerade deshalb haben CDU und CSU damals versprochen, das werde es garantiert nicht geben. Eine solche Entwicklung sei nicht nur politisch nicht gewünscht, sie sei auch wegen der vereinbarten Stabilitätskriterien ausgeschlossen.

Vor diesem Hintergrund ist es schon überraschend, wenn man als Rebell tituliert wird, weil man nur bei dem bleibt, was einmal Beschlusslage der eigenen Partei war. Und ich bleibe bei dieser Haltung nicht aus Bockigkeit, sondern in der Überzeugung, dass wir einen großen Fehler machen, wenn wir aus der Währungsunion zunächst eine Haftungsunion und dann noch eine Transferunion machen.

Die CDU/CSU hat damals auch versprochen, die Europäische Zentralbank werde eine ebenso strenge Stabilitätspolitik verfolgen wie die Deutsche Bundesbank.

So ist es. Die Deutsche Bundesbank ist neben dem Verfassungsgericht die Institution, deren Entscheidungen – jedenfalls in aller Regel – mehr oder weniger klaglos akzeptiert werden. Deshalb haben viele Menschen darauf vertraut, dass die EZB die
gleiche konservative Geld- und Währungspolitik machen würde
wie die Bundesbank und niemals eine mittelbare Staatsfinanzierung betreiben würde.

Nun ist die Geldpolitik der EZB eine völlige andere als die der
Bundesbank. Sie flutet die Märkte mit Liquidität. Das ist für den
Staat vorteilhaft: Bei »normalen« Zinsen könnte der Bundes-
finanzminister im Haushalt keine schwarze Null schreiben.
Die Zeche zahlen jedoch die Bürger. Bei Zinsen mit einer Null vor
dem Komma lohnt sich Sparen nicht mehr. Kann das in einem
Land der Sparer gutgehen?
Mich wundert, wie lange viele Sparerinnen und Sparer gelassen
geblieben sind, obwohl sie feststellen mussten, dass ihre Erspar-
nisse kaum noch Zinserträge abwerfen. Ich persönlich habe viel
früher mit größerer Empörung gerechnet.

Sind die guten Wahlergebnisse der AfD nicht auch Ausdruck
dieser Empörung?
Ja, das kann man so sehen. Es war die Politik, die immer und
immer wieder die Bürger zum Sparen aufgefordert hat, insbesondere für die Altersvorsorge. Mittlerweile hat sich aber herum-
gesprochen, dass die eigentliche Ursache für die Minizinsen und
die faktische Enteignung der Sparer die Zinspolitik der EZB ist.
Gleichzeitig ist die allerdings ein Riesenvorteil für alle Finanzminister. Die können die Staatsschulden seit einiger Zeit zu traum-
haften Konditionen refinanzieren.

Bei so niedrigen Zinsen ist die private Altersvorsorge gefährdet.
Ob klassische Lebensversicherung, private Rentenversicherung oder
staatlich geförderte Riester-Rente: Der Zinseszinseffekt ist kaum

noch spürbar. Wer im Alter auf eine bestimmte Summe kommen will, muss heute viel mehr zurücklegen als noch vor zehn Jahren. Was müsste Ihrer Meinung nach geschehen?

Das Thema Geldpolitik der EZB und die extrem niedrigen Zinsen als deren Folge waren schon mehrfach Gegenstand von Debatten in der CDU/CSU-Bundestagsfraktion. Zunächst wurde immer wieder darauf hingewiesen, daran könne man leider nichts ändern, da die EZB unabhängig sei. Schließlich sei es der ausdrückliche Wille der Union gewesen, dass die EZB genauso unabhängig sein sollte wie die Bundesbank.

Was ja stimmt.

Ja, dieses Argument war clever, aber nicht ganz zutreffend. Denn die von der CDU/CSU stets gewollte Unabhängigkeit der EZB bezog sich natürlich nur auf die Geldpolitik im Rahmen der ihr rechtlich zugewiesenen Befugnisse. Die EZB betreibt aber schon seit Jahren mittelbare Staatsfinanzierung. Und es ist rechtlich hoch umstritten, ob die EZB damit ihr Mandat nicht weit überdehnt. Umso erfreulicher ist es, dass Bundesfinanzminister Wolfgang Schäuble sich dieses Themas jetzt angenommen hat. Es macht offenbar einen Unterschied, ob der Bundesfinanzminister die EZB kritisiert oder ein einfacher Abgeordneter. Wenn Abgeordnete das tun, ist das die Mäkelei von denen, die mit der EZB-Politik schon immer nicht einverstanden waren. Wenn der Bundesfinanzminister das Gleiche sagt, ist es ein wichtiger Hinweis auf eine nicht akzeptable Entwicklung zulasten der Sparerinnen und Sparer (schmunzelt).

Wenn der Staat dank der EZB schon bei der Bedienung seiner Schulden so viel spart, müsste er dann nicht auch die Bürger an diesen »windfall profits« teilhaben lassen? Zum Beispiel durch höhere Prämien für Vorsorge-Sparen?

Natürlich profitiert der Bundesfinanzminister von dieser Politik, weil er bei etwa gleichem Schuldenstand viele Milliarden weniger Zinsen zahlen muss als noch vor drei oder vier Jahren. Das hätte eine entsprechende Reaktion zugunsten der Sparer auslösen müssen. Aber da hieß es, wie übrigens auch beim Thema »Abmilderung der Wirkungen der kalten Progression«, dafür sei kein Geld da, die schwarze Null müsse stehen. Diese Position ist aber im Zusammenhang mit der Flüchtlingspolitik über Bord geworfen worden. Da ist es ganz selbstverständlich, dass für die mit den Flüchtlingsströmen verbundenen Kosten ausreichend Mittel zur Verfügung gestellt werden müssen, sozusagen: »Es koscht, was es koscht.«

Nochmals: Müsste der Staat nicht den Sparern helfen, sei es durch höhere staatliche Zusagen, sei es durch höhere Sparerfreibeträge, damit die Mini-Zinsen nicht auch noch besteuert werden?
In der ersten Phase ist die Bundesregierung wohl davon ausgegangen, dass die Flutung der Geldmärkte durch die EZB nur eine vorübergehende Erscheinung sei. Die Erwartung, dass man bald wieder zu einem normalen Zinsniveau zurückkehren werde, hat sich aber nicht bestätigt. Wenn der Finanzminister mit seinen Bemühungen, die EZB zu einer anderen Geldpolitik anzuhalten, keinen Erfolg hat, dann müssen wir die Sparerinnen und Sparer stärker fördern. Sonst konterkarieren wir unsere eigenen politischen Aussagen aus der Vergangenheit zur Notwendigkeit eigener Anstrengungen für die Vorsorge im Alter.

Machen Sie sich manchmal den Vorwurf, die Warnungen aus der Wissenschaft vor der Einführung des Euro überhört zu haben?
Auch ich kannte die Bedenken, aber ich habe damals darauf vertraut, dass die politischen Vereinbarungen und völkerrechtlichen Regelungen auch im Zusammenhang mit der Einführung des Euro strikt beachtet werden. Insbesondere habe ich darauf vertraut, dass es bei Verstößen wirksame Sanktionen geben würde. Mittlerweile aber wissen wir alle: Je höher die Zahl der Sünder ist, desto eher erteilen sie sich gegenseitig Absolution.

War Helmut Kohl zu sehr Herzenseuropäer und zu wenig
Ökonom?
Ich bin der festen Überzeugung, dass für Helmut Kohl der euro-
päische Einigungsprozess mindestens so wichtig war wie der
deutsche. Für ihn war der Euro nicht nur eine Währungseinheit,
für ihn war und ist der Euro ein politisches Projekt. Durch die
Einführung einer Gemeinschaftswährung sollte der europäische
Einigungsprozess unumkehrbar werden. Bei der Einführung des
Euro hatte sich die Hebeltheorie gegenüber der Krönungstheorie
durchgesetzt. Die Krönungstheoretiker haben die Auffassung vertreten, zunächst müsse die europäische Haushalts-, Finanz- und
Wirtschaftspolitik harmonisiert werden, dann könne quasi als
krönender Abschluss eine Gemeinschaftswährung eingeführt
werden. Die Hebeltheoretiker haben demgegenüber die Auffassung vertreten, durch eine gemeinsame europäische Währung
würden diese Politikfelder zwangsläufig harmonisiert werden
müssen.

Das ist aber nicht so gekommen.
Ja, die Entwicklung in den letzten Jahren war eine andere. Die
Völker Europas sollten mithilfe des Euro noch mehr aufeinander
zugehen. Jetzt gehen die Völker Europas eher aufeinander los,
weil der Euro nicht für mehr Zusammenhalt gesorgt hat, sondern für mehr Streit.

Eine Regierung muss auf viele Interessen Rücksicht nehmen, den
gesamten Kontext sehen und berücksichtigen. Griechenland ist
Nato-Mitglied, hat geostrategische Bedeutung, weshalb auch die
US-Regierung an seinem Verbleib in der Euro-Zone interessiert ist.
Können Sie die Haltung der Bundeskanzlerin vor diesem Hinter-
grund eher nachvollziehen?
Natürlich spielen die geografische Lage und die geostrategische
Bedeutung Griechenlands an der Südostflanke der NATO eine
Rolle. Dann kam noch die Flüchtlingsbewegung als Argument

für die Hilfspakete dazu. Griechenland sei ein unverzichtbarer Partner, und Griechenland könne man auch deshalb nicht alleinlassen, weil man seine Hilfe bei der Bewältigung der Flüchtlingsströme brauche.

Das trifft ja zweifellos zu.
Richtig! Aber wenn so argumentiert wird, dann spielen politische Erwägungen eine größere Rolle als ökonomische. Dann sollte man wenigstens ehrlich sein und sagen:»Griechenland kann es unter den Bedingungen des Euro – leider – nicht schaffen, weil Griechenland mangels eigener Landeswährung nicht mehr in der Lage ist, seiner Wirtschaft durch Abwertung der eigenen Währung einen Wettbewerbsvorteil zu verschaffen.«

Dann müsste neben der EU auch die Euro-Zone finanziell helfen, aber nicht durch Kredite, die das Land für Jahrzehnte stark belasten und Ausfallrisiken weit in die Zukunft – und damit zulasten zukünftiger Generationen – verschieben. Die starken Belastungen für den griechischen Haushalt durch Zins und Tilgung der europäischen Kredite entstehen ja erst in einigen Jahren und dann für einen langen Zeitraum. Direkte Hilfen wären allerdings exakt das Gegenteil von dem, was wir den Menschen vor der Euro-Einführung versprochen haben. Dann jedoch würde mit einem Schlag klar, welche Belastungen die Euro-Zone durch die Mitgliedschaft Griechenlands Jahr für Jahr tragen muss. Der zurzeit beliebte Satz, bis jetzt hätten uns die Hilfspakete für Griechenland ja überhaupt nichts gekostet, ist ja noch nicht einmal die halbe Wahrheit. Und fragen Sie mal die Sparer, was sie diese Rettungspolitik kostet!

Und ob man Zahlungen leistet oder Zahlungsausfälle hinnimmt – das Ergebnis ist in beiden Fällen das gleiche. Wir mussten ja schon Kreditkonditionen senken und Laufzeiten verlängern. Fakt ist: Wir verschieben die nicht unerheblichen Ausfallrisiken in die Zukunft, und zwar bis über das Jahr 2050 hinaus. Sollten sich die damit verbundenen Risiken realisieren, dann wird nicht jene Politikergeneration betroffen sein, die diese Entscheidungen getroffen hat, sondern die nächste und die übernächste Generation und alle Steuerzahlerinnen und Steuerzahler.

Die griechische Wirtschaftskraft macht noch nicht einmal zwei Prozent des Bruttoinlandsprodukts der Euro-Zone aus. Dafür haften die europäischen Steuerzahler im Ernstfall mit insgesamt über 440 Milliarden Euro, für Deutschland beträgt der Anteil heute, im Sommer 2016, rund 84 Milliarden Euro.

Nehmen wir einmal an, Griechenland verließe die Euro-Zone. Würden dann weitere Länder folgen? Drohte in diesem Fall ein Dominoeffekt?

Der befürchtete Dominoeffekt war ein wichtiges Argument der Regierung, um die Skeptiker beim zweiten und dritten Hilfspaket an Bord zu halten. Diesen Effekt halte ich aus einer ganzen Reihe von Gründen für nicht sehr wahrscheinlich: Die Entwicklung in Ländern wie Irland, Portugal oder Spanien ist erkennbar eine andere als in Griechenland, wo alle an der Athener Börse notierten Aktiengesellschaften einen geringeren Börsenwert haben als das deutsche Dax-Unternehmen Linde allein. Von den ganz großen Dax-Konzernen ganz zu schweigen. Nehmen wir als Beispiel Italien: Insbesondere Norditalien ist wirtschaftlich erfolgreich und beherbergt viele wettbewerbsfähige Firmen, auch Weltmarktführer. Deshalb steht es für mich außer Frage, dass es Italien bei einer vernünftigen Wirtschafts- und Haushaltspolitik unter den Bedingungen des Euro schaffen kann.

»Unser sozialer und wirtschaftlicher Erfolg ist untrennbar mit der europäischen Entwicklung verknüpft. Das macht es notwendig, dass sich alle Mitgliedstaaten gemeinsamen Regeln unterwerfen. Denn das Fehlverhalten Einzelner kann zu Verwerfungen für alle führen; das haben uns die Krisensituation im Frühjahr in Griechenland und die Krise des Euro in erschreckender Weise vor Augen geführt. Diese Krise in Europa war existenziell. Wir haben sie in den Griff bekommen, aber das alleine reicht noch nicht. Ich sage Ihnen deshalb ganz deutlich: Mein Ziel und das Ziel der Bundesregierung insgesamt ist, dass die Währung Europas, der Euro, dauerhaft stabil ist. (...)

Wir müssen das jetzt anpacken, weil der derzeitige Rettungsschirm, der aus einer unerwarteten Notsituation entstanden ist, nur ein provisorischer ist. Er läuft 2013 aus. Das haben wir auch genau so gewollt und beschlossen. Eine einfache Verlängerung kann und wird es mit Deutschland nicht geben, weil der Rettungsschirm nicht als langfristiges Instrument taugt, weil er Märkten und Mitgliedstaaten falsche Signale sendet und weil er eine gefährliche Erwartungshaltung fördert. Er fördert die Erwartungshaltung, dass Deutschland und andere Mitgliedstaaten und damit auch die Steuerzahler dieser Länder im Krisenfall schon irgendwie einspringen und das Risiko der Anleger übernehmen können. Das war für die Abwendung der akuten Krise in diesem Jahr unvermeidbar. Mit wirklicher Vorsorgepolitik hat das aber wenig bis gar nichts zu tun. Deshalb müssen wir das ändern.«

Zitat aus: Regierungserklärung von Bundeskanzlerin Angela Merkel am 27. Oktober 2010 im Bundestag. Im Internet.

Wie stehen Sie zu dem großen Wort der Kanzlerin: »Scheitert der Euro, dann scheitert Europa«?
Wir sollten den Euro in seiner Bedeutung weder unterschätzen noch überhöhen. Der Euro ist eine Währungseinheit. Europa ist für mich in erster Linie das Synonym für Frieden und Freiheit. Deshalb sollten wir Europa auch nicht auf die Währungsunion reduzieren. Der Euro ist nicht Europa. Zehn EU-Mitgliedsstaaten haben eine eigene Währung. Es gibt auch viele Länder in Europa, die nicht Mitglied der EU sind. Dennoch gehören auch diese Länder zu Europa. Der europäische Gedanke ist doch viel größer als nur die Idee einer gemeinsamen Währung.

*Die europäische Kommission, die Finanzminister der Eurozone
wachen über die nationalen Haushalte. Das reicht aber offensichtlich nicht aus. Muss die Überwachung strikter werden? Müssen
mehr Kompetenzen nach Brüssel verlagert werden?*

Der Schlüssel zur Lösung für alle Probleme besteht nicht darin,
immer mehr und am Ende gar alle bundesstaatlichen Kompetenzen an Brüssel abzugeben. Auch bei einem Kompetenzzuwachs
für die EU-Institutionen hätten wir in Europa die gleichen Probleme wie heute – und vielleicht sogar noch einige mehr. Das
Bundesverfassungsgericht hat sich in Bezug auf die EU für einen
neuen Begriff zwischen Bundesstaat und Staatenbund entschieden – für den »Staaten-Verbund«. Dessen ungeachtet sind und
bleiben die EU-Mitglieder souveräne Staaten, die sich in vielen
wichtigen Politikfeldern nicht von Brüssel hineinreden lassen.
Selbst in den Fällen, wo es heute schon europarechtliche Vorgaben und Kompetenzen gibt, stößt Brüssel, etwa bei Vertragsverletzungsverfahren, immer wieder an die Grenzen seiner Möglichkeiten, weil man in der politischen Praxis keine effektiven
Mittel hat, Verstöße wirksam zu sanktionieren.

Zum Beispiel?
Nehmen Sie das Beispiel Asylrecht. Brüssel weiß seit Langem,
dass in Griechenland humanitäre und verfahrensrechtliche Mindeststandards nicht eingehalten werden. Geändert hat sich nichts.
Ganz anders ist es, wenn es um Deutschland geht. Wir bekamen
einen Blauen Brief aus Brüssel wegen eines angeblichen Versto-
ßes gegen EU-Recht beim Versuch, die Maut einzuführen. Daraufhin haben wir sofort die Hacken zusammengeschlagen und
sämtliche Bemühungen zur Einführung der Maut eingestellt. Da
verhalten sich die allermeisten Länder anders.

*Als die Regierung Schröder/Fischer im Rahmen ihrer »Agenda-
Politik« gegen die Maastricht-Kriterien verstieß, ist Deutschland
auch nicht bestraft worden.*

Es ist ein Vertragsverletzungsverfahren eingeleitet worden, das irgendwann im Sande verlaufen ist. Darüber kann ich mich auch nicht wundern. Nach dem Bruch der Stabilitätskriterien durch Deutschland sagten immer mehr Länder: »Wenn Deutschland oder Frankreich sich nicht an die Regeln halten, brauchen wir das auch nicht.« Dann haben sich alle Sünder gegenseitig die Absolution erteilt, und Brüssel wollte offensichtlich dabei nicht weiter stören.

Auch mehr als sechzehn Jahre nach Einführung des Euro hat sich am wirtschaftlichen Ungleichgewicht zwischen den Ländern der Eurozone nichts geändert. Wie lange kann das so weitergehen?
Der politische Wille, mit einer Währung beieinanderzubleiben, ist sehr ausgeprägt. Die Europäische Zentralbank sagt: »Wir halten die Euro-Zone zusammen, *whatever it takes*.« Also: Wir werden dafür alles tun, was wir tun müssen. Deshalb wird die Euro-Zone in ihrer jetzigen Zusammensetzung noch lange existieren. Für mich ist und bleibt Griechenland ein Sonderfall. Die großen Belastungen durch Zins und Tilgung kommen ja erst noch. Wenn dann in einigen Jahren deutlich wird, dass Griechenland objektiv seine Kredite nicht bedienen kann, wird man die alles entscheidende Frage stellen müssen: Kann Griechenland noch in der Eurozone bleiben? Wenn ja: Zu welchen Bedingungen? Wenn nein: Wie müssen wir Griechenland bei der Rückkehr zu einer eigenen Währung helfen? Wir dürfen das Land ja nicht im Chaos versinken lassen. Griechenland ist zum Beispiel bei der Energie wie bei der medizinischen Versorgung sehr stark auf Importe angewiesen. In beiden Fällen müssen wir uns dann ehrlich machen. Bei weiteren Hilfspaketen wird doch niemand mehr sagen können: »Das kostet die Steuerzahler nichts.« Das glaubt uns dann keiner mehr.

War Merkels Satz »Scheitert der Euro, dann scheitert Europa« nicht in gewisser Weise eine Einladung an Griechenland, es mit den

Reformen und Sparmaßnahmen nicht allzu genau zu nehmen?
Nach dem Motto: »Die lassen uns schon nicht hängen«?
Ich bin sicher, dass in Griechenland genau so gedacht wird. Ich bin aber ebenso sicher, dass das von der Bundeskanzlerin gesagt wurde, um in den Köpfen der Abgeordneten zu verankern, dass es nicht nur um die gemeinsame Währung geht, sondern um den europäischen Einigungsprozess insgesamt.

Wie sieht die Euro-Zone wohl in zehn Jahren aus?
So wie heute. Aber wenn sich in Griechenland kein wirkliches politisches und ökonomisches Wunder ereignet, wird das Land auch dann nicht besser dastehen als heute. Und die Politik wird dann vermutlich einmal wieder dem verblüfften Publikum erzählen, dass mit dem nächsten Rettungspaket garantiert endlich alles besser würde.

Unabhängig von der Entwicklung der Euro-Zone: Durch den
»Brexit«-Beschluss der Briten wird sich die Europäische Union in
den nächsten Jahren deutlich verändern. Wer verliert mehr:
Europa oder Großbritannien?
Die Briten haben sich zwar mit knapper Mehrheit gegen eine weitere Mitgliedschaft in der EU entschieden, aber sie werden dennoch ein wichtiger europäischer Partner bleiben. Zwar bedauere ich dieses Votum sehr – aber wir müssen es respektieren! Auf Dauer werden wohl für beide Seiten die Nachteile überwiegen, auch wenn jetzt möglicherweise einige denken: »Schade, dass die Briten gehen – aber jetzt gibt es wenigstens nicht mehr diese permanenten Sonderwünsche von der Insel!« Eine Win-win-Situation ist das allerdings definitiv nicht. Eher das Gegenteil.

Was wiegt schwerer: die politischen Folgen oder die wirtschaftlichen?
Es ist durchaus möglich, dass die politischen Folgen des Brexits gewichtiger sind als die ökonomischen, denn bislang kam es stets zu einer politischen Vertiefung und geografischen Erweite-

rung der EU. Deshalb ist der Austritt der Briten ein wirklich herber Rückschlag für den europäischen Einigungsprozess.

Großbritannien stand in wirtschaftspolitischen Fragen meistens an der Seite Deutschlands. Wird unsere Stellung in der EU jetzt geschwächt, oder wird die Führungsrolle Deutschlands und damit die der Kanzlerin noch gestärkt?
Die EU als Ganzes wird geschwächt, nicht aber das politische Gewicht unseres Landes innerhalb der Union. Gut möglich, dass unsere europäischen Partner jetzt noch genauer hinsehen, wie sich Deutschland verhält, welche europapolitischen Positionen wir vertreten. Anders wäre die Lage wohl dann, wenn auch die Briten Mitglied der Euro-Zone wären, aber sie wollten ihr Pfund nie gegen den Euro eintauschen.

Meinen Sie, die britischen Wähler waren sich der Tragweite ihrer Entscheidung bewusst?
Wenn ein Politiker glaubt, nur er und seine Kolleginnen und Kollegen im Parlament hätten den notwendigen Durch- und Weitblick, um auch komplexe und komplizierte Themen zu erfassen und richtig zu entscheiden, dann sollte er sich von dieser Überlegung rasch trennen. Auch außerhalb der Parlamente gibt es viele kluge, gut informierte, politisch interessierte Bürgerinnen und Bürger. Sicher werden nicht alle Briten, die sich an der Abstimmung beteiligt haben, die Folgen ihrer Austrittsentscheidung in jedem Detail zu Ende bedacht haben, aber darauf kommt es nicht an. Entscheidend ist allein das Ergebnis.

Wie sollte die EU sich bei den »Scheidungsverhandlungen« mit Großbritannien verhalten: Möglichst großzügig, um die Bindung der Briten an die EU so eng wie möglich zu halten? Oder nach dem Motto: »Wer nicht hören will, muss fühlen«?
Konstruktiv und fair. Auf keinen Fall nach dem Motto »Jetzt werden wir den Briten mal zeigen, wo der Hammer hängt!«

Vor dem Referendum betrug die Entfernung zwischen Calais und Dover nur 33 Kilometer – und danach auch! Großbritannien bleibt – ob innerhalb oder außerhalb der EU – ein wichtiger politischer und bedeutender Handelspartner. Außerdem verbindet uns doch viel mehr, als uns trennt. Norwegen und die Schweiz sind auch nicht Mitglieder der EU und haben dennoch enge und vertrauensvolle Beziehungen zur EU. Warum sollte das zukünftig mit den Briten anders sein?

Halten Sie ein Freihandelsabkommen zwischen der EU und London ohne volle Arbeitnehmerfreizügigkeit für denkbar?
Theoretisch denkbar, praktisch kaum. Ein bisschen EU-Mitgliedschaft gibt es nicht. Wer austritt, tritt aus und nicht nur etwas zur Seite, um die Vorteile einer Mitgliedschaft zu erhalten, ohne die damit verbundenen Pflichten und Belastungen tragen zu müssen. Die Arbeitnehmerfreizügigkeit gehört zu den wichtigen Grundfreiheiten der EU. Wer dazu »No« sagt, kann nicht erwarten, dass die EU dennoch ganz selbstverständlich alle Vorteile gewährt, die mit der EU-Mitgliedschaft verbunden sind.

Rechnen Sie jetzt in anderen Ländern ebenfalls mit Referenden über einen EU-Ausstieg und, wenn Ja, in welchen?
Sowohl in Frankreich als auch in den Niederlanden gab es zwar sehr schnell derartige Forderungen. Aber ich glaube nicht, dass es dort oder in anderen Staaten schon bald entsprechende Volksabstimmungen geben wird. Dies deshalb, weil bei allen beteiligten Institutionen die Unsicherheiten über die zukünftige Entwicklung noch sehr groß sind. Stand heute, Anfang Juli, ist das Ergebnis des jetzt notwendigen Verhandlungsmarathons zwischen London und Brüssel völlig offen. Die EU-Skeptiker werden daher die weitere Entwicklung sehr genau beobachten und erst dann entscheiden, ob auch sie ernsthaft ein Referendum verlangen und durchsetzen.

Könnte der »Brexit« der Anfang vom Ende der EU sein?

Das glaube ich nicht, zumal die EU-Staaten im Moment noch näher zusammenrücken, um gegenüber den Briten Einigkeit zu demonstrieren. Wichtig ist, dass sich die EU nicht geografisch überdehnt, wie es meiner Überzeugung nach bei einer Vollmitgliedschaft der Türkei der Fall wäre, und dass sie nicht das Ziel hat, alles europäisch zu vereinheitlichen, was man nur irgendwie vereinheitlichen kann. Die EU sollte sich auf diejenigen politischen Aufgaben und Herausforderungen konzentrieren, die nur mit gemeinsamen europäischen Anstrengungen erfolgreich bewältigt werden können.

Welche Lehren müsste die deutsche Politik aus dem »Brexit«-Votum der Briten ziehen?

Die Europapolitiker sollten – wie im Übrigen alle anderen Politikerinnen und Politiker auch – nicht die Haltung einnehmen: »Unsere Politik ist großartig, fehlerfrei, alternativlos – aber leider versteht ein großer Teil des Publikums sie nicht!«

Wir müssen uns schon selbstkritisch fragen: »Wie konnte es eigentlich dazu kommen, dass in Großbritannien eine Mehrheit der Bevölkerung pro EU-Austritt gestimmt hat? Was waren die für dieses Votum entscheidenden Gründe, und wie können wir verhindern, dass dieses Beispiel in der EU Schule macht?«

Zu oft gibt es in der EU eine zu große Diskrepanz zwischen der europäischen Rhetorik und der europolitischen Realität – und die Flüchtlingspolitik ist hierfür nur ein Beispiel.

7. INNERE SICHERHEIT

Der Satz »Mit neuen Gesetzen machen wir das Land
nicht sicherer« ist ebenso richtig wie falsch.

Wolfgang Bosbach ist Innenpolitiker mit Leib und Seele. Von 2000
bis 2009 war er als einer der stellvertretenden Fraktionsvorsitzenden unter anderem zuständig für Inneres und Recht. Von 2009 bis
zum Herbst 2015 war er der allseits anerkannte und einflussreiche
Vorsitzende des Innenausschusses. Als seine wichtigste innenpolitische Arbeit betrachtet er seine Mitwirkung an der Gesetzgebung
nach dem Anschlag auf das World Trade Center in New York am
11. September 2001. Als Niederlagen, dass er sich mit der Forderung von CDU und CSU nach einer Quellen-TKÜ, also dem Abhören
verschlüsselt geführter Telefonate an der Quelle, und der Wieder-
einführung der Strafbarkeit für die Sympathiewerbung für terroristische Vereinigungen nicht hat durchsetzen können.

Wie sicher ist Deutschland?
Deutschland gehört zwar zu den sichersten Ländern der Welt,
aber es gibt eine ganze Reihe von Entwicklungen, die uns große
Sorgen machen. Deutschland befindet sich schon seit Jahren im
Fadenkreuz des Terrors. Seit einiger Zeit werden wir in Droh-
botschaften explizit als potenzielles Anschlagsziel genannt. Seit
dem Jahr 2000 sind über zehn Anschlagsversuche in Deutschland entweder wegen fehlerhafter Tatplanung — glücklicher-

weise – fehlgeschlagen, oder sie konnten dank erfolgreicher Polizeiarbeit verhindert werden. Aber es gibt auch in anderen Bereichen besorgniserregende Tendenzen.

Beispiel: Wohnungseinbrüche. Ein wichtiges Thema, nicht nur wegen der mageren Aufklärungsquote von nur etwa 14 Prozent. Für die Geschädigten geht es nicht nur um den Verlust des Eigentums, um Sachbeschädigung oder Vandalismus bei der Tatausführung, für viele Opfer ist ein derartiger Einbruch ein dramatisches Ereignis mit traumatischen Folgen.

Beispiel: Cyber-Kriminalität. Das Internet ist zweifellos ein faszinierendes Medium für Information und Kommunikation, aber es wird auch immer mehr zum Tatort, wo mit einer enormen kriminellen Energie neue Kriminalitätsphänomene entstehen – und damit neue Herausforderungen für unsere Sicherheitsbehörden. Die müssen wir personell und technisch endlich so ausstatten, dass sie diesen völlig neuen Herausforderungen erfolgreich begegnen können.

Durch die unkontrollierte Zuwanderung entstehen ja zusätzliche Sicherheitsrisiken. Wie hoch schätzen Sie die Gefahr durch diesen Kontrollverlust des Staates ein?

Natürlich ist es auch unter Sicherheitsgesichtspunkten höchst problematisch, wenn in großem Umfang Personen mit ungeklärter Identität oder Nationalität einreisen. Abnahme und Abgleich von Fingerabdrücken können nur bedingt helfen, die Sicherheitsprobleme zu lösen, denn Fingerabdrücke allein können niemals Auskunft geben über die wahre Identität oder Nationalität einer Person.

Einen Sicherheitsverlust haben wir auch durch die Abschaffung der Binnengrenzkontrollen im Schengen-Raum erlitten, auch wenn das immer wieder hartnäckig bestritten wird. Die Abschaffung der Kontrollen wurde verknüpft mit dem Versprechen sicherer EU-Außengrenzen – tatsächlich aber waren diese EU-Außengrenzen nie durchlässiger als heute. Was für den grenzüberschreitenden Warenverkehr oder für jeden Touristen eine echte Erleichterung ist, birgt – leider – auch Risiken. Zur Minimierung der dadurch entstehenden Probleme haben wir zwar Polizeiabkommen mit Frankreich, Tschechien und Polen geschlossen. Aber derartige Abkommen können – so wichtig sie sind – Grenzkontrollen, die diesen Namen auch verdienen, niemals ganz ersetzen. Zwischen 1994 und 2007 hatten wir einen kontinuierlichen Rückgang von Wohnungseinbrüchen, seit dieser Zeit steigen die Zahlen wieder deutlich an.

Wenn wir zwei Folien übereinanderlegen – die Zahl der Einbruchsdiebstähle vor und nach der Erweiterung des Schengen-Raumes in Richtung Osteuropa –, dann glaube ich nicht daran, dass dieser Zusammenhang purer Zufall ist. Dies auch deshalb, weil wir es nach Erkenntnissen des BKA mit einer hohen Anzahl von reisenden Tätergruppen zu tun haben, die zu einem großen Teil aus dem ost- und nordosteuropäischen Raum kommen. Angesichts dieser Entwicklung hätte die Politik schon viel früher reagieren und den Sicherheitsbehörden mehr Personal für die Bekämpfung dieses Deliktbereichs zur Verfügung stellen müssen.

Hatte dieser Personalabbau in erster Linie fiskalische Gründe – Stichwort: Schuldenbremse –, oder spielten da auch ideologische Überlegungen eine Rolle: je weniger Polizei, umso mehr Freiheit?
Nach der Wiedervereinigung hatte sich die Sicherheitslage grundlegend verändert. Die Nachkriegszeit war geprägt von der Ost-West-Konfrontation. Auf der einen Seite der Warschauer Pakt mit der Führungsmacht Sowjetunion, auf der anderen Seite die NATO und die militärische und politische Supermacht USA. In Europa und Deutschland standen sich diese beiden Blöcke in Sichtweite gegenüber. Mit dem Fall der Mauer, der Wiedervereinigung und der Auflösung der Sowjetunion war der Kalte Krieg, der die Welt jahrzehntelang in Atem hielt, plötzlich Vergangenheit. Gleichzeitig hatten die Sicherheitsbehörden gegen völlig

neue Herausforderungen zu kämpfen. Die Bedrohung durch den internationalen Terrorismus und die wachsende Cyber-Kriminalität sind hierfür nur zwei Beispiele. Denken Sie allein an die hohe Zahl von Gefährdern aus dem Milieu des internationalen Terrorismus, die mitten unter uns leben und die die Sicherheitsbehörden mit einem erheblichen personellen Aufwand, zum Teil rund um die Uhr, beobachten müssen, um sie rechtzeitig daran zu hindern, Anschläge mit vielleicht verheerenden Folgen zu begehen.

Trotz dieser Lage gab es in einigen Bundesländern auch in der Zeit nach dem 11. September 2001 einen teilweise erheblichen Abbau von Polizeistellen, sicherlich nicht nur aus finanziellen Gründen. In manchen Ländern hat man damals vielleicht tatsächlich geglaubt, dass mit einem Weniger an Polizei ein Mehr an Freiheit für die Bürger verbunden sei. Es ist schon viel zu häufig versucht worden, Freiheit und Sicherheit gegeneinander auszuspielen. Beides gehört jedoch untrennbar zusammen. Eigentlich sollte ganz selbstverständlich sein: so viel Freiheit wie möglich, so viel Sicherheit wie nötig. Es entbehrt nicht einer gewissen Originalität, wenn jetzt sogar plötzlich die Grünen nach mehr Polizei rufen, während sie in der Vergangenheit – Beispiel NRW – am Stellenabbau für die Polizei maßgeblich beteiligt waren.

»Politik und Polizei bekommen das Problem der Einbruchskriminalität nicht in den Griff. Das belegt die bundesweite Polizeiliche Kriminalstatistik (PKS) für das Jahr 2015, die der ›Welt‹ vorliegt. Demnach wurde beim Wohnungseinbruchdiebstahl mit 167.136 Fällen ein Rekordwert registriert. Das ist eine deutliche Zunahme um 9,9 Prozent im Vergleich zum Jahr 2014.

Im vorvergangenen Jahr waren es 152.123 Fälle gewesen; schon damals hatte die Polizei den höchsten Stand der vergangenen 15 Jahre registriert – der nun noch einmal deutlich gestiegen ist.«

Im Kampf gegen Wohnungseinbrüche hatte die Polizei zwischen 1994 und 2007 große Erfolge zu verzeichnen: Ihre Zahl sank von rund 211.000 in den Jahren 1994/95 bis zum Jahr 2007 auf 109.128. Mit dem Wegfall der Grenzkontrollen zu den EU-Staaten Polen, Ungarn, Tschechien, Slowakei, Slowenien, Malta und den baltischen Staaten änderte sich das Bild. Die Zahl der Wohnungseinbruchdiebstähle stieg wieder kontinuierlich an: von 113.800 (2009) über 144.117 (2012) bis auf 167.136 im Jahr 2015.

Zitiert nach: Martin Lutz: Zahl der Wohnungseinbrüche steigt um zehn Prozent. In: *Welt.de*, 30.03.2016.

Bei Wohnungseinbrüchen scheint die Polizei geradezu hilflos zu sein.
Wenn nur jeder siebte Wohnungseinbruch aufgeklärt werden kann, ist dies in der Tat eine sehr bescheidene Quote. Wenn bei dieser Lage die Politik dafür wirbt, zum Beispiel durch bauliche Veränderungen an Türen und Fenstern die Widerstandsfähigkeit gegen Einbrüche zu erhöhen, dann ist das zwar ein sinnvoller Hinweis, aber eigentlich nur die zweitbeste Lösung. Je mehr und je schneller die Taten aufgeklärt und die Täter überführt und abgeurteilt werden, desto sicherer können wir alle leben.

Es gibt in der Bevölkerung im Zusammenhang mit dem Zustrom an Flüchtlingen große Sorgen um die innere Sicherheit.
Ja, diese Sorgen gibt es tatsächlich, sie haben nichts – wie oft behauptet – mit Vorurteilen oder Diskriminierung von Ausländern zu tun. Ich kann nur raten, diese berechtigten Sorgen ernst zu nehmen. Es gibt überhaupt keinen Anlass, in allen Migrantinnen und Migranten potenzielle Straftäter zu sehen, wir sollten ihnen also ohne Furcht und Vorbehalte begegnen. Aber es gibt bei einer Netto-Zuwanderung von über 1 Millionen Menschen allein im Jahr 2015 auch keinen Grund zu der Annahme, dass diese hohe Zahl unter Sicherheitsgesichtspunkten völlig

irrelevant wäre. Nicht jeder, der zu uns kommt, ist vor politischer Verfolgung, Krieg oder Bürgerkrieg geflohen, also tatsächlich schutzbedürftig oder gar ein Engel. Es kommen leider auch Menschen zu uns, die Deutschland weder als neues Heimatland noch als Zufluchtsort sehen, sondern eher als potenziellen Tatort, und die unseren Sicherheitsbehörden sehr viel Arbeit machen. Wer davor aus politischer Korrektheit die Augen verschließt, macht einen großen Fehler. Wenn man Probleme ignoriert oder tabuisiert in der Annahme, wenn man nicht darüber spricht, dann fällt es auch keinem auf, dass es diese Probleme tatsächlich gibt, dann werden diese Probleme immer größer.

Die Polizei muss auch häufig in Flüchtlingsunterkünften eingreifen.

Leider! Hierfür gibt es ganz verschiedene Gründe: Auseinandersetzungen, die zunächst verbal geführt werden, enden plötzlich in einer wilden Schlägerei. Ethnische oder religiöse Konflikte werden auch mit Gewalt ausgetragen – was häufig zu der Forderung führt, bestimmte Gruppen ganz gezielt getrennt unterzubringen, um derartige Konflikte erst gar nicht entstehen zu lassen. Je größer die Zahl von Flüchtlingen ist, desto schwieriger lassen sich große Sammelunterkünfte vermeiden. Ganz unabhängig von Staatsangehörigkeit, Hautfarbe oder Religion: Wenn man viele Hundert Menschen über Monate hinweg in einer großen Gemeinschaftsunterkunft unterbringt, ohne Privatsphäre, ohne eine wirklich sinnvolle Beschäftigung, dann kommen einige auf dumme Gedanken. Plötzlich gehen dann Leute aufeinander los, es bilden sich rivalisierende Gruppen.

Nicht minder besorgniserregend sind die vielen Übergriffe auf Asylbewerberheime, von denen jeder einzelne einer zu viel ist. Eigentlich sollte doch jeder vernunftbegabte Mensch denken: »Wer – aus welchem Grund auch immer – in unser Land kommt, um hier Schutz und eine neue Heimat zu finden, der hat einen Anspruch darauf, ordentlich aufgenommen und untergebracht zu werden und ein faires Anerkennungsverfahren zu bekommen. Auch völlig unabhängig davon, ob ein Antrag auf Asyl Erfolg hat oder nicht.«

Jeder, der zu uns kommt, muss sich darauf verlassen können, hier leben zu können, ohne Angst vor Beleidigungen, Bedrohungen oder gar gewalttätigen Angriffen. Deshalb müssen wir mehr in Sicherheit investieren – vor und in den Heimen. Auch zum Schutz bedrängter Christen, die in einigen Heimen deutlich in der Minderheit sind. Als ich dies auf einer Veranstaltung der Konrad-Adenauer-Stiftung in Hamburg vor wenigen Wochen einmal eher beiläufig erwähnte, hat die Moderatorin hart reagiert. Tenor: Warum ich so etwas behaupten würde, man sei allen Vorwürfen nachgegangen, so etwas hätte es nie gegeben. Als ich dann nachgefragt habe, ob sie ernsthaft die Ansicht verträte, dass in den Sammelunterkünften in Deutschland Flüchtlinge noch nie wegen ihres Glaubens bedrängt oder gar bedroht worden seien, da lautete die Antwort:»Das kann schon sein, aaaber ...« – anders formuliert:»Nun gut, solche Vorfälle kann es ja gegeben haben, aber das ist doch kein Grund, in der Öffentlichkeit darüber zu reden!«

Genau diese Art der Relativierung oder gar Tabuisierung von unbestreitbaren Problemen lassen sich immer mehr Menschen nicht gefallen und protestieren dagegen. Genauso ist der Rest des Abends bei der Adenauer-Stiftung dann auch verlaufen.

Könnte im Zusammenhang mit den Flüchtlingen nicht eine Situation eintreten, in der man über einen Einsatz der Bundeswehr im Inneren zur Unterstützung der Polizei nachdenken sollte, ja, müsste?
Die Frage eines Bundeswehreinsatzes im Inneren zur Bekämpfung von Schwerkriminalität und Terror ist ausdiskutiert und wohl endgültig entschieden.

Negativ entschieden?

Ja, negativ. Und zwar aus zwei Gründen: Zum einen gibt es für die dazu notwendige Änderung des Grundgesetzes weit und breit keine ausreichende parlamentarische Mehrheit, zum anderen ist selbst die Polizei dagegen, die Bundeswehr zu einer Art Ersatzpolizei umzufunktionieren. Dennoch gibt es einen Bereich, wo meiner Überzeugung nach unverändert dringender Handlungsbedarf besteht. Das sind jene Fälle, bei denen die Polizei zwar die rechtliche Kompetenz und Aufgabe zur Gefahrenabwehr hat, aber nicht die dafür notwendigen Möglichkeiten. Bei der Bundeswehr ist es genau umgekehrt: Sie hätte die technischen Fähigkeiten, aber im Inland fehlt es an den dafür notwendigen rechtlichen Befugnissen.

Zum Beispiel?
Der klassische Fall wäre ein Angriff – im Inland – aus der Luft. Hier hat die Polizei das Recht und die Pflicht zur Gefahrenabwehr, aber nicht die dafür notwendigen Fähigkeiten. Diese Problematik ist erstmals bei der Schlussfeier der Olympischen Spiele 1972 aufgetreten, als ein Flugzeug auf einem verbotenen Kurs in Richtung Luftraum München flog. Damals stieg eine Alarmrotte der Bundeswehr auf, um das Flugzeug von diesem Kurs abzudrängen. Der damalige Verteidigungsminister Georg Leber hat in seinen Memoiren dazu geschrieben, die sich hier stellenden Fragen müssten einmal verfassungsrechtlich aufgearbeitet werden. Vor dieser Problematik würde auch heute jeder Verteidigungsminister oder Innenminister stehen. Seit 1972 sind zwar 44 Jahre vergangen, aber verfassungsrechtlich ist diese Thematik immer noch nicht abschließend geklärt.

Was den Einsatz der Bundeswehr im Inland angeht, ist Verteidigungsministerin Ursula von der Leyen ganz anderer Meinung als Sie. Im Entwurf für ein neues Weißbuch war die Rede davon, »einen wirkungsvollen Beitrag der Bundeswehr zur Gefahrenabwehr an der Grenze von innerer und äußerer Sicherheit auf einer klaren Grundlage zu ermöglichen«. Wissen Sie, was die Ministerin anstrebt?

Das ist mir zu abstrakt. Wenn damit eine Änderung des Grundgesetzes gemeint ist, damit auch dann die Bundeswehr im Innern zur Abwehr terroristischer Gefahren eingesetzt werden kann, wenn die Polizei des Bundes und der Länder zur Gefahrenabwehr in der Lage wäre, sehe ich dafür keine parlamentarische Mehrheit. Diese Schlachten haben wir schon oft geschlagen – immer mit dem gleichen, negativen Ergebnis.

Sie geben dem Vorstoß also keine Chance?

Auch deshalb hat die Ministerin ihren Entwurf rasch wieder geändert, weil wir sofort eine Debatte unter der Überschrift »Militarisierung der inneren Sicherheit« bekommen hätten. Ich kann mich noch gut daran erinnern, dass der ehemalige SPD-Kollege Dieter Wiefelspütz einmal gesagt hat: »Ja, wollen wir denn Panzer vor Kindergärten?« Natürlich erfüllt ein solches Bild den Tatbestand des groben Unfugs. Aber leider wird diese Debatte schon seit Jahren auf diesem Niveau geführt. Für einen Fall sehe ich allerdings tatsächlich Handlungsbedarf: Wenn nur die Bundeswehr aufgrund ihrer besonderen technischen Fähigkeiten eine Gefahr abwenden kann – dann muss sie das auch im Inland dürfen. Ansonsten wäre die Bevölkerung schutzlos.

Mal abgesehen von den verfassungsrechtlichen Fragen: Könnte die Bundeswehr in ihrer derzeitigen Verfassung und trotz ihrer Belastung durch Auslandseinsätze der Polizei überhaupt helfen?

Bei Gefahren oder Angriffen aus der Luft oder bei der Abwehr von ABC-Gefahren habe ich keinen Zweifel. Aber im Grunde gilt hier das Gleiche wie bei der Polizei auch: Wir können der Bundeswehr nicht ständig noch neue Aufgaben übertragen, ohne sie personell und technisch entsprechend auszustatten.

Nochmal: Mit Ausnahme der Gefahrenabwehr aus der Luft ist das Thema »Bundeswehreinsatz im Innern« also erledigt?

Ja, für die Bundeswehr ist das so. Bei der Bundespolizei ist die Lage etwas anders, hier haben wir bereits die Entscheidung getroffen, durch die Aufstellung sogenannter robuster Einheiten beim Kampf gegen den Terror die Widerstandsfähigkeit der Bundespolizei in akuten Lagen zu verbessern. Hier geht es nicht darum, die GSG 9 an jedem Standort der Bundespolizei zu etablieren. Bestimmte Einheiten der Bundespolizei sollen besser ausgebildet und ausgerüstet werden, um auf terroristische Anschläge angemessener reagieren zu können.

Wir sprechen über neue Gefahren. Viele Menschen können aber nur schwer verstehen, dass wir im Kampf gegen die RAF nur teilweise erfolgreich waren. Die Mörder von Alfred Herrhausen oder Detlev Karsten Rohwedder laufen heute noch frei herum. Hat der Staat hier längst resigniert?

Resigniert nicht, aber die Aufklärung dieser Taten und die Überführung der Täter wird immer schwieriger. Für die Strafverfolgungsbehörden ist es von überragender Bedeutung, ob es neue Ermittlungsansätze gibt, neue Spuren, Zeugenaussagen oder andere Beweismittel. Wenn nicht, wird es wohl dabei bleiben, dass die Täter straflos davonkommen. Ein wirklich bitteres Ergebnis nach all den Bemühungen, die Taten aufzuklären und die Täter zu überführen.

Muss der Staat, wenn er kein Polizeistaat sein will, mit solchen Defiziten und Misserfolgen leben?

Damit werden wir wohl immer leben müssen, aber wir sollten uns damit nicht resigniert abfinden. Für erfolgreiche Ermittlungsarbeit braucht man nun einmal Ermittlungsansätze. Das war ja auch ein wichtiges Thema beim schier endlosen Ringen um die Vorratsdatenspeicherung. Es gibt viele Delikte, wo es nur Kommunikationsdaten als Ermittlungsansätze gibt – und sonst nichts. Im Internet oder in der Telekommunikation werden wir vergeblich nach DNA-Spuren oder Fingerabdrücken suchen. Ein Strafverfolger kann nur ermitteln, wenn er Ermittlungsansätze hat, und in bestimmten Deliktbereichen sind es nun einmal diese Kommunikationsdaten. Fehlt es an Ermittlungsansätzen, kann man dieses Problem in einem Ermittlungsverfahren auch nicht mit dem zehnfachen Personaleinsatz kompensieren.

Zu den schwer nachvollziehbaren Fehlschlägen staatlicher Ermittlungsbehörden zählt auch die Mordserie des »Nationalsozialistischen Untergrunds (NSU)«. Wie lässt sich erklären, dass eine ganz kleine Gruppe aus rassistischen Gründen zwischen 2000 und 2006 elf Menschen umbringt und die Polizei jahrelang völlig im Dunkeln tappte?

Der Innenausschuss hat sich mit keinem anderen Tatkomplex jemals so intensiv beschäftigt wie mit den NSU-Morden – elf Tötungsdelikte, vierzehn Banküberfälle, zwei Sprengstoffattentate. Dabei ging es auch immer um die Frage, wieso die Sicherheitsbehörden diese Vielzahl von Taten nicht als einen Tatkomplex einer einzigen Bande gesehen haben. Da hat wohl der real existierende Föderalismus eine große Rolle gespielt. Wenn alle beteiligten Behörden noch so sorgfältig ermitteln, ihre Erkenntnisse aber nicht austauschen, betrachtet jede Ermittlungsbehörde nur den eigenen Komplex. Viele haben sich zudem in der Vergangenheit auch schwer damit getan, die Kompetenz des Bundeskriminalamts in Anspruch zu nehmen, um die verschiedenen Tatkomplexe zusammenzuführen. Heute ist das zumindest im Bereich der Terrorbekämpfung anders. Aber ich kann mich noch gut daran erinnern, wie schwierig diese Erweiterung der BKA-Kompetenz war, weil viele Ländervertreter befürchteten, dass das BKA seine Kompetenzen zu ihren Lasten immer weiter ausdehnen würde. Diese Befürchtungen bestanden bei den Innenministern im Übrigen völlig unabhängig von der jeweiligen Parteizugehörigkeit.

173

Aber es gab bei den NSU-Morden unglaubliche Pannen und Versäumnisse.

Manches, was wir im Ausschuss erfahren haben, hat uns wirklich sprachlos gemacht. Dazu gehört auch der Fall in Kassel. Da kam ein Mitarbeiter des Verfassungsschutzes kurz vor der Tat in ein Internetcafé, in dem der Sohn des türkischen Besitzers ermordet wurde, und verließ es kurz nach der Tat – ohne von dem Mord selbst etwas bemerkt haben zu wollen. Wir haben uns diesen Fall von den beteiligten Behörden im Detail schildern lassen. Auch was in der Zeit danach unternommen wurde, um diesen – sehr vorsichtig ausgedrückt – höchst merkwürdigen Fall restlos aufzuklären. Am Ende waren wir uns fraktionsübergreifend einig, dass der geschilderte Sachverhalt wenig plausibel und nur mit allergrößter Mühe nachvollziehbar ist. Aber wir konnten das Gesagte auch nicht mit der notwendigen Gewissheit widerlegen. Da ist bei uns allen mehr als nur ein kleiner Zweifel zurückgeblieben.

Haben Verfassungsschutz und andere versucht, ihre Fehler zu vertuschen? Oder stützen diese, wie Sie sagen, wenig wahrscheinlichen Darstellungen der Dienste nicht die These, unsere Sicherheitskräfte seien auf dem rechten Auge blind?

Dieser Vorwurf wird zwar immer wieder erhoben, aber er ist ungerecht, weil er alle Mitarbeiterinnen und Mitarbeiter dieser Behörden unter einen Generalverdacht stellt, der ihnen nicht gerecht wird. Es gab ja schon frühzeitig die Vermutung, dass es sich bei der Tatserie möglicherweise um rechtsradikal motivierte Straf- und Gewalttaten handeln könnte. Aber man hat diese These nicht mit der notwendigen Konsequenz verfolgt. Vermutlich deshalb, weil man nicht rechtzeitig alle Spuren bundesweit zentral zusammengefasst, ausgewertet und konzentriert weiterermittelt hat.

Schon der Begriff »Döner-Morde« zeigte doch, dass man von Gewalttaten im Migrantenmilieu ausging.

Auch mich hat der Begriff »Döner-Morde« sehr gestört. Es wurden doch Menschen ermordet, keine Fleischspieße. Dasselbe Phänomen hatten wir auch bei dem Bombenanschlag in der Keupstraße in Köln-Mülheim. Das ganze Viertel ist multikulturell geprägt. Deshalb wurde messerscharf geschlossen, da müsse es eine Straftat im Zuwanderermilieu gewesen sein. Vielleicht hatte man bei diesen NSU-Straftaten damals tatsächlich keine anderen Verdachtsmomente. Der Unterschied zum islamistisch geprägten Terror und zum RAF-Terror der Siebzigerjahre bestand ja darin, dass es vom NSU keine Bekennerschreiben gab, keine Selbstbezichtigung, kein politisches Statement. Vermutlich ermittelten die Behörden auch deshalb zunächst in die falsche Richtung.

Wenn man den ermittelnden Beamten aber vorhalten will, sie wären auf dem rechten Auge blind gewesen, dann müsste man fairerweise schon sagen, welche Spuren und Erkenntnisse haben die Ermittler denn übersehen, die sie nicht hätten übersehen dürfen? Welche Spuren ins rechtsextremistische Milieu hatten sie denn tatsächlich, die sie fälschlicherweise nicht weiterverfolgt haben? Nachvollziehbar ist aber folgende Frage: Warum haben die Ermittlungsbehörden der Länder nicht frühzeitig dem Bundeskriminalamt die Aufgabe übertragen, einmal der Frage nachzugehen, ob es sich bei dieser Mordserie trotz der verschiedenen Tatorte und des längeren Zeitraums zwischen den Taten nicht doch um einen einzigen Tatkomplex handelt, bei denen ausländerfeindliche und rassistische Motive durchaus eine Rolle spielen könnten?

Glauben Sie, dass unsere Behörden aus diesen Versäumnissen gelernt haben?

Ja, da bin ich mir sogar sicher. Die zuständigen Entscheidungsträger wissen doch genau, dass eine hohe Zahl von Sicherheitsbehörden allein nicht schon ein hohes Maß an Sicherheit garantiert, sondern dass nur durch eine enge, vertrauensvolle, grenzüberschreitende Zusammenarbeit Straftaten wirksam verhindert oder aufgeklärt werden können. Dies gilt sowohl für nationale als auch für internationale Grenzen. Die Einrichtung des gemeinsamen Terrorismusabwehrzentrums in Berlin-Treptow nach den Ereignissen des 11. September 2001 hat ja deutlich gemacht, dass hier erheblicher Handlungsbedarf bestand.

Sie hatten Ihre Mitwirkung bei der Einrichtung dieses Terrorismusabwehrzentrums im Verlauf unseres Gesprächs bereits erwähnt, auch Ihre Beiträge zu besseren Sicherheitsgesetzen nach dem schrecklichen Anschlag auf das World Trade Center in New York.
Die beiden »Otto-Kataloge«, die wir damals verabschiedet haben ...

... benannt nach dem damaligen Innenminister Otto Schily ...

... waren tatsächlich Meilensteine der Sicherheitspolitik, sowohl organisatorisch als auch rechtlich. Bei vielen Maßnahmen habe ich mich allerdings gefragt, warum erst etwas so Schreckliches passieren musste wie am 11. September in New York und Washington, bevor der Gesetzgeber reagiert.

Beispiel: Streichung des sogenannten Religionsprivilegs aus dem Vereinsgesetz. Wer aus religiösem Fanatismus gegen Andersgläubige hetzt, sogar Gewalttaten organisatorisch unterstützt, Andersgläubige tötet, der kann sich doch nicht auf die grundgesetzlich garantierte Religionsfreiheit berufen! In der Zeit danach wurden mehr als zwanzig Vereinsverbote ausgesprochen, die Hälfte im Bereich Rechtsextremismus, die andere Hälfte im Bereich Islamismus/Salafismus.

Dies nur als kleines Beispiel dafür, wie man durch eine eigentlich unspektakuläre Gesetzesänderung die Sicherheit verbessern und in der Praxis der Gefahrenabwehr eine große Wirkung erzielen kann.

Sie haben schon gesagt, bei der Quellen-TKÜ hätten Sie nicht den
gewünschten Erfolg gehabt. Wo sitzen die Bremser? In Karlsruhe?
Oder in Berlin im Deutschen Bundestag?
Ich weiß tatsächlich nicht, welche sachlich-fachlichen Gründe
dagegen sprechen. Ohne Quellen-TKÜ sind jene Täter im Vorteil,
die mit besonderer Raffinesse, besonderer krimineller Energie
agieren und kommunizieren. Vielleicht tut sich die SPD bei diesem Thema deshalb so schwer, weil sie sich bereits mit der Einführung von Mindestspeicherfristen sehr schwergetan hat – obwohl beide Themen nicht unmittelbar miteinander zu tun haben.
Ähnliches Unverständnis habe ich auch für die Haltung der
SPD beim Thema »Sympathiewerbung für terroristische Vereinigungen«. Vor dem 11. September 2001 war diese unter Strafe gestellt – danach wurde sie auf Druck der Grünen straflos. Das ist
wirklich Politik paradox. Ich habe keine Ahnung, welche unsicht-
baren Kräfte die SPD daran hindern, gemeinsam mit der Union
wieder zur alten Rechtslage zurückzukehren.

Die Kommunikationstechnik entwickelt sich immer schneller, und
die Sicherheitsbehörden hinken hinterher. Der Abstand zwischen
technischen Möglichkeiten und Sicherheitserfordernissen wächst.
In der Tat wird der Abstand immer größer, und es wird immer
schwieriger, angesichts der Rasanz technischer Entwicklungen
bei der elektronischen Kommunikation Schritt zu halten. Während wir im Parlament noch langwierige Debatten darüber
führen, was der Staat angesichts neuer Bedrohungsformen und
neuer Tatinstrumente zur Gefahrenabwehr oder Aufklärung von
Straftaten tun müsste, bedienen sich die schweren Jungs bereits
der allerneuesten technischen Entwicklungen. Deswegen war ja
auch das IT-Sicherheitsgesetz wichtig, denn es ist heute wesentlich leichter, die sensible Infrastruktur via Rechner lahmzulegen,
als physische Gewalt anzuwenden.

»Die Zahl aller in Deutschland polizeilich erfassten Straftaten ist im vergangenen Jahr gegenüber 2014 um 4,1 Prozent auf insgesamt 6,33 Millionen Fälle gestiegen. Damit bleibt die Kriminalität über der Sechs-Millionen-Grenze. Sie war bereits in der Statistik des Vorjahres erstmals seit dem Jahr 2010 wieder überschritten worden. Die Gesamtaufklärungsquote beträgt 56,3 Prozent. Das bedeutet eine kleine Verbesserung um 1,4 Prozent gegenüber dem Jahr 2014. (...)

Die Zahl der Tatverdächtigen bei der Gesamtkriminalität ist um 10,2 Prozent auf 2,36 Millionen gestiegen. Bei den ›Nichtdeutschen‹, wie sie in der Statistik heißen, sind es 911.864 – eine Zunahme um 47,7 Prozent. Rechnet man die ausländerrechtlichen Verstöße bei den Straftaten heraus, ist die Zahl solcher Verdächtigen mit 555.820 wesentlich geringer.«

Zitat aus: Martin Lutz: Zahl der Wohnungseinbrüche steigt um 10 Prozent. In: *Welt.de*, 30.03.2016.

Bedeuten mehr Gesetze mehr Sicherheit?

Der häufig verwendete Satz »Mit neuen Gesetzen machen wir das Land nicht sicherer« ist ebenso richtig wie falsch.

Beispiel: Terrorbekämpfung. Deutschland hat schon mit dem RAF-Terror bittere Erfahrungen gemacht. Die damaligen Gesetzesänderungen helfen uns jedoch nicht angesichts der aktuellen Bedrohungen. Damals waren die Spitzen von Staat und Gesellschaft im Visier der Terroristen. Heute werden ganz gezielt *soft targets* angegriffen, also sogenannte weiche Ziele. Wer die Opfer der Angriffe sind, spielt für die Terroristen überhaupt keine Rolle. Hauptsache, die Opferzahl ist hoch! Zu RAF-Zeiten ist es uns trotz aller Anstrengungen in über vierzig Fällen nicht gelungen die Opfer zu schützen, obwohl wir wussten, dass sie im Visier der Terroristen waren. Bei den *soft targets* ist es objektiv nicht möglich, die ganze Bevölkerung mit Personen- oder Objektschutz so zu schützen, wie dies angesichts der Bedrohungslage eigentlich notwendig wäre. Außerdem haben wir es heute in vielen Fällen mit Selbstmordattentätern zu tun, die bereit sind, ihr eigenes Leben zu opfern, um andere zu ermorden. Diese Täter sind viel schwerer von der Tat abzuhalten als solche, die bei der Tatausübung nicht erkannt werden wollen. Geschweige denn, dass sie bereit wären, ihr eigenes Leben zu opfern.

Das erinnert ein wenig an das Rennen zwischen Hase und Igel.
Der Staat muss höllisch aufpassen, dass er bei diesem Rennen nicht immer zweiter Sieger ist. Deshalb wundere ich mich auch darüber, warum wir so wenig Wert auf die Meinung von Fachleuten legen, die bei der Verbrechensbekämpfung an vorderster Front stehen.

Der ehemalige Kölner Oberstaatsanwalt Egbert Bülles hat vor einiger Zeit das Buch *Deutschland, Verbrecherland?* geschrieben. Darin hat er die Not vieler Ermittler im Detail beschrieben. Dieser Befund eines erfahrenen Oberstaatsanwaltes hat jedoch in der politischen Debatte kaum eine Rolle gespielt.

Gelegentlich habe ich den Eindruck, dass derartige Erfahrungsberichte aus der polizeilichen Praxis politisch noch nicht einmal gewünscht sind. Woher kommen wir Politiker eigentlich zu der Einschätzung, dass wir es besser wüssten als diejenigen, die Tag für Tag von Amts wegen mit der Verhinderung oder Aufklärung von Straftaten oder gar Gewaltverbrechen zu tun haben?

Um auf die neuen technischen Möglichkeiten von Verbrechern und Terroristen zurückzukommen: Gäbe es Möglichkeiten, die Aspekte der Sicherheit bei jeder technologischen Innovation zu bedenken? Oder ist das blauäugig?
Auch das Thema Verschlüsselungstechnologien ist hier eine neue Herausforderung. Auf der einen Seite müssen wir es möglich machen, dass sehr persönliche oder gar hochsensible Informationen wie Forschungsergebnisse oder Angebote bei Ausschreibungen vor illegalem Zugriff sicher elektronisch versandt

werden können. Zugleich muss der Staat aber auch zur Abwehr schwerer Gefahren die Möglichkeit haben, Tatplanungen rechtzeitig zu enttarnen, um die Täter an der Tatausführung zu hindern.

Das neue Vorratsdatenspeicherungsgesetz ist seit dem 18. Dezember 2015 in Kraft. Es verpflichtet die Provider, die Standortdaten der Teilnehmer an mobil geführten Telefonaten und die mobiler Internetnutzer für vier Wochen zu speichern sowie Rufnummern, Zeit und Dauer aller Telefonate. Rufnummern, Sende- und Empfangszeiten aller SMS-Nachrichten sind für zehn Wochen zu speichern. Dieselbe Speicherfrist gilt für die IP-Adressen aller Internetnutzer sowie für die Zeit und Dauer der Internetnutzung. Diese Daten werden, so das Gesetz, im Inland bei den jeweiligen Providern gespeichert und sind nach Ablauf der vorgeschriebenen Fristen zu löschen.

Ein Zugriff auf die gespeicherten Verkehrsdaten ist nur bei im Gesetz einzeln aufgelisteten schweren Straftaten und nur nach vorheriger Genehmigung durch einen Richter möglich. Wenn Daten abgerufen werden, müssen die Betroffenen grundsätzlich darüber informiert werden.

Das erste Gesetz zur Vorratsdatenspeicherung hatte die Provider verpflichtet, alle elektronischen Spuren des gesamten Telekommunikationsverkehrs sechs Monate lang zu speichern. Es wurde 2010 vom Bundesverfassungsgericht für verfassungswidrig erklärt.

Die Vorratsdatenspeicherung hatten Sie schon erwähnt. Darüber hat die deutsche Politik viele Jahre leidenschaftlich gestritten. Können Sie nachvollziehen, warum dieses Thema so emotional diskutiert wurde und wird?
Zweifellos ist das Thema Mindestspeicherfristen besonders sensibel. Zwar geht es bei der Auswertung von Telekommunika-

tionsdaten nicht um die Inhalte der Kommunikation, aber auch die technischen Daten sind grundrechtsrelevant. Darüber gab es überhaupt keine politischen Auseinandersetzungen. Der heftige innenpolitische Streit hängt sicherlich auch mit dem völlig schrägen Begriff »Vorratsdatenspeicherung« zusammen. Mich würde wirklich mal interessieren, wer diesen Begriff erfunden hat. Wer »Vorratsdatenspeicherung« hört, muss doch glauben, dass der Staat die Absicht habe, alle technischen Daten der Kommunikation ohne besonderen Grund – also »auf Vorrat« – zu speichern, und dass dieser Staat nach Belieben darauf zugreifen dürfe. Genau das war jedoch nie geplant. Der Begriff »Mindestspeicherfristen« ist viel präziser.

Auch nach jahrelanger Debatte wissen viele immer noch nicht, dass die Verbindungsdaten von technischer Kommunikation schon immer zur Abwehr oder zur Aufklärung von schweren Straftaten genutzt werden durften – und auch fleißig genutzt wurden, ohne dass das in den vergangenen Jahrzehnten zu irgendwelchen heftigen gesellschaftspolitischen Debatten geführt hätte. Diese Daten kann man allerdings nur auswerten, wenn sie bei den Providern noch vorhanden sind. Da aber immer mehr Nutzer Flatrate-Verträge haben, ist der Grund für die Provider, zum Zweck der Rechnungserstellung auch Verbindungsdaten zu speichern, langsam immer mehr entfallen. Deshalb greifen die Ermittler, die auf diese Daten dringend angewiesen sind, immer häufiger ins Leere.

Nicht wenige sind auch heute noch der Meinung, diese Daten würden beim Staat gespeichert – wenn das tatsächlich der Fall wäre, hätte ich selbst dagegen gestimmt. Die Versuchung von Sicherheitsbehörden, ohne richterliche Erlaubnis mal schnell nachzuschauen, ob man diese Daten nutzen kann, wäre zu groß gewesen. Nein, diese Daten werden dort gespeichert, wo sie ohnehin anfallen: bei den Providern. Und sie dürfen nur zur Abwehr und Aufklärung von schweren Straftaten ausgewertet werden und dies auch nur nach einem richterlichen Beschluss. Da dies alles ziemlich kompliziert ist, haben es die Gegner von Mindestspeicherfristen viel leichter als die Befürworter. Die Gegner müssen nur sagen: »Achtung, Überwachungsstaat!« – schon organisiert sich der Widerstand. Wer möchte schon in einem Überwachungsstaat leben? Ich auch nicht!

Eine ähnliche Debatte hatten wir übrigens vor gut zwanzig Jahren beim Thema »akustische Wohnraumüberwachung«, von den Gegnern gern als »großer Lauschangriff« bezeichnet. Auch damals hatten viele, an der Spitze die damalige Bundesjustizministerin Sabine Leutheusser-Schnarrenberger, die Befürchtung, mit der Einführung dieses Instrumentes wäre der Weg in den Überwachungsstaat unaufhaltsam. In Zukunft wäre kein Bürger mehr vor der elektronischen Überwachung seiner Wohnung sicher. Mittlerweile hat sich die ganze Aufregung gelegt, weil längst bewiesen ist, dass die damaligen Befürchtungen völlig überzogen waren. In letzter Zeit hat es etwa drei, vier Maßnahmen gegeben – nicht pro Tag, pro Jahr! Angesichts von über 40 Millionen Haushalten in Deutschland sind wir von einem Überwachungsstaat nun wirklich meilenweit entfernt.

Auch bei der Vorratsdatenspeicherung spielt das Bundesverfassungsgericht eine Schlüsselrolle. Und manche sagen, auf diesem Feld habe die Justiz die Politik ersetzt.
Die Verhandlung vor dem Bundesverfassungsgericht ist mir auch deshalb noch – je nach Betrachtungsweise – in guter beziehungsweise unguter Erinnerung, weil in den Stunden bis zur Mittagspause ein ganz bestimmtes Wort kein einziges Mal gefallen ist: das Wort »Opfer«. Das war für mich deshalb interessant, weil ich schon oft festgestellt habe, dass das Schicksal von Opfern allenfalls unmittelbar nach der Tat Beachtung findet. In der Zeit danach stehen eher die Täter im Mittelpunkt des öffentlichen Interesses.

In Karlsruhe ging es um die Abwägung zwischen den Grundrechten der Nutzer und dem Interesse des Staates an einer wirksamen Strafverfolgung. Dass es viele Tatkomplexe gibt, in denen die Opfer ihre Schmerzensgeld- oder Schadensersatzansprüche überhaupt nicht geltend machen können, weil die Täter mangels Ermittlungsansatz nie gefasst werden, spielte in den ersten Stunden der Verhandlung überhaupt keine Rolle und danach nur am Rande. Das hat mich wirklich sehr gewundert.

Sind die Richter bei ihrem Urteil zu weit gegangen?

Allein der Umstand, dass die Entscheidungen nicht einstimmig fielen, zeigt ja schon, dass es im zuständigen Senat ganz unterschiedliche Auffassungen gab. Die Richter haben ihren Entscheidungsspielraum nicht überschritten. Aber bei der wichtigen Frage, ob die bereits gespeicherten Daten weiterhin zur Abwehr oder Aufklärung von schweren Straftaten genutzt werden dürfen, haben sie dies den Sicherheitsbehörden untersagt – wenngleich diese Entscheidung mit vier zu vier Stimmen fiel.

Dennoch: Die Richter haben Mindestspeicherungsfristen nicht per se für verfassungswidrig erklärt, sie haben dem Gesetzgeber für eine neue Reglung allerdings strikte Vorgaben gemacht, die wir anschließend eins zu eins umgesetzt haben.

Für wie wetterfest halten Sie die neue gesetzliche Regelung? Die Opposition hat das Verfassungsgericht abermals angerufen.

Damit war zu rechnen. Wir haben uns strikt an der Rechtsprechung des Bundesverfassungsgerichts und des Europäischen Gerichtshofs orientiert und sind daher optimistisch, dass die Neuregelung als verfassungskonform angesehen wird. Sollte jedoch auch die aktuelle gesetzliche Regelung in Karlsruhe gekippt werden, wird es sehr wahrscheinlich keinen neuen, dritten Anlauf des Gesetzgebers geben.

Bis auf Weiteres ist die Vorratsdatenspeicherung in engen Grenzen erlaubt. Würden Sie, wenn Sie könnten, lieber die alte Regelung übernehmen?

Mit der jetzigen Rechtslage können wir Innenpolitiker gut leben. Es handelt sich bei den verkürzten Fristen halt um einen klassischen Kompromiss. Wir decken damit einen großen Teil der Fälle ab, aber bei Weitem nicht so viele Fälle, wie sich dies die Strafverfolgungsbehörden gewünscht haben. Wir sollten auch hier auf die Ermittlungserfahrungen der Praktiker vertrauen. Die meisten sagen:»Was wir jetzt haben, ist zwar nicht das, was wir uns immer gewünscht haben, aber besser als überhaupt keine Regelung.« Längere Speicherfristen wären sinnvoll, aber wenn es dafür keine parlamentarische Mehrheit gibt, dann muss man versuchen, aus der jetzigen Situation das Beste zu machen.

»Ich sehe kein Übermaß an Sicherheit. Der Staat muss sicherstellen, dass die Menschen nicht bestohlen, erpresst, gefoltert oder getötet werden, damit schafft er die notwendige Grundlage für Freiheit. (...) Freiheit und Sicherheit sind in einem Rechtsstaat keine Gegensätze. Unser Grundgesetz formuliert das in vorbildlicher Weise. Warum? Weil im ersten Artikel steht: Die Würde des Menschen ist unantastbar. Damit erkennt der Staat die Eigenmacht und die Freiheit des Einzelnen als obersten Wert an. Aber viele überlesen ein Wörtchen, das da noch steht. Nämlich, dass es Aufgabe des Staates ist, die Würde des Menschen zu schützen. Diese Verantwortung trägt nicht zuletzt der Innen- und Sicherheitsminister. Und die habe ich wahrgenommen.«

Otto Schily im Gespräch mit dem *Stern*. Zitat aus: Florian Güßgen/Lutz Kinkel: »Der Terrorismus bildet Metastasen«. In: *Stern.de*, 05.09.2011.

Haben Sie Verständnis für die Befürchtungen vieler Bürger, die Sicherheitsbehörden wollten immer mehr Überwachungsmöglichkeiten, als ihnen gesetzlich zustehen?
Diese Argumentation nehme ich ernst, und sie ist auch nicht überraschend, weil die Sichtweisen sehr unterschiedlich sind.

Der Ermittler hat den Tatort gesehen; er kennt das Leid der Opfer, er weiß um die Schwere des Verbrechens, er will eine möglichst lückenlose Beweisführung, damit der oder die Täter vor Gericht gestellt und verurteilt werden können. Deshalb verlangen Ermittler auch von der Politik das geeignete rechtliche Instrumentarium, um diese Aufgabe wirksam erfüllen zu können.

Wir Politiker müssen jedoch bei allen gesetzgeberischen Anstrengungen, auch in der Sicherheitspolitik, Maß und Mitte halten. Für uns sollte gelten: So viel Freiheit wie möglich, so viel Sicherheit wie nötig. Die Polizei braucht die richtige personelle und technische Ausstattung, aber eben auch das notwendige rechtliche Instrumentarium, um ihre Aufgaben optimal erfüllen zu können. Wenn ein Tatkomplex einmal nicht zügig aufgeklärt werden kann, wie dies zum Beispiel beim NSU-Komplex der Fall war, werden sofort auch von vorlauten Politikern Vorwürfe gegen die Sicherheitsbehörden erhoben. Wir Politiker sollten uns aber auch einmal selbstkritisch fragen, ob wir in den letzten Jahren und Jahrzehnten wirklich alles getan haben, um unsere Sicherheitsbehörden personell und technisch optimal auszustatten.

Gerade bei sicherheitsrelevanten Gesetzen ziehen immer wieder Kläger nach Karlsruhe. Das Bundesverfassungsgericht hat im April 2016 Teile des BKA-Gesetzes von 2009 – das Herzstück im Kampf gegen den Terror – für verfassungswidrig erklärt. Ist das ein schwerer Rückschlag für die Sicherheitsbehörden, oder kann man damit leben?

Ein schwerer Rückschlag für die Arbeit unserer Sicherheitsorgane wäre es gewesen, wenn das Bundeverfassungsgericht die angegriffenen Normen für null und nichtig erklärt hätte. Wenn diese Bestimmungen des BKA-Gesetzes überhaupt nicht mehr angewandt werden dürften. Eine solche Entscheidung des Bundesverfassungsgerichts hatten wir beim ersten Verfahren über die Vorratsdatenspeicherung. Insofern waren wir erleichtert, dass Karlsruhe jetzt anders entschieden und nur einen erheblichen Novellierungsbedarf festgestellt hat. Der betrifft aber nicht nur das BKA-Gesetz, sondern alle Polizeigesetze in den sechzehn Bundesländern. Die Befugnisse des Bundeskriminalamtes zur Abwehr terroristischer Gefahren sind den einschlägigen Regelungen in den Polizeigesetzen der Länder nachgebildet. Natürlich wird es möglich sein, den Bedenken der Verfassungsrichter Rechnung zu tragen. Aber damit erleichtern wir die Arbeit der Sicherheitsbehörden ganz gewiss nicht.

Also: Online-Durchsuchungen mithilfe von Staatstrojanern bleiben ebenso möglich wie Lauschangriffe in Wohnungen, das Abhören von Telefonaten, das Observieren Verdächtiger mit Peilsendern und Richtmikrofonen. Aber es soll restriktiver geregelt werden, wann diese Mittel eingesetzt werden dürfen. Ist das überhaupt praktikabel?

Manche Entscheidungen der Karlsruher Richter zeigen, dass man möglicherweise die Probleme in der Anwendungspraxis unterschätzt. Ein Beispiel: Nach dieser Entscheidung müssen Maßnahmen der Wohnraumüberwachung sofort beendet werden, wenn der Kernbereich privater Lebensgestaltung berührt wird. So weit, so gut. Wann aber dürfen die Sicherheitsbehörden ihre Überwachung fortsetzen? Denn wenn man die Überwachung beendet: Wie will man dann wissen, wann der Kernbereich privater Lebensgestaltung nicht mehr berührt sein kann, weil sich die Gesprächsinhalte längst geändert haben und plötzlich tatrelevant sind?

Wenn das BKA abhört oder Computer anzapft, muss dem Urteil zufolge künftig eine unabhängige Stelle das Material sichten und entscheiden, was privat bleiben muss und was das BKA auswerten darf. Kostet das nicht zu viel Zeit? Sind hier die Richter nicht etwas weltfremd?

Was ich jetzt sage, ist politisch nicht korrekt, aber wahr: Oftmals sind derartige Maßnahmen schon jetzt sehr zeitaufwändig, weil in vielen Fällen deutsche Beamte Gespräche in fremden Sprachen abhören müssen. Welcher Polizist spricht schon alle Sprachen dieser Erde? In vielen Fällen muss man erst einmal ermitteln, um welche Sprache es sich handelt. Und dann muss man jemanden finden, der das in angemessener Zeit übersetzen kann. Anschließend soll sich noch eine unabhängige Kommission über diesen Text beugen und entscheiden, was zum Kernbereich privater Lebensgestaltung zählt und was nicht. Wenn das geschehen ist, soll das Material dann wieder den zuständigen Behörden übergeben werden.

Ich fürchte, bis dahin sind viele Verdächtige weit über alle Berge oder die Straftat, die man verhindern wollte, wurde längst begangen.

Aber das Gericht fordert genau das.
Man kann die Entscheidungen des Bundesverfassungsgerichts bedauern, aber man muss sie dennoch beachten.

Und wer könnte diese Stelle sein, die die Inhalte abgehörter Gespräche überprüft?
Gute Frage! Das ist dem Gesetzgeber überlassen. Auf jeden Fall müsste eine solche neutrale Stelle unabhängig von politischen Weisungen sein. Sie müsste praktisch mit richterlicher Unabhängigkeit arbeiten können. Problematisch ist, nach welchen Maßstäben entschieden werden soll, was Kernbereich privater Lebensgestaltung ist und was nicht. Nehmen wir ein ganz praktisches Beispiel: Wenn sich bei einer Wohnraumüberwachung herausstellt, dass einer der Verdächtigen betet, während sich andere über potenzielle Anschlagsziele unterhalten – soll dann die Überwachung abgebrochen oder fortgesetzt werden?

Eine weitere Einschränkung durch das Urteil: Das BKA darf die abgehörten oder abgeschöpften Erkenntnisse nicht beliebig an andere inländische oder ausländische Behörden weitergeben. Was bedeutet das für die polizeiliche Arbeit im Inland wie beim Kampf gegen den internationalen Terrorismus?

Dieser Teil der Entscheidung bereitet mir den größten Kummer. Sie wurde zu einem Zeitpunkt getroffen, als sich endlich die Einsicht durchgesetzt hatte, dass man den internationalen Terrorismus nur mit guter grenzüberschreitender Zusammenarbeit wirkungsvoll bekämpfen kann. Dazu gehört in erster Linie der zügige Austausch aller zur Gefahrenabwehr und zur Aufklärung von Taten relevanter Daten. Wir haben nach den dramatischen Ereignissen von Brüssel zu Recht beklagt, dass fünf Staaten der Europäischen Union mehr als achtzig Prozent aller Daten in die Dateien der Sicherheitsbehörden einstellen, dass es einen erheblichen Verzug bei der Zulieferung zu diesen Dateien gibt. Wir selbst haben andere Staaten aufgefordert, mehr Daten zu liefern, damit keine Behörde nach dem Motto arbeitet: »Ich weiß etwas, was du nicht weißt.«

Stellen wir uns mal folgenden Fall vor: Ein Anschlag in einem befreundeten Staat hätte verhindert werden können, wenn Deutschland die relevanten Daten zügig weitergeleitet hätte. Wenn wir dann erklären, wir hätten die Daten aus Gründen des Datenschutzes nicht geliefert, hätte dafür niemand Verständnis. Am allerwenigsten die Opfer.

Geht es dem Verfassungsgericht aber nicht in erster Linie darum, dass wir keine Daten an Staaten liefern, die es mit den Menschenrechten nicht so genau nehmen?

Für diese Argumentation des Verfassungsgerichts habe ich durchaus Verständnis. Das Gericht möchte unter allen Umständen ausschließen, dass Menschen aufgrund von Daten aus Deutschland in menschenrechtswidriger Weise drangsaliert oder gar malträtiert werden. Das aber kann sich nicht auf den Datenaustausch innerhalb der Europäischen Union beziehen.

Und wenn Saudi-Arabien uns Daten liefert, mit denen sich ein Anschlag bei uns verhindern ließe?
Das Bundesverfassungsgericht hat noch nie entschieden, dass wir zum Zweck der Gefahrenabwehr keine Daten nutzen dürfen, die von undemokratischen Regimen kommen, von Staaten, die von demokratischen Verhältnissen entfernt sind. Ich fürchte, dass wir, wenn wir diesen Staaten sicherheitsrelevante Hinweise mit dieser Begründung vorenthalten, dann auch manche für uns wichtige Informationen von dort nicht mehr bekommen werden. Deshalb wird man im Bundesinnenministerium jeden einzelnen Fall besonders sorgfältig prüfen und entscheiden müssen, um zu verhindern, dass derartige Daten nicht nur zum Zwecke der Verhinderung oder Aufklärung von schweren Straftaten genutzt werden, sondern auch um in rechtsstaatswidriger Weise gegen bestimmte Personen oder Personengruppen vorzugehen.

Ist das den Verfassungsrichtern nicht bewusst?
Ich kann nicht ausschließen, dass einige Verfassungsrichter diese Problematik unterschätzen. Auch beim Thema Terrorismusbekämpfung müssen wir mit Staaten zusammenarbeiten, bei denen es sich nicht um Demokratien nach westlichem Vorbild handelt. Viele Täter und Tätergruppen kommen aus diesen Staaten, deshalb gibt es gerade dort viele Daten und Erkenntnisse, die wir hier bei uns für die Gefahrenabwehr dringend benötigen.

Sprechen wir über einen anderen Aspekt der inneren Sicherheit: die Videoüberwachung im öffentlichen Raum. Sie ist in den vergangenen Jahren stark ausgeweitet worden. Hat sie mehr Sicherheit gebracht?
In den meisten Fällen: ja. Es gibt auch Untersuchungen, die das bestätigen. Der immer wieder beliebte Satz »Durch Videoüberwachung kann man keine Straftaten verhindern« ist bestenfalls

halb richtig. Mit derselben Logik könnte man auch sagen: »Durch den Einsatz von Polizei lassen sich keine Straftaten verhindern«, da Jahr für Jahr in Deutschland über 6 Millionen Straftaten amtlich registriert werden. Trotzdem käme kein Politiker auf die Idee, einen solchen Satz zu sagen. Aber wenn mittels Videotechnik Täter identifiziert und überführt werden können, dann dient das nicht nur der Aufklärung bereits erfolgter Straftaten, sondern auch der Verhinderung von neuen.

Allerdings kann Videoüberwachung auch nur einen Verdrängungseffekt haben. Wenn beispielsweise ein Platz überwacht wird, weil dort der Drogenhandel floriert, dann werden die Drogenhändler ihre Geschäfte woanders abwickeln. Bei anderen Deliktsformen, zum Beispiel Taschendiebstählen oder Kfz-Diebstählen auf großen Parkflächen, kann die Videoüberwachung sowohl der Aufklärung von Straftaten dienen, als auch abschreckende Wirkung haben.

Im Übrigen sollte man zwischen Videoüberwachung und Videoaufzeichnung unterscheiden. In vielen Fällen findet ja mithilfe der Videotechnik nur eine elektronische Überwachung statt. Anstatt an vielen Stellen Polizeikräfte einzusetzen, sitzt dann ein Beamter vor einer Vielzahl von Bildschirmen, beobachtet das Geschehen und zeichnet es nur dann auf, wenn er einen strafrechtlich relevanten Sachverhalt sieht oder vermutet. Das ist ein großer Unterschied zu einer permanenten Videoüberwachung mit Aufzeichnung. Hier stellen sich viele datenschutzrechtliche Fragen. Wenn diese Aufzeichnungen von den Sicherheitsbehörden nicht mehr benötigt werden, dann müssen sie zeitnah gelöscht werden.

In London gibt es auf nahezu allen öffentlichen Plätzen Video-kameras. Wenn man die Statistik heranzieht, wird jeder Londoner jeden Tag zigmal gefilmt. Lohnt dieser Aufwand?
London ist im Hinblick auf die fast flächendeckende Videoüberwachung ganz gewiss kein Vorbild. Wenn die Bürgerinnen und

Bürger wissen, dass sie tagtäglich flächendeckend in ihrem Verhalten in der Öffentlichkeit beobachtet werden, dann werden viele ihr Verhalten ändern. Es mag sein, dass andere sagen: »Das stört mich nicht.« Aber auch ich möchte nicht in einer Stadt oder einem Land leben, wo ich ständig von Kameras beobachtet und überwacht werde.

Cem Özdemir hat einmal gesagt: »Der öffentliche Raum darf kein zoologischer Garten werden, in dem die Menschen zu Affen werden.« Was entgegnen Sie dem Grünen-Chef?
Keine Ahnung, was uns der Grünen-Chef mit diesem Satz sagen wollte. Ich kenne keinen einzigen Politiker, der jemals einen derart abwegigen Plan hatte. Herr Özdemir sicher auch nicht. Kein vernunftbegabter Mensch hätte ernsthaft vor, alle öffentlichen Räume und Plätze permanent per Video zu überwachen, und wir sollten auch nicht den Eindruck erwecken, als gäbe es diese Pläne.

Leider diskutieren wir in Deutschland zu oft in extremen Kategorien: entweder überhaupt keine Videoüberwachung – ganz gleich ob sie an einer bestimmten Stelle oder in einer bestimmten Situation Sinn macht oder nicht – oder Überwachungsstaat! Es geht doch ausschließlich darum, moderne Videotechnik als Hilfsmittel zur Verhinderung und Aufklärung von Straftaten einzusetzen. Nicht flächendeckend, sondern ganz gezielt, nicht geheim, sondern mit ausdrücklichem Hinweis für die Nutzer von Gebäuden oder Freiflächen. Manchmal muss ich bei dem Thema wirklich schmunzeln, insbesondere dann, wenn die Kritiker mit der Lebenswirklichkeit konfrontiert werden: Bei dem Anschlagsversuch auf dem Bonner Bahnhof musste man zur Aufklärung der Tat auf die Videoaufzeichnungen einer amerikanischen Bouletten-Braterei zurückgreifen – weil am Bahnhof selbst keine funktionstüchtige Videotechnik im Einsatz war. Im Übrigen sei der Hinweis erlaubt, dass die meisten Bürgerinnen und Bürger mit diesem Thema viel vernünftiger und gelassener umgehen als viele linke Politikerinnen und Politiker im Deutschen Bundestag.

Ein weiteres Streitthema ist der Einsatz von Körperscannern. Technisch sind sie ausgereift, aber ihr Einsatz auf den deutschen Flughäfen erfolgt auf freiwilliger Basis. Reicht das aus, oder ist eine gesetzliche Regelung erforderlich?
Die heftige Debatte über die Einführung von Körperscannern – die sich mittlerweile beruhigt hat – hat erneut gezeigt, wie schwierig es ist, in Deutschland bei sicherheitsrelevanten Themen eine ruhige, vernünftige Debatte zu führen. Die Kritiker des Einsatzes dieser Technik haben den Befürwortern sofort eine Kontrollmanie unterstellt: Erneut würden die Persönlichkeitsrechte der Passagiere missachtet. Kein Vorwurf war zu wild, um ihn nicht zu erheben. Dabei war immer klar, dass wir diese Technik nur dann einsetzen werden, wenn sie einen spürbaren Sicherheitsgewinn bringt, praxistauglich ist und wenn der Persönlichkeitsschutz der Passagiere gewahrt bleibt.

Der erste Einwand lautete ja, Passagiere stünden mehr oder weniger nackt da.
So schräg, wie das Wort »Vorratsdatenspeicherung« ist, so schräg war auch das Wort »Nacktscanner«. Vielleicht war es deshalb so populär. Es war nie geplant, Menschen mithilfe der Scannertechnik optisch auszuziehen. Dieser Vorwurf kam aber gut an, vor allen Dingen bei vielen Medien, die sich in den Begriff »Nacktscanner« geradezu verliebt hatten. Auf diese Weise sollte schon durch den Begriff das gesamte Projekt torpediert werden. Auch hier war die Bevölkerung viel gelassener als die aufgeregten Kritiker. Bei einem Probelauf am Hamburger Flughafen standen die Passagiere vor diesen Geräten Schlange, weil diese Kontrolle mit weniger Eingriffen verbunden ist als die klassische Prozedur, bei der die Passagiere ja nicht nur durch eine Tor-Sonde gehen, sondern auch in vielen Fällen nachfol-

gend auch noch mit der Hand-Sonde kontrolliert und mit den Händen abgetastet werden. Ich habe nie verstanden, warum diese Kombination von Hand-Sonde plus »persönlicher Massage« weniger problematisch sein soll als der Einsatz moderner Körperscanner.

Richtig ist, dass wir in der Erprobungsphase dieser Scanner zu viele Fehlmeldungen hatten. Diese Mängel sind in der Zwischenzeit weitestgehend behoben. Aber solange es noch viele Vorbehalte gegen diese Technik gibt, halte ich es für richtig, deren Nutzung den Passagieren freizustellen. Sonst hätten wir bei jeder Sicherheitskontrolle lange Debatten.

Meine Beobachtung ist: Die allermeisten Passagiere entscheiden sich für den Körperscanner.
Ja, denn die meisten Passagiere wissen in der Zwischenzeit, dass von ihnen keine körperscharfen Umrisse abgebildet werden, so wie an einigen Flughäfen der USA. Es gibt noch vereinzelte Bedenken im Hinblick auf eine mögliche Gesundheitsgefährdung durch Strahlungen. Aber jeder Passagier dürfte wissen, dass man beim Flug selbst einer höheren Strahlenbelastung ausgesetzt ist als bei der Nutzung von Körperscannern.

Sprechen wir über den Islamismus und die von ihm ausgehende Terrorgefahr. Sind wir ausreichend geschützt?
Angesichts einer Zahl von über sechs Millionen registrierten Straftaten pro Jahr und den Bedrohungen durch den internationalen Terrorismus mag sich das paradox anhören, aber es ist tatsächlich so: Deutschland gehört zu den sichersten Ländern der Welt. Wir haben in den letzten Jahren eine ganze Reihe von gesetzgeberischen und organisatorischen Maßnahmen getroffen, um die vom Terror ausgehenden Gefahren rechtzeitig erkennen und abwehren zu können. Aber einen hundertprozentigen Schutz vor Verbrechen oder Anschlägen kann der Staat nicht garantieren. Leider. Wir erleben immer wieder, zuletzt bei dem

vereitelten Anschlag auf das abgesagte Radrennen rund um den Finanzplatz Frankfurt am 1. Mai 2015, dass die Sicherheitsbehörden auch auf aufmerksame Bürger angewiesen sind, die ihnen Hinweise geben. In solchen Situationen können Tipps einer aufmerksamen Mitarbeiterin eines Baumarktes entscheidend sein.

Aber seit Ende Juli 2016 haben wir eine neue Lage: Der IS-Terror hat auch Deutschland erreicht. Wir hatten im bayerischen Ansbach sogar den ersten Selbstmordanschlag. Der afghanische Amokläufer von Würzburg wie auch der syrische Terrorist in Ansbach waren den Behörden bekannt. Lassen sich solche Taten überhaupt verhindern?

Der islamistisch motivierte Terror hat Deutschland schon vor langer Zeit erreicht. Auch wenn bis vor Kurzem immer wieder behauptet wurde, bislang habe der Terror um Deutschland einen Bogen gemacht. Bereits am 2. März 2011 hat Arid U. auf dem Flughafen Frankfurt/Main zwei junge US-Soldaten mit Kopfschüssen getötet und zwei andere schwer verletzt. Damals hat es nur deshalb kein noch größeres Blutbad gegeben, weil die Waffe des Täters eine Ladehemmung hatte.

Am 26. Februar 2016 hat ein erst 15-jähriges Mädchen am Bahnhof in Hannover einen Bundespolizisten mit einem im Ärmel verborgenen Messer in den Hals gestochen und lebensgefährlich verletzt. Die Ermittlungen haben schon nach kurzer Zeit den islamistischen Hintergrund bestätigt, denn die Tatverdächtige war vermutlich nur deshalb zuvor in die Türkei ausgereist, um sich den IS-Kämpfern in Syrien anzuschließen. Insofern ist es wirklich überraschend, dass einige überrascht sind, dass der IS-Terror auch in Deutschland angekommen ist.

Wir wissen doch schon seit langer Zeit, dass die größten Gefahren für die innere Sicherheit unseres Landes nicht von Terrororganisationen wie Al-Quaida oder dem Islamischen Staat ausgehen, sondern von isoliert agierenden Kleingruppen oder radikalisierten Einzeltätern. Wenn festgestellt wird, dass es weder durch gesetzgeberische noch durch polizeiliche Maßnahmen möglich ist, Anschläge mit Sicherheit zu verhindern, so ist dies zwar richtig – kein Land der Welt kann den Bürgerinnen und Bürgern seriöserweise hundertprozentige Sicherheit vor Straf- oder gar Gewalttaten aller Art versprechen. Aber das darf im Umkehrschluss nicht bedeuten, dass der Staat nicht alle möglichen Anstrengungen unternimmt, um die Bevölkerung – so gut, wie möglich – zu schützen. Aufgrund der dramatischen Ereignisse im Juli 2016 geht es vor allem um die Frage, wie wir rechtzeitig erkennen können, dass von bestimmten Personen erhebliche Gefahren für die innere Sicherheit ausgehen, damit zügig Maßnahmen zur Gefahrenabwehr ergriffen werden können.

Es wird von interessierter Seite gerne hervorgehoben, die Kriminalität unter Flüchtlingen sei nicht höher als unter Deutschen. Müssen wir uns also damit abfinden, dass mehr Menschen auch mehr Straftaten begehen?

Sie können mir glauben, dass mir alle diesbezüglichen Statistiken bestens bekannt sind. Sie werden immer wieder begleitet von dem Satz:»Es gibt überhaupt keinen Grund, alle Flüchtlinge unter einen Generalverdacht zu stellen.« Allerdings kenne ich auch keinen vernunftbegabten Menschen, der tatsächlich alle Flüchtlinge unter einen Generalverdacht stellen würde. Fakt ist: 2015 hatten wir einen Zuwanderungsrekord, in diesem Jahr sind fast zwei Millionen Menschen nach Deutschland gekommen, darunter rund eine Million Flüchtlinge. Viele sind vor Krieg, Bürgerkrieg oder politischer Verfolgung geflohen, und selbstverständlich sind die allermeisten keine Gefahr für die Sicherheit unseres Landes.

Das ändert aber nichts daran, dass sich unter diesen zwei Millionen auch eine ganze Reihe von Personen befinden, von denen eine erhebliche Gefahr für die Sicherheit unseres Landes ausgeht, weil sie politisch oder religiös fanatisiert und gewaltbereit sind. Von den dramatischen Ereignissen in der Kölner Silvesternacht ganz zu schweigen. Wenn die Polizei in Nordrhein-West-falen feststellt, dass vierzig Prozent der illegal eingereisten Nord-afrikaner, insbesondere Marokkaner, Algerier und Tunesier, in-nerhalb eines Jahres straffällig werden, dann hat das nichts mit einer Stigmatisierung von Flüchtlingen zu tun, sondern mit der Enttabuisierung eines Themas, über das man lange Zeit nur hin-ter vorgehaltener Hand sprechen konnte, ohne in den Verdacht latenter Ausländerfeindlichkeit zu geraten.

Erst vor wenigen Wochen hat das BKA gemeldet, dass in letz-ter Zeit immer mehr Hinweise auf potenzielle dschihadistische Kämpfer unter den Flüchtlingen eingegangen wären, Ende Juli waren es über vierhundert. Zu diesem Zeitpunkt hätten die zu-ständigen Behörden sechzig Ermittlungsverfahren eingeleitet. Verglichen mit der Gesamtzahl der aufgenommenen Flüchtlinge ist diese Zahl in der Tat gering, aber auch von einer relativ gerin-gen Zahl potenzieller Täter kann eine erhebliche Gefahr für die Sicherheit unseres Landes ausgehen. Deshalb kann eine allein statistische Betrachtung schnell zu falschen Schlussfolgerungen führen. Ganz unabhängig von diesen Zahlen: Wenn etwa siebzig Prozent aller Flüchtlinge ohne Pass oder andere aussagekräftige Identitätsdokumente einreisen, dann haben wir eine Vielzahl von Problemen. Wir müssen nicht nur für die Prüfung des Asyl-antrags und für eine etwaige Rückführung von ausreisepflichti-gen Personen die wahre Identität und die wahre Nationalität der betroffenen Personen kennen, wir brauchen diese Informatio-nen auch für die Gefahrenabwehr.

Wenn unter den mindestens 1,3 Millionen Flüchtlingen, die seit 2015 zu uns gekommen sind, nur ein Prozent zu Gewalttaten neigt, dann wären das 13.000 potenzielle Täter. Stehen die Sicherheits-kräfte da nicht vor einer unlösbaren Aufgabe?
Die Sicherheitsbehörden des Bundes und der Länder sind tat-sächlich schon seit Jahren in besonderer Weise gefordert, nicht erst seit der Grenzöffnung nach dem 4. September 2015. Schon

der Abbau der Binnengrenzkontrollen hat zu einem Verlust an Sicherheit geführt, weil die EU-Außengrenzen gegen illegale Einreisen nie so sicher waren, wie es eigentlich notwendig gewesen wäre. Anders formuliert: Nie waren die EU-Außengrenzen durchlässiger als vor der Schließung der Balkanroute. Vor diesem Hintergrund hätte die Polizei bereits vor geraumer Zeit personell deutlich verstärkt und technisch besser ausgestattet werden müssen.

Ist der Ratschlag vieler Politiker, die Menschen sollten »einfach weiterleben wie bisher«, nicht geradezu naiv?
Wenn mit der Formulierung »einfach weiterleben wie bisher« gemeint ist, dass wir unser Leben – so, wie wir es lieben – nicht deshalb ändern sollten, weil genau dies das Ziel der Terroristen ist, dann würde auch ich diesen Satz unterschreiben. Wenn mit »einfach weiterleben wie bisher« allerdings gemeint sein sollte: »Weil der Staat hundertprozentige Sicherheit nicht garantieren kann, kann alles so weiterlaufen wie bisher«, dann wäre diese Haltung allerdings fahrlässig und unverantwortlich.

Dass es keinen hundertprozentigen Schutz geben kann, ist klar. Sehen Sie aber noch gravierende Defizite in der sogenannten Sicherheitsarchitektur?
Die größten Defizite haben wir – nach wie vor – bei der grenzüberschreitenden, internationalen Zusammenarbeit im Kampf gegen den Terrorismus. Hier sind die Standards in den einzelnen Staaten immer noch sehr unterschiedlich. Eine Einrichtung wie das gemeinsame Terrorabwehrzentrum des Bundes und der Länder in Berlin-Treptow ist auch auf europäischer Ebene dringend notwendig.

Nach den Anschlägen von Paris im Jahr 2015 hat die französische Regierung die Sicherheitsgesetze massiv verschärft. Sind Maßnahmen darunter, die Deutschland als Vorbild dienen können?

Wir beobachten sehr genau, welche Entscheidungen andere Länder treffen, aber wir müssen unseren eigenen Weg gehen. Das gilt nicht nur für die Terrorabwehr, das gilt auch für den Kampf gegen die organisierte internationale Kriminalität, auch dort sind wir auf gute, grenzüberschreitende Zusammenarbeit angewiesen.

Es gibt ja Vorschläge, durch eine Einschränkung des Bargeldverkehrs oder gar durch die Abschaffung von Banknoten die Geldwäsche zu unterbinden.

Über diese Debatte bin ich sehr erstaunt, denn mir ist nicht bekannt, dass es in der Bundesregierung oder gar im Bundestag tatsächlich einen Plan für die Abschaffung von Banknoten gibt. Sollte es irgendwo einen solchen Plan geben, sollte man ihn schnell in den Reißwolf stecken.

Überlegungen gibt es wohl hinsichtlich einer Bargeld-Begrenzung auf 5.000 Euro je Zahlungsvorgang, aber auch hier bin ich sehr zurückhaltend. Ich möchte zunächst einmal wissen, welche praktischen Erfahrungen andere Länder mit einer solchen Begrenzung gemacht haben und ob die dortigen Limitierungen tatsächlich – wie häufig behauptet – kriminelle Aktivitäten verhindert haben oder zumindest zu deren Aufklärung beitragen konnten. Da fehlen zurzeit noch wirklich solide, nachprüfbare Informationen. Obwohl wir uns ansonsten immer gegen einen Generalverdacht wehren, wird anscheinend bei jeder größeren Barzahlung vermutet, dass die Beteiligten diesen Zahlungsweg nur deshalb wählen würden, um an Recht und Gesetz vorbei Geschäfte zu machen.

Wundert es Sie nicht, dass ausgerechnet ein Bundesfinanzminister von der CDU die Bargeldzahlungen auf 5.000 Euro begrenzen will?

Das wundert mich deshalb nicht, weil es in vielen europäischen Ländern solche Begrenzungen gibt. Bei dieser Lage ist es immer nur eine Frage der Zeit, bis solche Überlegungen und Entscheidungen auch Deutschland erreichen.

Sie sind ja bekannt dafür, immer mal wieder quer zur öffentlichen Meinung zu liegen. Nach dem Anschlag auf das Satiremagazin Charlie Hebdo *gab es bei uns die Forderung, das Blasphemieverbot abzuschaffen, also das Verbot, Glaubensinhalte zu verhöhnen oder Gotteslästerungen zu begehen. Sie sind dagegen.*
Ja, ich bin gegen die Abschaffung des Paragrafen 166 StGB.

Wird durch das Blasphemieverbot nicht insbesondere der Islam geschützt? Schließlich reagieren Muslime auf das, was sie für eine Beleidigung ihrer Religion halten, viel sensibler als Christen.
Sinn und Zweck dieser Vorschrift ist ja nicht, wie oft behauptet, der Schutz religiöser Überzeugungen. Schutzzweck der Norm ist die Wahrung des öffentlichen Friedens. Deshalb läuft diese Vorschrift leider häufig ins Leere, wenn nach der Erstattung von Strafanzeigen die zuständigen Ermittlungsbehörden feststellen, der öffentliche Friede sei gar nicht gestört, weil sich die Öffentlichkeit über bestimmte Äußerungen nicht massiv aufrege. Das wiederum führt zu einer geradezu kuriosen Situation: Je heftiger die öffentlichen Reaktionen, desto eher ist eine bestimmte Aussage strafrechtlich relevant. Kommt es bei der gleichen Aussage oder dem gleichen Ereignis nur zu sehr zurückhaltenden Reaktionen, stellt man halt fest, dass der öffentliche Friede gar nicht gestört sei. Dann läuft die Strafvorschrift ins Leere. Und da Christen offensichtlich wesentlich seltener heftig reagieren oder gar öffentlich protestieren, wenn ihre religiösen Überzeugungen angegriffen werden oder ihr Glaube beschimpft wird, sind die Voraussetzungen für Strafbarkeit in diesen Fällen häufig nicht gegeben.

Wird also von unserer Justiz eine Beleidigung Mohammeds eher verfolgt als eine des Papstes?

Die Frage ist etwas schlicht formuliert, aber sie hat dennoch ihre Berechtigung. In Deutschland ist es viel problemloser möglich, sich über die christlichen Kirchen, den Papst oder christliche Glaubensüberzeugungen lustig zu machen oder sie gar zu beschimpfen, als sich kritisch über den Islam zu äußern. Da wird sofort zu äußerster Zurückhaltung aufgerufen. Dies auch nicht ohne Grund, denn es ist ja in der Tat wesentlich gefährlicher, über den Islam oder gar den Propheten zu lästern oder sich nur lustig zu machen. Bei den christlichen Kirchen sieht man das alles viel lockerer. Diejenigen, die bei Scherzen zulasten der Christen laut lachen, sind die Ersten, die bei Scherzen über den Islam mangelnden Respekt gegenüber den religiösen Gefühlen von Muslimen beklagen. In Deutschland wird zu häufig mit zweierlei Maß gemessen.

Die meisten Flüchtlinge, die zu uns kommen, sind friedlich. Es gibt aber zweifellos auch kriminelle Ausländer. Gerhard Schröder hat dazu 1997, also noch als Kanzlerkandidat, deutliche Worte gefunden:»Wir dürfen nicht mehr so zaghaft sein bei ertappten ausländischen Straftätern. Wer unser Gastrecht missbraucht, für den gibt es nur eins: raus, und zwar schnell.« Aber die Praxis sieht doch anders aus.

Schröders Aussage hätte zu einem wahren Sturm der Entrüstung geführt, wenn Helmut Kohl oder ein anderer führender Unionspolitiker diesen Satz gesagt hätte. Bei uns wird schon fein danach differenziert, wer sich wie äußert. Das hat sich auch gezeigt, als Bundespräsident Gauck Ende 2015 im Hinblick auf die Flüchtlingskrise sagte:»Unser Herz ist weit, unsere Möglichkeiten aber sind endlich.« Das war für viele ein wichtiger Beitrag zu einer lebhaften gesellschaftlichen Debatte, eine geradezu intellektuelle Wegweisung. Wenn aber Horst Seehofer sagt:»Wir können nicht jeden aufnehmen, der zu uns kommt«, dann gilt das vielen als wilder Rechtspopulismus.

Schröder war sich damals der Zustimmung der Bevölkerung

ebenso sicher wie der Verweigerung der Grünen. Er wusste also ganz genau, dass im Falle eines Wahlsieges seinen Worten keinerlei Taten folgen würden, und so war es dann auch. Es ist leider häufig so, dass sich die Politik erst dann bewegt, wenn es vorher zu einem dramatischen Ereignis gekommen ist.

Wie in der Silvesternacht 2015 in Köln?
Wir können noch weiter zurückgehen. Mitte der Neunzigerjahre gab es die sogenannten Kurdenkrawalle, unter anderem mit der Entwaffnung eines Polizeibeamten auf der A 4 zwischen Köln und Aachen. Das waren damals wirklich dramatische Ereignisse. Die haben dazu geführt, dass die bis dahin sehr hohen Hürden für die Ausweisung und Abschiebung straffälliger Ausländer leicht abgesenkt wurden. Bis dahin war für die zwingende Ausweisung eine Mindestfreiheitsstrafe von fünf Jahren notwendig, nach der Novellierung wurde die sehr hohe Hürde leicht auf drei Jahre abgesenkt. Die Union war schon damals für eine stärkere Absenkung auf nur ein Jahr Freiheitsstrafe, aber das war politisch nicht durchsetzbar, auch wegen der Haltung des Koalitionspartners FDP. So dramatisch die Ausschreitungen damals waren – sie haben immerhin deutlich gemacht, dass bis dahin die Hürden für eine Ausweisung und Abschiebung ausländischer Straftäter viel zu hoch waren.

Jetzt ist die Ausweisung schon nach einem Jahr Haft möglich.
Ja, aber ohne die mehr als tausend angezeigten Straftaten in der sogenannten Kölner Silvesternacht wäre es nicht wenige Wochen später zu einer erneuten Gesetzesänderung gekommen mit der Möglichkeit, wesentlich schneller als nach der alten Rechtslage straffällige Personen ausweisen zu können.

Selbst wenn die Voraussetzungen für eine Ausweisung vorliegen: Was tun, wenn dieser kriminelle Ausländer keine Papiere hat oder sein Heimatland ihn nicht aufnimmt?

Ausweisung und Abschiebung werden gerne in einem Atemzug genannt. Aber es handelt sich um zwei verschiedene Sachverhalte. Bei der Ausweisung geht es um den Entzug des Aufenthaltsrechts als rechtliche Grundlage für die tatsächliche Beendigung des Aufenthalts durch Abschiebung, also durch Rückführung des Täters in sein Heimatland. Deshalb nützen uns auch die neuen Regelungen für eine schnellere und leichtere Ausweisung von ausländischen Straftätern nicht viel, wenn wir eine ungeklärte Identität und Nationalität haben – und die mutmaßlichen Herkunftsländer fröhlich erklären, es würde sich bei den betreffenden Personen gar nicht um ihre Staatsangehörigen handeln.

Deswegen plädiere ich dafür, niemanden mit ungeklärter Identität oder Nationalität einreisen zu lassen. Völkerrechtlich sind alle Länder nur verpflichtet, ihre eigenen Staatsangehörigen zurückzunehmen. Die Nachweispflicht für die wahre Staatsangehörigkeit liegt aber bei uns. Dies wiederum können wir anderen Staaten nicht vorwerfen, denn im umgekehrten Fall würden wir uns genauso verhalten.

Selbst wenn es gelänge, künftig die Einreise besser zu kontrollieren: Wir haben doch jetzt schon Hunderttausende im Land, von denen wir nicht wissen, wer sie wirklich sind.

Die Bundespolizei schätzt, dass mehr als jeder zweite Flüchtling mit unsicherer Identität einreist, ohne Pass, Personalausweis oder sonstige Dokumente zur Feststellung der Identität. Allein anhand der Sprache lässt sich die Identität jedoch nie und die wahre Nationalität nicht sicher feststellen. Das führt dann zu großen Schwierigkeiten im Anerkennungsverfahren, aber auch bei einer etwaigen Rückführung. Wir haben seit vielen Monaten an unseren Grenzen einen Kontrollverlust, weil wir dort jeden einreisen lassen, der einen Asylantrag stellt – auch wenn die Person keinerlei Ausweisdokumente mit sich führt, also die ansonsten zwingend vorgeschriebene Passpflicht nicht erfüllt.

Kommen wir zu einem anderen Sicherheitsthema: Das Inter-
net hat neben vielen Vorzügen auch seine Schattenseiten. Eine
besonders dunkle Seite ist die Kinderpornographie. 2011 wollte die
damals zuständige Ministerin Ursula von der Leyen diese Seiten
sperren lassen. Sie haben damals die Initiative der Familien-
ministerin unterstützt. Aber die Befürworter einer Sperrung sind
an der FDP und an Lobbygruppen gescheitert.

Ja, auch diese Schlacht ist geschlagen. Wir haben uns für das
Prinzip »Löschen statt Sperren« entschieden und nehmen daher
diese Inhalte weiter in Kauf, wenn Löschen nicht oder noch
nicht möglich und Sperren nicht gewollt ist. Ich habe Ursula von
der Leyen vor dem Schimpfwort »Zensursula« immer in Schutz
genommen, weil es nie um Zensur ging, sondern um die Verhinderung von Kindesmissbrauch. Wir sehen jetzt in der Praxis,
dass in manchen Fällen das Löschen solcher Seiten entweder
nicht möglich oder mit einem erheblichen Aufwand verbunden
ist, zum Beispiel weil die Server im Ausland stehen. Diese Folge
haben wir bewusst in Kauf genommen, weil es für die Sperrung
keine parlamentarische Mehrheit gab.

Zur inneren Sicherheit gehört auch der Jugendschutz – Stichwort:
Killerspiele und die Forderung nach ihrem Verbot. Das war vor
zehn Jahren ein großes Thema. Nun ist weitgehend Ruhe einge-
kehrt. Sind die Spiele heute weniger grausam, weniger blutrünstig?
Oder hat sich schlicht die Lobby durchgesetzt?

Gute Frage! Zum einen gibt es in der Branche inzwischen doch
ein hohes Maß an Nachdenklichkeit, zum anderen ist sich die
Wissenschaft völlig uneinig, ob diese Spiele die Nutzer enthem-
men und so Gewalttaten fördern – oder ob genau das Gegenteil
der Fall ist. Bei dieser Auseinandersetzung ging es immer um
die konsequente Durchsetzung des Jugendschutzes, nie darum,
Videospiele generell zu stigmatisieren oder gar zu kriminalisie-
ren. Das wurde zwar immer behauptet, war aber nie richtig. Wir
mussten aber schnell feststellen, dass es auch in der CDU/CSU-

Bundestagsfraktion Kolleginnen und Kollegen gibt, die als jung, dynamisch und modern gelten wollen und deshalb jede Restriktion bei den sogenannten Killerspielen strikt ablehnten und auch heute noch ablehnen.

Bei uns geschieht – am linken wie am rechten Rand – viel Unerfreuliches, ja, Abschreckendes. Auch Sie haben in unserem Gespräch mehrfach darauf hingewiesen, in Deutschland werde manches, was »rechts« geschehe, viel rigoroser beurteilt als die gleichen Vorgänge auf der linken Seite des politischen Spektrums.

Ja, das ist tatsächlich so. Beispiel: Wenn Abgeordnete oder Büros der Linkspartei angegriffen werden, dann ist die Empörung – völlig zu Recht – sehr groß. Dieselben Handlungen gegen Politiker oder Büros der AfD werden jedoch wesentlich milder beurteilt. Irgendwie habe ich das Gefühl, dass da manche denken: »Selber schuld, warum hat die AfD auch so merkwürdige politische Überzeugungen?«

Vor einigen Monaten gab es fast zeitgleich einen ziemlich umstrittenen Tweet der Kollegin Erika Steinbach und einen Torten-Anschlag auf die AfD-Politikerin von Storch. Am nächsten Tag haben mich eine ganze Reihe von Journalistinnen und Journalisten um Auskunft gebeten, wie ich denn den Tweet von Frau Steinbach bewerten würde – nach dem tätlichen Angriff auf Frau von Storch hat mich niemand gefragt. Darüber hat sich außerhalb der AfD auch niemand groß aufgeregt.

Zur Vermeidung möglicher Missverständnisse: Für mich ist die AfD kein potenzieller Partner der Union, sondern eine politische Konkurrenz, gegen die ich aus Überzeugung antrete. Aber haben denn die Mitglieder und Repräsentanten der AfD nicht auch einen Anspruch darauf, dass sie nicht angegriffen oder gar Opfer von Gewalttaten werden?

Ein anderes Beispiel: Als Mitte Juli in Berlin in kurzer Zeit durch gewaltbereite Autonome, durch sogenannte »linke Aktivisten«, über 120 Polizistinnen und Polizisten verletzt wurden, ist darüber in einigen Medien zwar pflichtgemäß berichtet worden, aber bundesweite Empörung, bundesweites Entsetzen – Fehlanzeige! Wie wäre es wohl gewesen, wenn rechtsextreme Schläger in gleicher Weise die Polizei attackiert hätten?

Wenn man an die jährlichen Gewaltorgien in Berlin am 1. Mai denkt, kommt man doch auch zu dem Schluss, linksextreme Gewalttäter könnten in Medien und Politik mit mehr Verständnis rechnen als rechtsextreme.

Wer die Entwicklung der letzten Jahrzehnte betrachtet, kann nicht ernsthaft bestreiten, dass wir bei politisch motivierten Gewalttaten tatsächlich mit unterschiedlichem Maß messen. Das liegt zum einen daran, dass jede Form von rechtsradikaler Betätigung bis hin zu rechtsextremistischen Gewalttaten parteiübergreifend konsequent verurteilt wird. Da sind wir uns alle einig und die Medien erst recht. Das allerdings sieht bei Straftaten im linksextremen Milieu ganz anders aus. Ich kann mich noch gut an gewalttätige Proteste gegen den Braunkohletagebau im Hambacher Forst erinnern. In der dortigen Lokalzeitung gab es dazu einen kleinen Einspalter, in dem von »Aktivisten« die Rede war. Wieso hat man den Begriff »Aktivisten« benutzt, nicht aber das Wort »Straftäter«? Außerdem hat man ganz gezielt versucht, das Wort »links« zu vermeiden. Diese politische Positionierung möchten viele auf keinen Fall mit dem Hinweis auf strafrechtlich relevantes Verhalten kontaminieren.

Es macht für einige auch einen großen Unterschied, ob bei einer Pegida-Demonstration Galgen mitgeführt werden oder bei einer Anti-TTIP-Kundgebung. Sind beide Fälle nicht in gleicher Weise zu verurteilen? Derartige Verhaltensweisen werden im rechten Milieu – aus guten Gründen – auf das Schärfste verurteilt. Im linken Milieu ist die Bewertung allerdings häufig eine ganz andere. Dann heißt es:»Eigentlich geht das gar nicht, aber man muss Verständnis für die haben, die sich so verhalten. Irgendwie meinen die es ja gut, auch wenn sie sich leider in der

Wahl der Mittel vergreifen. Kann halt schon mal vorkommen, dann drücken wir mal ein Auge zu.«

Ich kann mich noch gut an den Bundestagswahlkampf 1998 erinnern, als in Frankfurt zum Abschluss einer Großveranstaltung der Gewerkschaftsjugend eine Kohl-Puppe unter großem Beifall im Main versenkt wurde.
Jetzt stellen Sie sich doch bitte mal vor, die AfD würde so etwas machen. Die Empörung wäre flächendeckend, das ganze Land wäre in Aufruhr – und zwar völlig zu Recht! Aber bei der Gewerkschaftsjugend:»Na ja, geht eigentlich nicht, aaaber ...«

Um auf die Gewaltexzesse am 1. Mai zurückzukommen ...
Das eigentliche Problem besteht darin, dass man immer schon elf Monate und 29 Tage im Voraus weiß, was da passieren wird. Aber nicht wenige im rot-rot-grünen Lager stehen solchen Auswüchsen zwar formal ablehnend gegenüber, wollen aber das linke Milieu nicht durch konsequentes Einschreiten vergraulen. Man möchte nicht, dass diese Linksextremisten solche Taten begehen, will sich aber deren politisches Wohlwollen erhalten. Also wird die zurückhaltende Vorgehensweise der Polizei unter dem Begriff der Deeskalation zur genialen Strategie erklärt. Wenn es dann in einem Jahr zu weniger Ausschreitungen kommt als zwölf Monate vorher, findet man das schon grandios. Da fällt schon auf, dass solche Krawalle in München oder Nürnberg nicht stattfinden. Da wäre die Veranstaltung in wenigen Minuten zu Ende.

Sie haben erwähnt, dass die Union auch in der Koalition mit der FDP manches nicht durchsetzen konnte. Da es nicht nach einer absoluten Mehrheit der CDU bei der nächsten Bundestagswahl aussieht ...
(Lacht.) Man soll der Gnade des Herrn keine Grenzen setzen, aber es ist eher unwahrscheinlich ...

... stellt sich die Frage, mit wem die CDU/CSU eine Sicherheits-
politik im Sinne Wolfgang Bosbachs durchsetzen könnte.
Wenn man die Programme von CDU und FDP nebeneinander-
legt, sieht man schnell, dass es in den meisten Politikfeldern ein
hohes Maß an Übereinstimmung gibt. Aber es ist kein Betriebs-
geheimnis, dass im Bereich der Verbrechensbekämpfung eine
Einigung mit der SPD nicht schwieriger ist als mit der FDP. Die
FDP proklamiert immer, sie müsse unbedingt den angeblich in
Gefahr befindlichen Rechtsstaat verteidigen. Gerade so, als ob
der Rechtsstaat in Gefahr gerät, wenn Straftaten erfolgreich verhindert und Straftäter rasch überführt werden. Dass rechtsstaatliche Grundsätze nicht über Bord geworfen werden dürfen und
das Verhältnismäßigkeitsprinzip gewahrt bleiben muss, ist jedoch ganz selbstverständlich. Bei diesen Debatten wundere ich
mich immer wieder darüber, dass man darauf hinweisen muss,
dass gerade die Verhinderung und Aufklärung von Straftaten
dem Rechtsstaatsprinzip entsprechen. Denn es geht um den
Schutz der Rechtsordnung vor Rechtsbrechern und den Schutz
der Allgemeinheit vor Straftätern.

Man hat den Eindruck, Schwarz-Grün gelte im Kanzleramt wie im
Adenauer-Haus als Zukunftsmodell.
Diesen Eindruck haben Sie nicht exklusiv.

Könnten Sie sich vorstellen, mit den Grünen Sicherheitspolitik zu
machen?
Gerade bei den Grünen hängt das oft von den handelnden Personen ab. Ganz grob gesagt, könnte ich mir mit der einen Hälfte
der Grünen eine Koalition durchaus vorstellen, mit der anderen
Hälfte aber unter keinen Umständen. Problem: Die Grünen bekommt man nur komplett. Außerdem wüsste ich nicht, auf welches Regierungsprogramm man sich mit den Grünen einigen
könnte, es sei denn, CDU und CSU geben weitere politische
Überzeugungen auf, die man bis zur Stunde tapfer verteidigt.

Nun gibt es ja Beispiele, dass aus manchem grünen Fundi ein Realo geworden ist.

Auch richtig. Auf den Gebieten Wirtschaft, Haushalt und Finanzen könnte ich mir eine Koalition mit den Grünen tatsächlich eher vorstellen als in den Bereichen Innere Sicherheit, Zuwanderung und Integration. Da gibt es nicht nur marginale Unterschiede, sondern teilweise fundamentale.

Jenseits der sachpolitischen Meinungsverschiedenheiten gibt es jedoch noch einen anderen, gewichtigen Unterschied: Die Grünen halten sich nicht nur für die besseren Politiker – das ist so eine Art Berufskrankheit, unter der wir alle leiden. Die Grünen halten sich vor allen Dingen für die besseren Menschen, moralisch der politischen Konkurrenz weit überlegen. Sie können sich eigentlich gar nicht vorstellen, dass man eine andere politische Überzeugung haben kann als sie selbst. Aufgrund dieser Überheblichkeit neigen viele Grüne dazu, alles für absurd zu erklären, was nicht ihrem Programm, ihrer Politik entspricht. Gerade das macht eine Zusammenarbeit mit ihnen so schwierig, jedenfalls auf Bundesebene.

8. BEGEGNUNGEN

Wenn einer anderer Meinung war, stellte
der Kanzler sofort die Loyalitätsfrage.

»Diese Krise konnte sogar Kanzlerin Angela Merkel (59, CDU) nicht entschärfen. Millionen Menschen sahen am Montag, wie Parteifreund Wolfgang Bosbach (61, CDU) beim Promi-Spezial von ›Wer wird Millionär?‹ an der 500.000-Euro-Frage zur DDR-Kult-Waschmaschine ›WM66‹ verzweifelte. Der Rheinländer ratlos zu Günther Jauch (57): ›Wen soll ich da anrufen, außer der Kanzlerin?‹ Jauch schlagfertig: ›Super-Idee, wenn Sie die Nummer hier hinkriegen, dürfen Sie Frau Merkel als Sonder-Joker einsetzen.‹

Nicht so einfach … Bosbach zu BILD: ›Die alte Handy-Nummer hatte ich im Kopf. Aber Angela Merkel hatte gerade eine Woche vorher eine neue Handy-Nummer bekommen, die ich nur im Handy eingespeichert hatte.‹ Eine Assistentin bringt Bosbachs vier Jahre altes Nokia – er ruft an, ohne Erfolg. Bosbach schmunzelt: ›Die Kanzlerin muss die Welt retten – ihr Handy ist aus.‹ Bosbach steigt mit 125.000 Euro aus, die an einen guten Zweck gehen.

Kurz darauf piept plötzlich sein Handy – SMS von Merkel! ›Ich konnte nicht rangehen. Was gibt's denn?‹ Bosbach simst zurück: ›Liebe Angela, es hat sich schon erledigt, aber vielen Dank, dass Du Dich gemeldet hast.‹

Merkel erwidert: ›Ok was auch immer es war herzliche grüße am‹‹

Zitat aus: Ralf Schuler/Daniel Cremer:
So lief das mit der Merkel-SMS. In: *Bild.de*, 02.06.2014.

Die wichtigste Persönlichkeit in der deutschen Politik ist Ihre Parteivorsitzende und Kanzlerin Angela Merkel. Was haben Sie eigentlich gegen Frau Merkel?
(Lacht schallend.) Nichts, absolut nichts. Ich habe großen Respekt vor ihrer Arbeit und ihrer Lebensleistung. Ich war ja einige Jahre lang einer ihrer Stellvertreter, als sie Fraktionsvorsitzende war. Da hatten wir in den Sitzungswochen fast jeden Tag Kontakt, und dabei habe ich sie nicht nur kennen-, sondern auch schätzen gelernt. Richtig ist, dass ich in der einen oder anderen Sachfrage anderer Meinung bin als sie. Darüber haben wir auch immer ganz offen gesprochen. Wir haben darüber mehrfach intensiv diskutiert, sowohl über die Eurokrise, die in Wahrheit eine Staatsschuldenkrise ist, als auch über die Flüchtlingskrise. Ich habe diese Gespräche ausnahmslos als offen und fair in Erinnerung.

Hofft der CDU-Politiker Bosbach, dass Angela Merkel bei der Bundestagswahl 2017 nochmals antritt?
Ja. Trotz erheblicher Zweifel, ob wir in der Flüchtlingskrise tatsächlich das schaffen können, was wir schaffen müssten, gibt es in der Partei den großen Wunsch, dass Angela Merkel Parteivorsitzende bleibt und auch 2017 unsere Spitzenkandidatin ist. Der Parteitag in Karlsruhe hat ja gezeigt, wie groß ihr Rückhalt in der Partei ist.

Schauen wir zurück: Als Sie 1994 in den Bundestag eingezogen sind, war Angela Merkel schon Bundesministerin für Familie und Jugend und stellvertretende Bundesvorsitzende. Wie haben Sie »Kohls Mädchen« damals wahrgenommen?
Ich habe Angela Merkel schon im Wahlkampf 1994 kennengelernt. Sie sprach bei einer CDU-Veranstaltung in meiner Heimatstadt Bergisch Gladbach auf einem sehr kleinen Platz. Damals kamen hundertfünfzig bis zweihundert Leute; heute wären das wohl zehn Mal mehr. Bei uns war Kirmes, und der Kirmesplatz

lag in Sichtweite. Ich habe sie damals gefragt, ob sie nicht mit mir durch die Fußgängerzone zur Kirmes gehen möchte. Dort seien viel mehr Leute als bei der Kundgebung. Das wollte sie eigentlich nicht; sie wollte mir aber die Bitte auch nicht abschlagen. Also ging Angela Merkel mit. Die Leute reagierten freundlich, und allmählich fand auch sie unseren kleinen Spaziergang ganz nett. Meine Kinder Caroline und Natalie, damals knapp vier und sechs Jahre alt, waren mit dabei, und als wir am Kettenkarussell ankamen, fragten sie Angela Merkel, ob sie denn nicht mitfahren wolle. Bei mir hätte sie sicher »Nein, danke« gesagt, aber bei den Kindern konnte sie das nicht, fuhr mit und hatte einen Riesenspaß.

Da habe ich gesehen: Sie ist sehr zurückhaltend, abwägend, alle Optionen prüfend. So habe ich sie dann auch im Bundestag erlebt. Genau das Gegenteil von Gerhard Schröder. Sie hätte nie am Zaun des Kanzleramts gerüttelt. Sie hätte sich danebengestellt und so lange gewartet, bis eine Tür aufgeht, durch die sie hineinhuschen kann. Deshalb war es für mich so überraschend, wie klar sie sich trotz aller Kritik in der Flüchtlingspolitik positioniert hat. Getreu der Devise: »Das ist meine Überzeugung, davon lasse ich mich auch durch Kritik nicht abbringen.«

Das ist doch ihr wichtigstes Kapital: dass die Leute das Gefühl haben, Merkel geht es nicht um Selbstdarstellung, sondern um die Sache.
Das kann ich nur bestätigen. Ich habe ihr den Satz von 2005, »Ich will Deutschland dienen«, abgenommen. Die Menschen nehmen ihr das auch deshalb ab, weil sie betont bescheiden auftritt, obwohl sie als mächtigste Frau der Welt gilt. Ganz anders als Gerhard Schröder, der sich als Kanzler im Brioni-Anzug und mit Cohiba ablichten ließ. Es kann sich auch niemand vorstellen, dass sie eines Tages, wenn sie nicht mehr Bundeskanzlerin ist, für Gazprom arbeitet. Auch das erklärt ihre hohen Sympathiewerte.

Wann ist Ihnen klargeworden, diese Frau aus dem Osten und ohne Hausmacht kann nach ganz oben kommen?
Ich erinnere mich an eine heftige Auseinandersetzung um die Stasiakten Helmut Kohls. Sie war damals Fraktionsvorsitzende und bat mich darum, sie auf ein Gespräch mit der Spitze der Stasiunterlagenbehörde vorzubereiten und auf den aktuellen Stand der Dinge zu bringen. Nach einer halben Stunde hatte sie alle relevanten Informationen aufgesogen wie ein Schwamm. Während des nachfolgenden Gesprächs musste man den Eindruck gewinnen, sie habe sich mit der wirklich komplizierten Thematik des Stasiunterlagengesetzes schon jahrelang beschäftigt. Auch da hatte ich Riesenrespekt vor ihr.

Helmut Kohl hat Angela Merkel gefördert, hat sie zur Ministerin und seiner Stellvertreterin in der Partei gemacht. Wie haben Sie Merkels Rolle bei der Abnabelung der Partei von Helmut Kohl gesehen?
Aus ihrer Sicht hat sie damals ausschließlich im Interesse der Partei gehandelt. Das war die Zeit der Spendenaffäre, als nicht wenige meinten, die CDU werde den gleichen Weg wie die Democrazia Cristiana in Italien, also in die Bedeutungslosigkeit, gehen. Da war sie der Meinung, man müsse einen klaren Strich unter die Vergangenheit ziehen. In der Partei haben ihr das aber viele als Ausdruck der Undankbarkeit gegenüber ihrem Förderer Kohl verübelt. Ich hatte damals für diese klare Zäsur Verständnis.

Angela Merkel hat diesen berühmten Artikel in der F.A.Z. im Dezember 1999 hinter dem Rücken des Parteivorsitzenden Wolfgang Schäuble veröffentlicht. Der hätte sich ja auch von ihr trennen können.
Sie ist dieses Risiko bewusst eingegangen, um einen glaubwürdigen Neuanfang für die Partei organisieren zu können.

Im April 2000 wurde Angela Merkel Parteivorsitzende. In den
Medien galt sie als »Trümmerfrau«, die nach der Bewältigung der
Spendenaffäre wieder von einem Mann abgelöst werde. Haben Sie
das auch so gesehen?
Nein, ich habe Angela Merkel nie als Übergangslösung gesehen.
Mir war von der ersten Begegnung an klar: Wer sie unterschätzt,
hat schon verloren. Sie hat auch sehr schnell durch ihr Auftreten
die Sympathien der Parteibasis gewonnen.

Im selben Jahr wurden Sie stellvertretender Vorsitzender der Bun-
destagsfraktion, weil Jürgen Rüttgers seinen Posten frei machte,
um sich ganz auf Nordrhein-Westfalen zu konzentrieren.
Ich kann mich noch gut an diesen Tag erinnern, an den 29. Februar 2000. Es gab drei potenzielle Kandidaten: Ronald Pofalla,
Norbert Röttgen und mich. Ich war selbst überrascht, dass ich
nicht nur gewählt wurde, sondern sogar mit einem sehr guten
Ergebnis.

Es gab ja von Anfang an gewisse Spannungen zwischen dem
Fraktionsvorsitzenden Friedrich Merz und der Parteivorsitzenden
Angela Merkel. Wie haben Sie diese erlebt?
Ich habe zu Friedrich Merz ein sehr, sehr gutes persönliches Ver-
hältnis. Auch heute noch. Deshalb bin ich da etwas befangen. Er
war ein hervorragender Fraktionsvorsitzender, ein glänzender
Debattenredner und wäre mit Sicherheit gerne Fraktionsvorsit-
zender geblieben.

Stand Ihnen Friedrich Merz nicht näher als Angela Merkel?
Ja, das war so. Wir kamen nicht nur aus demselben Landesverband, sondern verstanden uns auch persönlich sehr gut und
trafen uns zudem privat. Deshalb weiß ich gut, mit welcher Leidenschaft er Fraktionsvorsitzender war und wie schwer es ihm
gefallen ist, dieses Amt aufzugeben.

*Im Vorfeld der Bundestagswahl 2002 gab es einen Zweikampf
zwischen Angela Merkel und Edmund Stoiber um die Kanzler-
kandidatur. Sie standen auf der Seite Stoibers.*
Das war keine Entscheidung gegen Angela Merkel und schon gar
kein Misstrauensvotum ihr gegenüber. Ich habe mich damals für
Edmund Stoiber eingesetzt, weil ich wie viele in der Partei der
Meinung war, mit ihm hätten wir die besten Chancen bei der
Bundestagswahl. Damit stand ich nicht allein.

Hat Merkel Ihnen das nachgetragen?
Das weiß ich nicht. Kann sein, gesagt hat sie es mir nie.

*Hat Ihr Eintreten für Stoiber nicht vielleicht doch eine Rolle
gespielt, als Angela Merkel Sie 2005 nicht zum Innenminister
machte?*
Nein, nein, das glaube ich nicht. Es gab 2001/2002 auch keine
heftige Auseinandersetzung, weil Angela Merkel ja selbst auf
eine Kandidatur verzichtet hatte.

*Stoiber hat die Wahl 2002 knapp verloren, und zwei Tage später
stürzte Merkel den Fraktionsvorsitzenden Merz.*
Friedrich Merz wäre sicher gerne Fraktionsvorsitzender geblieben. Ob Edmund Stoiber ihm vor der Wahl zugesagt hatte, er
könne auch bei einer Niederlage Oppositionsführer bleiben, weiß
ich nicht. Ich kann allerdings gut verstehen, dass Angela Merkel
nach dem Fraktionsvorsitz gegriffen hat. Es ging nicht nur um
die formale Position, sondern auch um die damit verbundenen
Möglichkeiten. Ohne den Fraktionsvorsitz wäre nicht sie als die
Herausforderin von Gerhard Schröder wahrgenommen worden,
sondern Friedrich Merz. Angela Merkel wird sich gedacht haben:
»Edmund Stoiber hatte seine Chance, und die nächste Chance
bekommt der oder die Fraktionsvorsitzende.« Wohl deshalb griff
sie nach dem Amt.

Friedrich Merz hat den Platz für Merkel ohne Kampfkandidatur geräumt. Fehlte ihm vielleicht der letzte Biss?
Vielleicht fehlte Friedrich Merz tatsächlich der unbedingte Wille zur Macht. Das aber macht ihn mir nicht unsympathisch. Er war sich wohl auch nicht sicher, ob er selbst nach einem gewonnenen Machtkampf die uneingeschränkte Unterstützung der Partei haben würde. Wenn er die offene Konfrontation gesucht hätte, wären Wunden geblieben.

Hätten Sie nicht lieber als Stellvertreter des Fraktionsvorsitzenden Merz weitergearbeitet?
(Lacht schallend.) Ich kann Sie im Moment ganz schlecht verstehen.

Ich kann die Frage gerne wiederholen ...
Im Ernst: Ich hätte auch sehr gern unter dem Fraktionsvorsitzenden Friedrich Merz weitergemacht, ja.

Der 18. September 2005 war ein herber Schlag für die Union: nur 35,2 Prozent, das schlechteste Ergebnis seit 1949. Es gab damals Stimmen in der Fraktion, die sagten, Merkel komme nach diesem Desaster für die Kanzlerschaft nicht mehr infrage. Es wurde über Stoiber, Wulff und Koch als mögliche Kanzler gesprochen.
Gesprochen wurde darüber, mehr aber auch nicht. Am Ende war die Freude über das Ende von Rot-Grün doch größer als das Bedauern über unser schlechtes Wahlergebnis. Ich musste da auch schmunzeln. 1976 sind wir mit 48,6 Prozent in der Opposition gelandet, 2005 stellten wir mit 35,2 Prozent die Kanzlerin. Das muss man erst mal schaffen!

Angela Merkel hat diese Niederlage überlebt. Haben Sie damals ihre Cleverness bewundert?
Sie hat damals Nervenstärke gezeigt. Als alle anderen unruhig wurden, blieb sie ruhig. Das hat mir Respekt abgenötigt.

Angela Merkel wird nachgesagt, sie räume innerparteiliche Wider-
sacher ziemlich rücksichtslos aus dem Weg. Von Michael Glos
stammt der Satz:»Angela, Angela, wer wird dein nächstes Opfer
sein?« Sind solche Vorwürfe gerechtfertigt.
Zum Beiseiteräumen gehören immer zwei: einer, der beiseiteräumen möchte, und einer, der sich beiseiteräumen lässt. Da hält
sich mein Mitleid in Grenzen. Ich sehe eher ein anderes Problem.
Kanzler und Kanzlerinnen tun sich aufgrund ihrer Stellung
schwer, zwischen Sachfragen und Personalfragen zu trennen.
Also zu sagen:»Mein Gesprächspartner ist in dieser Frage zwar
anderer Auffassung, aber er ist nicht mein Gegner, er ist trotzdem loyal.« Das habe ich auch mit Helmut Kohl erlebt: Wenn
einer anderer Meinung war, stellte der Kanzler sofort die Loyalitätsfrage.

Stünde die CDU heute nicht besser da, wenn Merz und Koch nicht
resigniert und Oettinger und Wulff sich von Merkel nicht hätten
wegloben lassen?
Vielleicht, aber mit Sicherheit kann das niemand wissen. Tatsache ist, dass es herausragende Persönlichkeiten waren, die zudem für bestimmte politische Inhalte und Themen standen.

Sie sind ein Politiker mit großer öffentlicher Wirkung, geben
mehr Interviews als die meisten Minister. Hat Angela Merkel Sie
mal gebeten, sich etwas zurückzunehmen?
Gesagt hat sie mir das nie. Aber dass sie das sehr oft gedacht und
anderen gesagt hat, davon bin ich überzeugt. Abgesehen davon
ist es unbekannt, dass ich viel mehr Interviewanfragen und
Talkshoweinladungen ablehne, als ich annehme.

Im Sommer 2015 sind Sie im Zusammenhang mit dem dritten
Hilfspaket für Griechenland als Vorsitzender des Innenausschusses
zurückgetreten. Hatten Sie die Kanzlerin vorher über diesen Schritt
informiert?

216

Nein, auch nicht, als ich im Herbst 2009 nach der Regierungsbildung mein Amt als stellvertretender Fraktionsvorsitzender niedergelegt habe. Ich glaube eher, dass sie damals überrascht war. Ich war da ja fast zehn Jahre lang stellvertretender Fraktionsvorsitzender, gewissermaßen ein Relikt. Damals hat sie mich gefragt, warum ich nicht weitermache. Ich habe ihr gesagt, das sei kein Affront, aber nach zehn Jahren wollte ich mal etwas anderes machen. Das hat sie auch verstanden. Als Volker Kauder mir dann in der Fraktion für meine langjährige Tätigkeit gedankt hat, gab es donnernden Applaus. Da habe ich schon geschaut, was Angela Merkel so macht. Aber sie war sehr intensiv mit ihrem Handy beschäftigt (lacht).

Angela Merkel spricht viel mit den Abgeordneten der Unionsfraktion.
Ja, es gab und gibt immer wieder längere Gespräche, auch Vier-Augen-Gespräche, insbesondere zum Euro und zur Flüchtlingspolitik. Solche Gespräche sind keineswegs selbstverständlich. Wobei ich nicht weiß, ob Angela Merkel wirklich an meiner Meinung interessiert war oder ob sie mich umstimmen wollte. Die Gespräche waren jedenfalls offen und fair.

Als Sie 2004 wegen einer Herzerkrankung in der Charité lagen, hat Angela Merkel Sie besucht. Welche Bedeutung hatte das für Sie?
Ich glaube nicht, dass sie das aus politischem Kalkül getan hat. Ich glaube, das war ihr ein Bedürfnis, weil ich mich erinnern kann, wie erschrocken sie war, als ich ihr von meiner Diagnose berichtete. Ich lag ja nicht im Hauptgebäude der Charité in Berlin-Mitte, sondern in einer Dependance in Steglitz. Angela Merkel konnte also nicht einfach vom Bundestag aus über die Straße gehen, sondern musste erst einmal durch die halbe Stadt fahren. Dann ist sie mehr als eine Stunde geblieben. Das hat mich schon gerührt.

Spricht Angela Merkel oft mit Ihnen über Ihre Krankheit?
Im Grunde beginnt sie jedes Gespräch mit der Frage, wie es mir geht und wie die Therapie verläuft. Da nimmt sie wirklich Anteil.

Ungeachtet bestehender Meinungsverschiedenheiten:
Vertrauen Sie der Bundeskanzlerin noch?
Ja. Ich habe nach wie vor Vertrauen in Angela Merkel. Es gibt allerdings nach wie vor unterschiedliche Auffassungen in der Flüchtlingspolitik und bei der Euro-Rettung.

Und vertraut Angela Merkel Ihnen?
(Lacht.) Das müssen Sie Angela Merkel fragen. Jedenfalls hätte sie keinen Grund mir zu misstrauen. Ich habe sie nie getäuscht. Nie!

»Im Sog des CDU-Spendenskandals war es in den letzten Jahren um den Pfälzer Helmut Kohl ruhiger geworden. Nun ist er wieder auf Wahlkampftour. Unterstützung für den Rhein-Berger CDU-Kandidaten Wolfgang Bosbach war das Ziel von Kohls Auftritt. In Wermelskirchen zollte Kohl seinem ehemaligen Büronachbarn im Abgeordnetenhaus ›Unter den Linden‹ Respekt. Er schätze Fraktionsvize Bosbach wegen seiner ›Verlässlichkeit und seines Kenntnisreichtums‹. Mit Blick auf die ›Höhen und Tiefen in meiner Zeit als Bundeskanzler‹ bescheinigte Kohl Bosbach, dass er ›immer da war, wenn man ihn brauchte.‹«

Zitat aus: Daniela Fobbe-Klemm: Helmut Kohl als Wahlkämpfer
in Wermelskirchen. In: Kölner Stadt-Anzeiger, 09.05.2005.

Sprechen wir über Helmut Kohl: Sie haben als junger Mann 1976
Wahlkampf für ihn gemacht.
Helmut Kohl verkörperte für uns Jüngere eine neue Politikergeneration. Er war damals ein erfolgreicher Ministerpräsident von

Rheinland-Pfalz mit einem tollen Kabinett mit vielen bundesweit bekannten Ministern und Staatssekretären wie Bernhard Vogel, Heiner Geißler, Johann Wilhelm Gaddum oder Roman Herzog. Mit Helmut Kohl gab es nach der schlimmen Wahlniederlage von 1972 eine großartige Aufbruchsstimmung innerhalb der CDU.

War Helmut Kohl für Sie so etwas wie ein Idol?
Oh ja, wir waren damals alle Fans von Helmut Kohl. Als Wahlkampfleiter hatte ich schon 1976 die große Ehre, ihm bei einer Kundgebung in Bergisch Gladbach ein Paar Boxhandschuhe zu überreichen. Mit denen hatte es eine besondere Bewandtnis: Die CDU Nordrhein-Westfalen hatte bei der vorherigen Landtagswahl ein bildhübsches Mädchen mit Boxhandschuhen und dem Slogan »Komm aus deiner linken Ecke« plakatiert. Diese Boxhandschuhe hatte ich mir von Franz Heinrich Krey besorgt und sie dann Helmut Kohl überreicht.

Hatten Sie auch ein Kohl-Poster überm Bett?
Nein, das nicht. In meinem Schlafzimmer war er nie.

1994 wurden Sie in den Bundestag gewählt. Helmut Kohl war da schon zwölf Jahre Kanzler, der Kanzler der Einheit. Es gab Debatten über seine Nachfolge. Fraktionschef Wolfgang Schäuble wollte Kohl ablösen. Kohl wollte aber bleiben, weil er erstens meinte, nur er könne die Einführung des Euro durchsetzen.
Das war nicht sein stärkstes Argument.

Zweitens sagte er immer, Schäuble hätte wohl im Bundestag gar nicht alle Stimmen von CDU/CSU und FDP bekommen.
Mir gegenüber hat Helmut Kohl immer das zweite Argument betont. Ich persönlich hätte Wolfgang Schäuble aus voller Überzeugung gewählt. Aber aus vielen Gesprächen mit Kollegen aus der eigenen Fraktion und aus der FDP wusste ich, dass Kohls Befürchtung berechtigt war. Da hätte bei der geheimen Kanzler-

wahl vielleicht mancher Kollege die Gelegenheit genutzt, Wolfgang Schäuble die eine oder andere Verletzung heimzuzahlen. Wäre Wolfgang Schäuble im Bundestag durchgefallen, wäre das für die CDU/CSU das größte Debakel gewesen.

Zurück ins Jahr 1994: Wie hat der frischgewählte MdB Bosbach den Kollegen Helmut Kohl wahrgenommen?
Das war schon irgendwie kurios. Ein paar Tage vorher hätte ich ihn oder Wolfgang Schäuble noch um ein Autogramm gebeten. Und jetzt saß ich plötzlich in derselben Fraktion. Da geht man aber als Neuling nicht einfach hin und sagt:»Hallo, mein Name ist Wolfgang Bosbach, wir sind jetzt Kollegen.« Ich hatte da zunächst einmal eine gewisse Ehrfurcht. Als ich dann im Jahr 2000 stellvertretender Fraktionsvorsitzender wurde, war ich plötzlich der Büronachbar von Helmut Kohl. Aber nicht, weil ich mich danach gedrängt hätte, sondern weil ich das Büro von Jürgen Rüttgers übernahm. Und das lag eben direkt neben dem von Helmut Kohl.

Wann kam es da zur ersten nachbarschaftlichen Begegnung?
Das war ja die Zeit der Spendenaffäre. In einem Interview mit der Lokalzeitung hatte ich gesagt, ich hätte große Probleme mit dem Verhalten Helmut Kohls. Denn Politiker müssten sich als Erste an die Gesetze halten, die sie selbst beschlossen haben.

Sie haben Helmut Kohl »permanenten Rechtsbruch und andauernden Verfassungsbruch« vorgeworfen. Das waren schon starke Worte.
Ja. Ich habe ein paar Tage später meinen Antrittsbesuch als Büronachbar bei ihm gemacht. Helmut Kohl war freundlich, aber reserviert. Auf den Gedanken, dass Helmut Kohl mein Interview mit der Lokalzeitung kennt, wäre ich nie gekommen. Er hat mich dann aber als Erstes gefragt, ob das Zitat denn richtig sei. Im ersten Moment habe ich überlegt, ob ich vielleicht sagen

sollte, so wörtlich hätte ich das nicht gesagt, habe mich aber dann doch zu dem Wortlaut bekannt. Ich glaube, es hat ihm durchaus Respekt abgenötigt, dass ich zu meiner Aussage gestanden habe. Er hat mir dann ausführlich seine Sicht der Dinge erklärt. Sein Hauptargument war, er habe das doch alles für die Partei getan und nicht etwa sich selbst bereichert.

Was ja stimmt.
Richtig. Er meinte, man müsse doch abwägen zwischen seinen Leistungen für Land und Partei und der Spendenaffäre. Das Klima war dann doch etwas frostig. Aber Juliane Weber war später sehr bemüht, für Entspannung auf dem Flur zu sorgen.

Demnach hatte Kohls engste Mitarbeiterin Juliane Weber wohl ein Faible für Sie. Denn normalerweise fanden Kohl-Kritiker in ihren Augen keine Gnade.
Ja, wir hatten als Nachbarn immer ein Superverhältnis.

Und wie ging es mit dem Büronachbarn Kohl weiter?
Helmut Kohl wurde kurz darauf, im April 2000, siebzig Jahre alt. Offizielle Feiern gab es wegen der Spendenaffäre nicht. Also ging ich zu ihm, um ihm zu gratulieren. Da hat er mir sofort das Du angeboten. Dann wurde eine Flasche Wein geöffnet, und dabei haben wir uns im Grunde erst richtig kennengelernt.

Von da an haben Sie dann »Helmut« zu ihm gesagt?
Nein, aus Respekt habe ich ihn weiterhin gesiezt. Auf die Idee, zu Helmut Kohl »Du« zu sagen, wäre ich nie gekommen.

Mir ist auch noch eine andere Begegnung im Gedächtnis geblieben: Helmut Kohl hat immer sehr lange gearbeitet. Viele haben unterschätzt, wie fleißig er war. Das war abends, 22 oder 23 Uhr, und wir beide waren wohl die Letzten im Gebäude. Da bin ich rübergegangen und habe gesagt: »Herr Bundeskanzler, wollen wir nicht mal Feierabend machen?« Da drehte er sich um zu mir und sagte:»Was soll ich denn jetzt noch machen?« Da habe ich gedacht:»Er hat recht. Er kann sich jetzt nicht irgendwo an eine Theke stellen und mit Freunden sprechen. Wo immer er hinkommt, gibt es einen Riesenauflauf.«

Damals wäre er auch nicht überall freundlich empfangen worden.
Mag sein. Jedenfalls habe ich damals ein Gefühl dafür bekommen, wie nah doch grenzenlose Verehrung und grenzenlose Verachtung beieinanderliegen können. Und das hatte er wirklich nicht verdient. An was ich mich auch noch erinnere: Eines Tages fragte mich Helmut Kohl ziemlich unvermittelt:»Was macht denn Ihr Kreisgeschäftsführer Gutmann?« Da war ich echt platt und sagte zu ihm:»Herr Bundeskanzler, woher kennen Sie denn Herrn Gutmann? Der ist übrigens seit 1991 im Ruhestand.« Kohl konnte sich aber an den langjährigen Geschäftsführer der CDU im Rheinisch-Bergischen Kreis noch gut erinnern. Da wurde mir schlagartig klar, wie gut er die gesamte Partei kannte.

Sie haben mit Helmut Kohl sicher nicht nur über gemeinsame Bekannte gesprochen.
Wir haben viele, viele Stunden miteinander gesprochen, über Gott und die Welt. Ich habe ihn dabei als einen Menschen kennengelernt, der historisch unglaublich kenntnisreich ist. Ich war einigermaßen verblüfft, als er mir einmal gesagt hat, für ihn sei der europäische Einigungsprozess das eigentlich Entscheidende in seiner Regierungszeit gewesen, weil der die Voraussetzung für den Prozess der deutschen Vereinigung gewesen sei. Er hat mir lange erklärt, wie wichtig es sei, dass Deutschland als größtes Land in der EU sich besonders um die kleinen Mitgliedsländer kümmere. Ich war ganz begeistert, wie differenziert und klug er argumentierte, obwohl er in der Öffentlichkeit und von vielen Medien gern als einfaches Gemüt dargestellt wurde. Da gab es auch auf Seiten der Journalisten viel Überheblichkeit. Stichwort: Birne! So ein Unsinn.

*Um auf die Spendenaffäre zurückzukommen: Helmut Kohl hat
die Namen der Spender nicht preisgegeben, weil er sich an sein
Ehrenwort gebunden fühlte. Hätte Kohl es gebrochen, hätten alle
gesagt: »Seht her, was für ein mieser Charakter! Erst verspricht er
seinen Spendern Stillschwiegen, und weil er selbst in Schwierigkeiten steckt, stellt er sie bloß.«*
Dieser Ausweg war ja verbaut, nachdem er selbst gesagt hatte, er
habe den Spendern sein Ehrenwort gegeben.

*Genau genommen hatte er doch vom Zeitpunkt des Ehrenworts
an keine andere Möglichkeit, als zu schweigen, oder?*
Wenn es so war. Wenn es tatsächlich so gewesen ist!

*Bezweifeln Sie, dass Kohl überhaupt durch sein Ehrenwort
gebunden war?*
Ich weiß nicht, wie es wirklich war. Ich halte mich an Kohls eigene Argumentation. Es gab ja keinen Spender, der sich gemeldet und gesagt hätte: »Helmut Kohl hat mir sein Ehrenwort gar
nicht gegeben.« Mit seiner Aussage, er habe den Spendern sein
Ehrenwort gegeben, hat sich Helmut Kohl den Ausweg versperrt,
die Namen doch noch zu nennen.

*Bei der Feier zum 80. Geburtstag Helmut Kohls im Jahr 2010 in
Ludwigshafen sagte Roman Herzog sinngemäß, in den Geschichts-
büchern werde eines Tages stehen, Helmut Kohl habe den Wieder-
vereinigungsauftrag des Grundgesetzes erfüllt. Sein Verstoß gegen
das Parteienfinanzierungsgesetz werde allenfalls zu einer Fußnote
reichen. Herzogs Urteil ist also viel milder als Ihr Vorwurf des
»permanenten Rechtsbruchs und andauernden Verfassungs-
bruchs«.*
Das war ein heftiger Vorwurf in einer heftigen Auseinandersetzung. Der Vorwurf lautete doch, Kohl habe sich über Recht und
Gesetz hinweggesetzt, ohne dass das zu Konsequenzen geführt
habe. Es gibt eben Situationen, da musst du sagen: »Das ist

rechtmäßig, und das ist rechtswidrig. Das ist tolerabel oder nicht tolerabel.« Und ich bin tatsächlich der altertümlichen Auffassung: Wir Politiker machen die Regeln, und deshalb müssen gerade wir uns an sie halten. Das schließt nicht aus, dass ich mal zu schnell fahre. Dann muss ich aber auch die Konsequenzen tragen.

Aber der »Raser« Bosbach verstößt doch nicht gegen die Verfassung.
Natürlich nicht, aber gegen die Straßenverkehrsordnung – die muss man auch beachten.

Aber wo hat Helmut Kohl die Verfassung gebrochen?
Er hat gegen das Rechtsstaatsprinzip verstoßen. Jede öffentliche Gewalt ist an Recht und Gesetz gebunden. Und das Parteiengesetz dient der Sicherung der Demokratie in Deutschland. Das Parteiengesetz formt ja das Demokratiegebot des Grundgesetzes durch klare Vorschriften für die Arbeit von Parteien detailliert aus, auch im Hinblick auf deren Finanzierung und die Rechnungslegung.

Wegen der Spendenaffäre wurde Helmut Kohl zur Unperson und in der CDU unter Quarantäne gestellt. War das angemessen?
Die Partei war damals in einer sehr, sehr schwierigen Lage. Aber die Unversöhnlichkeit der Kritik hat auch mich verwundert. Da hatten viele vergessen, was Helmut Kohl für die Partei und für viele in der Partei getan hatte. Da hat er mir auch leidgetan.

Helmut Kohl musste den Ehrenvorsitz seiner Partei, die seine Familie war, abgeben. Hätten Sie dem damals, wenn Sie im Bundesvorstand gewesen wären, zugestimmt?
Glücklicherweise musste ich diese Entscheidung nicht treffen. Aber wahrscheinlich hätte ich mit Ja gestimmt, schon damit diese Debatte endet und nicht die Partei lähmt.

Roland Koch hat im Januar 2016 öffentlich und selbstkritisch festgestellt, die CDU hätte Helmut Kohl längst wieder zum Ehrenvorsitzenden machen müssen. Hat Roland Koch recht?
Diese Auffassung teile ich. Es muss auch einmal gut sein. Bei der Abwägung der Verdienste Helmut Kohls um das Land und die Partei mit seinen Fehlern in der Spendenaffäre wäre es eine noble Geste, wenn die CDU ihn wieder zum Ehrenvorsitzenden machte. Das würde ihm gerecht und würde ihn sicher auch sehr freuen.

Im Bundestagswahlkampf 2005 hat sich Helmut Kohl für einige wenige Abgeordnete engagiert, ist auch zu Ihnen in den Wahlkreis gekommen. War das eine Art Nachbarschaftshilfe?
Ich hatte lange überlegt, ob ich ihn bitten kann, nochmals in den Wahlkampf zu ziehen. Er hat dann sofort Ja gesagt, hat keine Sekunde gezögert. Da war ich richtig gerührt. Er kam nach Wermelskirchen, der Saal platzte aus allen Nähten. Aber man merkte, dass ihm das Reden schon schwerfiel. Es war im Grunde keine klassische Wahlkampfrede, sondern eine lebendige Geschichtsstunde. Doch die Leute waren fasziniert. Anschließend wollte er unbedingt einmal sehen, wo ich wohne. Da sind wir zu mir nach Hause gefahren und haben uns noch lange unterhalten. Helmut Kohl hat ja eine warme, menschliche Seite, die leider öffentlich kaum zum Vorschein kam, und ist viel sensibler, als die Öffentlichkeit ihn oftmals wahrgenommen hat. Ich habe ihn in den gut fünf Jahren, als er bis zu seinem Sturz noch regelmäßig in Berlin war, ganz anders erlebt denn als Parteivorsitzenden und Bundeskanzler.

Im September 2012, fast auf den Tag genau zehn Jahre nach seinem Ausscheiden aus dem Bundestag, war der Altkanzler zum ersten Mal wieder in der CDU/CSU-Fraktion. Das war ja eine Art Versöhnung der Bundestagsfraktion mit Helmut Kohl.
Ich habe mich darüber gefreut. Ich war auch sehr gerührt, weil

ich ihn ganz anders in Erinnerung hatte. Helmut Kohl im Rollstuhl hat mich wirklich zutiefst gerührt. Mir ist sofort aufgefallen, dass seine Augen hellwach waren. Aber es fiel ihm schon damals schwer, selber das auszudrücken, was er empfand.

Helmut Kohl war nicht nur der Kanzler der Einheit. War er nicht vielleicht auch der letzte Politiker, der Europapolitik mit dem Herzen gemacht hat?

Europa zu vollenden ist für Helmut Kohl ein historischer Auftrag, gerade vor dem Hintergrund der deutschen Geschichte. Ihm ging es nicht allein um die Frage: Welche Aufgaben können wir nur noch auf europäischer Ebene lösen? Sondern auch darum: Wie können wir den europäischen Einigungsprozess so gestalten, dass wir Europäer für alle Zeiten in Frieden und Freiheit leben können?

Sie haben gesagt, Helmut Kohl sei für Sie als Jungpolitiker ein Idol gewesen. War er später, als Sie bereits im Bundestag saßen, auch ein Vorbild?

Ja, immer noch, mit seinem unbedingten Einsatz für die Partei. Er ist in der Partei und mit der Partei groß geworden. Die Parteiarbeit war für ihn immer ebenso wichtig wie das Regierungsgeschäft.

Lassen Sie uns über einen anderen großen Unionspolitiker sprechen: Edmund Stoiber, dessen Kanzlerkandidatur 2002 Sie unterstützt hatten. In sein Kompetenzteam hat er sie jedoch nicht berufen. Waren Sie damals enttäuscht?

Das hat mich weder überrascht noch enttäuscht. Damit hatte ich überhaupt nicht gerechnet. Zumal es Günther Beckstein gab. Der war sozusagen der Innenminister der Union, der war unter den Innenpolitkern von CDU/CSU eindeutig der *primus inter pares*.

Können Sie sich noch an Ihre erste Begegnung mit Edmund Stoiber erinnern?

Ich kann mich noch sehr gut an die erste temperamentvolle Begegnung mit Edmund Stoiber erinnern, das müsste 2004 im Rahmen der Föderalismusreform I gewesen sein. Stoiber war damals zusammen mit Franz Müntefering der Ko-Vorsitzende der Bund-Länder-Kommission, während ich der Obmann der CDU/CSU-Bundestagsabgeordneten war. Vor der eigentlichen Sitzung gab es ein Treffen der CDU- und CSU-Mitglieder. Edmund Stoiber legte die Position der Länder dar, Norbert Röttgen und ich erklärten die Position des Bundes. Dabei war ich wohl zu temperamentvoll, denn von Minute zu Minute verfinsterte sich die Miene von Edmund Stoiber. Das Ganze endete nicht im Eklat, aber in einer etwas frostigen Atmosphäre. Während des anschließenden Essens fragte mich ein Mitarbeiter Stoibers, ob ich später zu einem Vier-Augen-Gespräch mit Edmund Stoiber bereit wäre. Da dachte ich: »Das gibt Ärger.« Aber zu meiner Verblüffung hat er mir zunächst das Du angeboten. Dann hat er mir eine Stunde lang seine Position nochmals erläutert. Er sprach zu mir genauso temperamentvoll wie später im Bundestagswahlkampf 2005 in einem Tausend-Mann-Zelt in meinem Wahlkreis. Da habe ich gemerkt: Der Mann brennt für die Politik wie eine Fackel, aber an beiden Enden.

Ich habe nie wieder einen Politiker getroffen, der mit solcher Leidenschaft über Politik gesprochen hat.

Was schätzen Sie neben der Leidenschaft noch an ihm?

Er ist ein kluger Analytiker. Er ist wahrscheinlich in seiner ganzen Haltung preußischer als viele Preußen. Er ist immer sehr gradlinig und auch für andere Argumente zugänglich. Ich kenne andere, die vermitteln nur den Eindruck, sie würden die Meinungen anderer ernst nehmen; bei Edmund Stoiber ist das tatsächlich der Fall. Er war ja auch ein außerordentlich erfolgreicher Landespolitiker. Den von Franz Josef Strauß eingeschlagenen

Weg, aus dem Agrarland Bayern einen modernen Industriestandort zu machen, hat er konsequent fortgesetzt. Dabei hat er immer die Balance gehalten zwischen dem Traditionellen, dem Konservativen und dem Fortschrittlichen. Kein Politiker hat »Laptop und Lederhose« mit seiner Politik so glaubhaft verkörpert wie Edmund Stoiber.

Nach der Bundestagswahl 2005 war Edmund Stoiber einige Wochen lang als neuer Superminister für Finanzen und Wirtschaft im Gespräch. Er hat dann diesen Sprung nach Berlin nicht gewagt. Hat Sie das überrascht?
Seine Entscheidung hat mich überrascht, ja. Denn es wäre für ihn die einmalige Chance gewesen, an einer Schlüsselstelle Politik über Bayern hinaus zu gestalten. Vielleicht war er sich damals nicht sicher, ob er mit dem Koalitionspartner SPD hätte durchsetzen können, was er für notwendig hielt.

Haben Sie damals mit ihm über seine Entscheidung gesprochen?
Unser Kontakt ist nie abgerissen, auch nicht nach seinem Ausscheiden aus dem Amt des bayerischen Ministerpräsidenten. Aber die Frage, warum er damals nicht zugegriffen hat, habe ich Edmund Stoiber erspart.

Edmund Stoiber war 2004 als Kandidat für das Amt des Bundespräsidenten im Gespräch. Angela Merkel hat sich mehr oder weniger im Alleingang für Horst Köhler entschieden. War es für Stoiber vielleicht sogar gut, dass er nicht in dieses eher unpolitische Amt gewechselt ist?
Bei dem politischen Temperament, das Edmund Stoiber auszeichnet, hätte er sich als Bundespräsident sehr stark zurücknehmen müssen. Ich bin mir nicht sicher, ob er immer der Versuchung widerstanden hätte, sich vom Schloss Bellevue aus regelmäßig temperamentvoll in die Tagespolitik einzumischen.

Edmund Stoiber hat aber über Sie gesagt: »*Wolfgang Bosbach ist ein Bruder im Geiste, ein Seelenverwandter, ein außerordentlich zuverlässiger, hochintelligenter, sprachgewaltiger Mann, der selbst die für die CDU schwierigen Debatten mit großer intellektueller Brillanz führen kann.*«

(Lacht.) Wenn Edmund Stoiber das sagt, dann muss da was dran sein. Aber im Ernst: Das Zitat belegt ja, dass wir uns auch persönlich gut verstanden haben.

Edmund Stoiber gilt als Strippenzieher bei den Attacken von Horst Seehofer auf die Flüchtlingspolitik Angela Merkels. Wie sehen Sie seine Rolle?

Richtig ist, dass Edmund Stoiber in der CSU, aber auch in der CDU bei seinen Auftritten bejubelt wird. Aber dass er so viel Einfluss auf Horst Seehofer hat, dass dieser seine Entscheidungen von der Meinung Edmund Stoibers abhängig macht, das glaube ich nicht. Viele übersehen, dass Edmund Stoiber auch einmal bayerischer Innenminister war. Er kennt also die Probleme, die wir mit der derzeitigen Flüchtlingspolitik haben, im Detail.

Wenn Sie sich die politischen Führungskräfte in der Union anschauen: Fehlt nicht ein Edmund Stoiber?

Uns fehlt nicht nur ein Edmund Stoiber, uns fehlt auch ein Günther Beckstein, der immer als Law-and-Order-Mann geschmäht wurde, obwohl Recht und Ordnung nun wirklich keine Schimpfwörter sein sollten.

Sprechen wir über Günther Beckstein. Er hat über Sie gesagt, Sie seien nur etwas konservativ. Ist seine Einschätzung richtig?

(Lacht schallend.) Zumindest glaubt er, er sei konservativer als ich. Dabei konnte er im Einzelfall, zum Beispiel bei Abschiebungen, eine verblüffende Flexibilität an den Tag legen. Ich kann mir schon vorstellen, wie das in Bayern gehandhabt worden ist. Nach außen harte Linie: »Da kennen wir keine Gnade, da geht es um die Durchsetzung von Recht und Ordnung.« Wenn er aber von einem Abgeordneten oder Landrat gebeten wurde, sich die Akte eines Abzuschiebenden nochmals anzusehen, dann war er immer bereit zu prüfen, ob sich da unter humanitären Gesichtspunkten nicht doch etwas machen lässt. Allerdings hat er dann größten Wert darauf gelegt, dass das nicht öffentlich wurde. Er hat mir auch einmal gesagt, es gebe ja auch die Möglichkeit, eine Akte im Stapel immer wieder nach unten zu legen (lacht).

Wie haben Sie sich mit Beckstein abgestimmt?
Wir hatten mindestens wöchentlich Kontakt. Er hat mich auch immer als Gast zu den Treffen der Unions-Innenminister der Länder eingeladen.

Gab es auch mal Kontroversen zwischen Ihnen und Günther Beckstein?
Nein, daran kann ich mich nicht erinnern. Halt, eine Ausnahme gibt es: Er hat mir gesagt, er könne nicht verstehen, warum Kölner Bier aus Reagenzgläsern trinken.

Beckstein hat ja mehrere Gesichter. Er war ein Hardliner und zugleich ein Mann mit sehr viel Humor.
Wenn der Begriff »Schlitzohr« auf einen Politiker zutrifft, dann auf Günther Beckstein. Er hat Mutterwitz und kann auch über sich selbst lachen. Er war auch viel spontaner als Edmund Stoiber und immer für einen Scherz gut.

Günther Beckstein war im Januar 2007 am Sturz Stoibers beteiligt, wurde sein Nachfolger, verlor aber die Landtagswahl 2008 krachend. War es ein Fehler, dass Beckstein Ministerpräsident werden wollte?
Mich würde es wirklich interessieren, wie Günther Beckstein seine damalige Rolle sieht. Ich weiß es wirklich nicht. Jedenfalls hat er uns immer wieder verklausuliert, aber doch hinreichend

klar gesagt, es gebe auch noch andere Ämter als das des Innenministers. Das hat er mehr als einmal gesagt. Damit war jedenfalls mir klar, dass er bayerischer Ministerpräsident werden will. Deshalb hat es mir von Herzen leidgetan, dass seine brillante Karriere so enden musste.

Vielleicht wäre es besser gewesen, er wäre 2005 Bundesinnenminister geworden.
Ich glaube, das war nie sein Wunsch. Er wollte in Bayern bleiben.

»Wolfgang Bosbach (CDU/CSU) (von der CDU/CSU mit Beifall begrüßt): ›Frau Präsidentin! Meine sehr geehrten Damen und Herren! Herr Minister Schily, Sie müssen hier gar nicht so herumbrüllen. Wir sind hier nicht in Ihrem Ministerium, wir sind hier im Deutschen Bundestag.

(Beifall bei der CDU/CSU sowie bei Abgeordneten der FDP – Peter Dreßen [SPD]: Was soll das jetzt?)

Wer gute Argumente hat, muss nicht holzen, der kann mit der Kraft der Argumente überzeugen.

(Beifall bei der CDU/CSU – Zurufe von der SPD)

Tatsache ist: Dieser Innenminister ändert auch in puncto Zuwanderung seine Meinung schneller, als sich ein Propeller drehen kann, und beschimpft heute jene, die das sagen, was er selber noch bis vor kurzem als richtig und wahr verkündet hat.

(Beifall bei der CDU/CSU)

18. November 1998, Originalton Schily: Die Grenzen der Belastbarkeit durch Zuwanderung sind überschritten. Auch ein Zuwan

derungsgesetz kann daran nichts ändern; denn die darin festzu-
legende Quote müsste auf null gesetzt werden.

(Beifall bei der CDU/CSU)

»Süddeutsche Zeitung«, 7. Januar 1999: Frage: Die Wirtschaft sagt,
dass sie Zuwanderer benötigt. Schily: Wenn mir Siemens sagt »Wir
brauchen so und so viele«, bin ich sofort bereit. Da brauchen wir
kein Zuwanderungsgesetz. Das gehe schon mit dem geltenden Aus-
ländergesetz.

(Beifall bei der CDU/CSU)

»Die Zeit«: Frage: Ist es nicht anachronistisch, dass bis heute nur
die Opfer staatlicher Verfolgung Asyl erhalten?

Schily: Wenn das Leben dieser Menschen daheim konkret bedroht
ist, schicken wir sie nicht zurück. Die Sache droht sonst auszuufern.
Wo wollen Sie die Grenze für nicht staatliche Verfolgung ziehen?

(Beifall bei der CDU/CSU)

Die Menschen in diesem Lande erwarten, dass der Innenminister
diejenigen, die das zitieren, was er früher selber als richtig erkannt
hat, nicht beschimpft; sie erwarten vielmehr einen standhaften
und prinzipienfesten Innenminister. Den können sie haben, aber
erst nach dem 22. September. In dieser Wahlperiode bekommen sie
einen solchen nicht mehr.‹

(Beifall bei der CDU/CSU sowie bei Abgeordneten der FDP)«

Zitiert nach: Deutscher Bundestag, 14. Wahlperiode, Stenographischer
Bericht der 222. Sitzung vom 1. März 2002, Plenarprotokoll 14/222.

Ein Name ist in unseren Gesprächen häufig gefallen: Otto Schily.
Er wurde als Verteidiger der RAF-Terroristen bekannt. Dann ging
er zu den Grünen. Nach der ersten freien Volkskammerwahl im
März 1990 verhöhnte er die Ostdeutschen, als er nach dem Wahl-
sieg der »Allianz für Deutschland« mit einer Banane ins Fernseh-
studio kam. Als SPD-Innenminister trat er gerne martialisch auf.
Wer jemals mit ihm zu tun hatte, erlebte ihn als sehr selbstbewusst
beziehungsweise unerträglich arrogant. Wie haben Sie ihn erlebt?
Ich hatte damals ununterbrochen mit ihm zu tun. Im persönlichen Umgang hatte ich nie ein Problem mit ihm. Ich hatte
immer das Gefühl, dass er sich in der SPD nie so richtig wohl-
gefühlt hat. Er hätte sich sicher in einer Otto-Schily-Partei am
wohlsten gefühlt. Nur gab es die nicht. Also versuchte er, aus
einer schwierigen Situation das Beste zu machen. Er wusste,
dass die Union beim Thema Innenpolitik und insbesondere bei
der Terrorbekämpfung gegenüber der SPD einen erheblichen
Kompetenzvorsprung hat. Es gab damals eine Art Urvertrauen
der großen Mehrheit der Bürgerinnen und Bürger in die Innenpolitik der CDU/CSU. Also war sein Prinzip: An dieser Stelle keine
Schwäche zeigen.

Mich hat das berühmte Foto von Otto Schily mit Polizeihelm
und Schlagstock überrascht. Aber ihm hat man das nicht übel-
genommen. Hätte sich Manfred Kanther in derselben Pose gezeigt, hätten die Medien geurteilt: »So ist die Innenpolitik der
Union: mitleidlos, dran, drauf, drüber – ohne Rücksicht auf Verluste.« Bei Otto Schily hat man gesagt: »Dieser Innenminister
kämpft persönlich an vorderster Front für Recht und Ordnung.«

Ich habe ihn erlebt als brillanten Juristen, aber auch als jemanden, der sich außerordentlich schwer damit tut, Argumente
anderer abzuwägen. Mit ihm zu verhandeln war anstrengend,
aber immer ein intellektuelles Vergnügen. Ich erinnere mich
noch gut an die Koalitionsverhandlungen zum Zuwanderungsgesetz. Da ist er mit einem Parteikollegen in einer Form umgegangen, da habe ich mich gefragt: »Warum lässt der sich das gefal-

len?« Sein Umgang mit mir war immer korrekt, mit Günther Beckstein ist er geradezu freundschaftlich umgegangen. Jetzt, zehn Jahre später, kann man es ruhig sagen: Schily und Beckstein haben sich damals öffentlich auch manches Scheingefecht geliefert.

Über Otto Schily haben Sie gesagt, er sei ein guter Jurist, aber nur ein durchschnittlich begabter Innenminister.
Wie kamen Sie zu diesem vergifteten Urteil?
Er hatte einfach kein Talent, Menschen mitzunehmen. Das gilt insbesondere für die eigenen Mitarbeiter. Ich kann mich noch gut an das desaströs gescheiterte erste NPD-Verbotsverfahren erinnern. Da hat Otto Schily den zuständigen Abteilungsleiter mit zur Pressekonferenz geschleift und vor der versammelten Mannschaft bloßgestellt. Das geht gar nicht. So darf man mit Mitarbeitern nicht umgehen. Ich bin froh, dass ich nie für Otto Schily arbeiten musste (lacht). Heute verstehen wir uns persönlich ganz gut, und ich hoffe, dass das auch so bleibt.

Im Bundestag haben Sie Schily einmal zurechtgewiesen:
»Sie müssen hier nicht so rumbrüllen. Wir sind hier nicht in Ihrem Ministerium, wir sind hier im Deutschen Bundestag.«
Wie hat Schily darauf reagiert?
Das hat er sportlich genommen. Er wusste ja selbst, wie unbeherrscht er werden kann, wenn nicht alles so läuft, wie er will. Wo Menschen arbeiten, werden Fehler gemacht. Die Frage ist nur: Wie geht man damit als Chef um?

Nach dem 11. September 2001 hat er die vielen neuen Sicherheitsgesetze auf den Weg gebracht, mit Hilfe der Union.
Damals war er froh, dass er für den Kampf gegen den Terror unsere vorbehaltlose Unterstützung hatte. Probleme hatte er dagegen mit den Grünen, auf die war er jedoch angewiesen.

Mit seinen Vorstellungen zur Terrorismusbekämpfung, zur
Zuwanderung oder zur Vorratsdatenspeicherung hätte Schily
doch auch in der CDU sein können.

In dieser Zeit war es für mich als zuständigem CDU-Politiker für
die Bereiche Innen- und Rechtspolitik sehr schwer, mit Otto
Schily im Bundestag kontrovers zu diskutieren. Eigentlich hätte
ich viel häufiger sagen müssen: »Da hat er recht.« (Lacht.) Also
suchte man bei Initiativen der rot-grünen Regierung Zuflucht zu
Formulierungen wie »kommt zu spät« oder »greift zu kurz«.

Hat sich Otto Schily mit seinen Sicherheitsgesetzen, mit der
sogenannten neuen Sicherheitsarchitektur, bleibende Verdienste
erworben?

Ja, aber nicht nur mit dem sogenannten Otto-Katalog an Gesetzen, sondern auch mit organisatorischen Maßnahmen wie dem
Gemeinsamen Terrorismusabwehrzentrum in Berlin-Treptow.

»Seit geraumer Zeit erteilt Bosbach eben auch erschöpfend Auskunft in eigener Sache: Seht her, ich bin zwar unheilbar krank, aber
das ist kein Grund, sich verzweifelt in den Staub zu werfen. Man
darf annehmen, dass sein Beispiel ein hilfreiches Vorbild für andere
Menschen ist, denen es ähnlich geht. Aber hilft Bosbachs öffentliches Beispiel auch Wolfgang Bosbach?

Nicht alle Parlamentskollegen sind sich da sicher. ›Ich wünsche
ihm natürlich alles Gute und viel Kraft‹, sagt der grüne Bundestagsabgeordnete Wolfgang Wieland. Er sitzt mit Bosbach im Innenausschuss des Parlamentes und hält ihn für den ›idealen Vorsitzenden‹
dieses Gremiums. Wie vielen anderen Oppositionspolitikern ist es
auch Wieland nicht möglich, Bosbach unsympathisch zu finden. Die
Atmosphäre im Ausschuss sei freundlich, dem Rheinländer sei es
sogar gelungen, dort ein ›gewisses Karnevalselement‹ einzuführen.

›Als konservativen Kampfpanzer hab ich ihn nie erlebt‹, lobt
Wieland. Bosbach höre zu und wäge seine Argumente. ›Wenn er

Positionen vertritt, dann aus echter Überzeugung.‹ Mehr Lob von der Oppositionsbank wird ein CDU-Abgeordneter in diesem Jahrtausend vermutlich nicht mehr bekommen. Dennoch hofft Wieland, dass Bosbach ›Politik nicht mit Therapie verwechselt‹.«

Zitiert aus: Claus Christian Malzahn: Bosbach ist nicht normal – er ist ein Phänomen. In: *Welt.de*, 23.03.2013.

Nicht nur die Haushaltspolitiker im Bundestag sind bekanntlich eine verschworene Gemeinschaft, sondern auch die Innenpolitiker. Der Grünen-Politiker Wolfgang Wieland hat einmal über Sie gesagt, ihm sei es schlicht nicht möglich, Sie unsympathisch zu finden. Sie seien kein konservativer Kampfpanzer. So viel Lob ist vom politischen Gegner nicht üblich.

(Lacht.) Da habe ich mich im ersten Moment gefragt: »Was hast du bloß falsch gemacht?« Aber mir wurde schnell klar, wie er das gemeint hat. Als wir gemeinsam im Innenausschuss waren, hatten wir gegenseitige Vorurteile. Ich musste meine sehr schnell revidieren, weil Wolfgang Wieland sehr differenziert argumentiert hat. Ich habe stets schnell gemerkt, ob jemand ein gelernter Oppositionspolitiker ist oder schon Regierungsverantwortung getragen hat. Wolfgang Wieland hat das; er war ja für kurze Zeit Justizsenator in Berlin. Das merkte man gerade in kontroversen Debatten. Er ließ sich nicht aus der Ruhe bringen, hat immer sehr sachlich argumentiert.

Wieland hat Sie, als Sie 2015 den Vorsitz des Innenausschusses niedergelegt haben, sogar als »idealen Vorsitzenden« gelobt. Sie hätten sogar Elemente des Karnevals in die Sitzungen eingebracht.
Ich habe mich immer um ein gewisses Maß an Lockerheit bemüht, weil das auch zu einer guten Beratungsatmosphäre beiträgt. Heftige Debatten, die bis ins Persönliche gehen, sind überhaupt nicht mein Ding. Ich erinnere mich an einen Auftritt von Innenminister Thomas de Maizière. Die Grünen waren mit des-

sen Ausführungen überhaupt nicht einverstanden. Später stellte sich dann heraus, dass die Äußerungen des Ministers unzutreffend waren, er das aber nicht wissen konnte, weil er offensichtlich selbst falsch informiert worden war. Das kann ein Minister seinem Mitarbeiterstab nicht öffentlich vorwerfen, weil er persönlich die politische Verantwortung trägt. Also kam Thomas de Maizière erneut in den Ausschuss und entschuldigte sich. Neun von zehn Oppositionspolitikern hätten trotzdem auf den Tisch gehauen. Ganz anders Wolfgang Wieland. Der sagte, er finde es gut, dass der Minister seinen Irrtum einräume und sich entschuldige, aber jetzt sollten wir in der Tagesordnung fortfahren. Da kann ich nur sagen: Respekt.

Als Sie ihre Krebskrankheit öffentlich gemacht haben, hat Wolfgang Wieland Sie mit Lob überschüttet, aber auch gemahnt, Politik nicht mit Therapie zu verwechseln.
Da hatte er zu hundert Prozent recht. Ich habe die Politik auch nie als Therapeutikum betrachtet. Allerdings wird man durch Arbeit abgelenkt. Aber spätestens abends im Bett kommen die verdrängten Sorgen wieder.

Viele Innenpolitiker der Grünen predigen auch bei der inneren Sicherheit die reine Lehre. War Wieland da anders?
Mehr Politiker vom Typ Wieland könnten die Grünen wirklich gut gebrauchen. Das Kontrastprogramm dazu ist Volker Beck. Der ist ausgesprochen fleißig, aber bei ihm wird alles sofort zum Skandal. Er prangert ständig alles Mögliche an, klagt, jammert, ist empört. Das kenne ich von den Linken auch, da macht es Ulla Jelpke genauso. Daneben sitzt ein Frank Tempel von der Linken, der mit Ruhe und Sachkenntnis die Tagesordnung abarbeitet, aber nicht im permanenten Empörungsmodus agiert.

Als Sie einen Supermarkt leiteten, gehörte Wolfgang Wieland zur linken Szene Berlins, lebte in einer WG und demonstrierte gegen

den Schah. Ich habe den Eindruck, Konservative sind manchmal
von solchen nicht bürgerlichen Lebensläufen geradezu fasziniert.
Das gilt für Joschka Fischer noch viel mehr als für Wolfgang Wieland. Es stimmt: Das sind für mich sehr interessante Lebensläufe. Da frage ich mich immer: »Wie kommen eigentlich junge Menschen dazu, einen solchen Weg einzuschlagen?« Da wundert man sich manchmal, wie Menschen sich doch ändern können.

Vielleicht trifft ja der Satz zu: »Wem der Herrgott gibt ein Amt,
dem gibt er meistens auch Verstand.«
(Lacht.) Nicht allen, aber den meisten. Hoffentlich!

9. DEMOKRATIE UND POLITISCHES ENGAGEMENT

Das politische Interesse der Menschen
ist heute nicht geringer als früher.

Der Befund ist eindeutig: Die Zahl der Wähler in Deutschland geht
kontinuierlich zurück. Lag die Wahlbeteiligung bei Bundestagswahlen zwischen 1949 und 1987 noch stets deutlich über 80 Prozent, so betrug sie 2009 nur noch 70,8 Prozent; 2013 war sie mit
71,5 Prozent kaum höher.

Bei den Landtagswahlen sieht es nicht besser aus. Bei den letzten 16 Wahlen lag die Beteiligung in acht Ländern unter 60 Prozent
und nur in dreien über 70 Prozent. Auch hier gibt es eine eindeu-
tige Tendenz: Die Wahlbeteiligung ging im Laufe der Zeit – unter
Schwankungen – nach unten. Dazu drei Beispiele: In Nordrhein-
Westfalen fiel sie zwischen 1975 und 2012 von 86,1 auf 59,6 Prozent, in Bayern zwischen 1974 und 2013 von 77,7 auf 63,6 Prozent
und in Sachsen zwischen 1990 und 2014 von 72,8 auf 49,1 Prozent.

Am wenigsten interessiert die Bürger – gemessen an der Wahlbeteiligung – offenbar die Kommunalpolitik. In acht Ländern lag sie
zuletzt unter 50 Prozent, in weiteren sechs unter 55 Prozent und in
keinem einzigen über 60 Prozent. Noch geringer ist häufig das Interesse an der Direktwahl des Stadtoberhaupts. Bei den vergangenen
Oberbürgermeisterwahlen gaben bei den Stichwahlen in Frankfurt
35,1, in Düsseldorf 41,7 und in Stuttgart 47,2 Prozent der Wahlberechtigten ihre Stimme ab.

Die Wahlbeteiligung sinkt, die Parteien verlieren Mitglieder, manchmal fällt es sogar schwer, auf kommunaler Ebene genügend Kandidaten für alle Ämter zu finden. Steckt unsere Demokratie in einer Krise?

Unsere Demokratie steckt zwar nicht in einer existenziellen Krise, aber es gibt in der Tat einige besorgniserregende Entwicklungen: Die Bindungswirkung der beiden großen Volksparteien – die zurzeit nach allen Umfragen noch nicht einmal sechzig Prozent aller Wählerinnen und Wähler erreichen – hat in den letzten Jahren deutlich nachgelassen. Der Mitgliederschwund bei SPD und CDU ist nicht zu übersehen. Bei mir zu Hause hat die Kreispartei seit der Wiedervereinigung über vierzig Prozent an Mitgliedern verloren. Nicht wegen massenhafter Austritte, sondern eher aus biologischen Gründen. Aber das macht die Sache auch nicht viel besser, denn es fehlt eine hohe Zahl an Eintritten, die die Zahl der Austritte oder die Zahl der verstorbenen Mitglieder kompensieren könnte.

Die Kluft zwischen Wählern und Gewählten ist deutlich größer geworden, und immer mehr Bürgerinnen und Bürger trauen uns Berufspolitikern – je nach Betrachtungsweise – entweder alles zu oder nichts. Die Wahlbeteiligung wird tendenziell geringer, daran haben auch die drei Landtagswahlen am 13. März 2016 nichts Grundlegendes geändert. Das muss nicht unbedingt an der viel zitierten Wahlmüdigkeit liegen, sondern eher daran, dass auch viele nicht wählen gehen, obwohl sie durchaus politisch interessiert und gut informiert sind. Aber immer weniger können sich mit den Parteien und deren Repräsentanten noch in hohem Maße identifizieren.

Problematische Entwicklungen gibt es auch auf kommunalpolitischer Ebene. Es wird immer schwieriger, Menschen dafür zu gewinnen, sich dauerhaft in einer Partei zu engagieren oder gar für ein kommunalpolitisches Mandat zu kandidieren. Viele, die die ehrenamtliche kommunalpolitische Arbeit neben ihrer beruflichen Beanspruchung leisten müssen, erklären freimütig, dass sie die damit verbundene hohe zeitliche Belastung auf Dauer nicht mehr tragen können, zumal die Arbeit in den Räten und Kreistagen immer mehr Zeit beansprucht. Die Abschaffung der Fünfprozenthürde auf kommunaler Ebene wurde mit einem »mehr an Demokratie« begründet: So bekämen auch sehr kleine Parteien und Gruppierungen endlich eine Chance, in die Räte einzuziehen. Dadurch sind allerdings viele Mini-Fraktionen entstanden; in Nordrhein-Westfalen haben die Räte durchschnittlich neun Fraktionen! Während die Bildung von stabilen Mehrheiten dadurch immer schwieriger geworden ist, werden gleichzeitig die Debatten in den Rathäusern immer länger. Wenn diese Entwicklung anhält, werden wir es tendenziell immer schwerer haben, Kandidatinnen und Kandidaten zu finden, jedenfalls wenn diese durch Beruf oder eine andere ehrenamtliche Arbeit stark beansprucht sind.

Als ich 1975 in meiner Heimatstadt Bergisch Gladbach mit der kommunalpolitischen Arbeit begonnen habe, hätten wir jeden Kommunalwahlkreis locker zwei- bis dreimal besetzen können. Heute sind wir froh, wenn wir für jeden Wahlkreis eine geeignete Bewerberin, einen geeigneten Bewerber finden. Innerparteiliche Gegenkandidaturen sind mittlerweile die Ausnahme.

Vor diesem Hintergrund halte ich die Entscheidung des Landtags von Nordrhein-Westfalen, wieder eine Sperrklausel – diesmal allerdings eine sehr niedrige von nur 2,5 Prozent – im Kommunalwahlgesetz zu verankern, für richtig. Eine derart geringe Sperrklausel dürfte auch keinen verfassungsrechtlichen Bedenken begegnen.

Es kommt gerade in Ostdeutschland häufiger vor, dass kommunale Wahlämter unbesetzt bleiben, weil sich überhaupt niemand zur Wahl stellt.
Keine andere Staatsform lebt so sehr vom Engagement aller Bürgerinnen und Bürger wie die Demokratie. Da sollten sich alle Parteien schon selbstkritisch fragen: »Warum sind in Deutsch-

land nur knapp drei Prozent aller Bürger Mitglied einer Partei, obwohl doch wesentlich mehr politisch stark interessiert und gut informiert sind? Warum finden nicht mehr Bürger den Weg in die Parteien?«

Die Antwort lautet häufig:»Politikverdrossenheit.« Ich halte diesen Begriff für nicht hinreichend präzise. Wir haben ein hohes Maß an Parteienverdrossenheit, das stimmt. Auch ein hohes Maß an Politikerverdrossenheit, das stimmt leider auch. Aber dass sich früher viel mehr Menschen für Politik interessiert hätten als heute, das stimmt nicht. Das politische Interesse in der Gesellschaft ist heute genauso hoch wie früher auch. Aber die Kluft zwischen Wählern und Gewählten ist immer größer geworden. Das muss den Parteien zu denken geben.

Was hat sich eigentlich mehr verändert: die Politik oder die Gesellschaft?

Beide haben sich stark verändert, zumal die gesellschaftlichen Veränderungen auch die Arbeit und die programmatische Ausrichtung aller Parteien beeinflussen. Allerdings stellen wir fest, dass die Bindungswirkung großer Organisationen deutlich schwächer geworden ist. Das gilt nicht allein für die Parteien, sondern auch für Kirchen und Gewerkschaften. Auch in Vereinen sehen wir, dass immer weniger Menschen bereit sind, sich für einen längeren Zeitraum ehrenamtlich zu engagieren oder gar ein Vorstandsamt zu übernehmen. Menschen engagieren sich schon eher für oder gegen ein ganz bestimmtes Projekt, bei einer bestimmten Aktion oder in einer Bürgerinitiative. Aber wenn es darum geht, für eine Wahlperiode von fünf Jahren für ein kommunales Parlament zu kandidieren, dann sagen – leider – viele »Nein danke«.

Was sagen Sie zu Menschen, die behaupten:»Ihr da oben steckt doch alle unter einer Decke«, oder:»Politik ist ein schmutziges Geschäft«?

Solche Urteile oder Vorurteile kennt ja nicht nur der Volksmund. »Politisch Lied, ein garstig Lied«, stammt vom Dichterfürsten Goethe, Faust I. Dann gibt es auch noch Sätze wie »Politik verdirbt den Charakter« – der Satz ist nicht von Goethe, der Satz ist großer Unsinn. Politik verdirbt nicht den Charakter, aber es gibt Charaktere, die die Politik verderben. Allerdings gibt es einen großen Unterschied zwischen uns Berufspolitikern und anderen Berufsgruppen: Jedes Fehlverhalten eines Politikers wird sofort »den« Politikern, also der gesamten Berufsgruppe, zugerechnet. Wie bereits erwähnt: Bei skandalösem Verhalten eines Arztes käme niemand auf die Idee zu sagen: »Na ja, typisch Arzt«, da differenziert man schon zwischen der großen Herde und dem schwarzen Schaf.

Ich frage mich seit 44 Jahren, woran das liegt, aber bis jetzt habe ich noch keine überzeugende Antwort gefunden. Ich kann nur versuchen, durch meine parlamentarische Arbeit, durch viele Versammlungen und Bürgergespräche deutlich zu machen, dass Politik eben doch kein schmutziges Geschäft ist. Ich muss aber auch sagen: Obwohl wir Politiker, wie wir aus sehr vielen Umfragen wissen, ein eher gruseliges Ansehen haben, mache ich in fast 99 Prozent aller Fälle ausgesprochen positive Erfahrungen bei persönlichen Begegnungen mit den Menschen. Und das bundesweit, nicht etwa nur in meinem Wahlkreis.

Ist die niedrige Wahlbeteiligung ein Zeichen der Entfremdung zwischen Volk und Volksvertretern?
Jedenfalls sind niedrige Wahlbeteiligungen dafür ein handfestes Indiz. Immer mehr Menschen sind von Parteien und Politikern enttäuscht – oder sie fühlen sich getäuscht. Insbesondere dann, wenn die Politik bei wichtigen Themen plötzlich einen ganz anderen Kurs einschlägt, ohne dass dies mit wirklich überzeugenden Sachargumenten begründet wird. In der Euro-Krise sind wir jeden Tag mit den Versprechen der Union konfrontiert worden, die vor der Einführung des Euro gemacht wurden.

Zitate wie »Solange Angela Merkel Bundeskanzlerin ist und ich Finanzminister bin, würden Sie diese Wette verlieren. Die Rettungsschirme laufen aus. Das haben wir klar vereinbart« vom Juli 2010 oder »Fest steht: Einen zweiten Schuldenschnitt für Athen wird es nicht geben« stammen doch nicht von mir. Die stammen von Wolfgang Schäuble. Ich habe diese Aussagen des Bundesfinanzministers allerdings sehr, sehr ernst genommen.

Es waren ja gerade CDU und CSU, die den Wählerinnen und Wählern bei der Einführung des Euro gesagt haben, es ginge nur um eine Währungsunion – eine Haftungs- und Transferunion sei völlig ausgeschlossen. Wenige Jahre später erleben die Menschen, dass die Politik plötzlich die Richtung ändert, eine Haftungsunion etabliert und mit großen Schritten in Richtung Transferunion geht. Können wir dann wirklich überrascht sein, wenn viele enttäuscht sind oder sich getäuscht fühlen?

Hinzu kommt, dass immer mehr Wähler sagen: »Ob ich nun wählen gehe oder nicht – wo ist da der Unterschied? Auf meine Stimme kommt es ja eh nicht an.« Aber da unterschätzen die Bürgerinnen und Bürger ihre politische Macht, die sie per Stimmzettel ausüben.

Manche denken auch: »Ob ich wähle oder nicht – die Parteien und Politiker machen ja sowieso, was sie wollen!« Und nicht wenige gehen schon deshalb nicht mehr zur Wahl, weil sie sich nicht mehr voll und ganz mit den Parteien und ihren Programmen identifizieren können.

Und dann gibt es noch die Meinung, zwischen den großen Parteien gebe es doch eigentlich keine großen Unterschiede mehr. Dazu kann ich nur sagen: Wer jemals auch nur eine einzige Sitzung des Bundestagsinnenausschusses live erlebt hat, wird diese Ansicht sofort revidieren.

Hinzu kommt, dass es seit einigen Jahren gerade bei politischen Themen von überragender Bedeutung eine sehr kontroverse gesellschaftliche Debatte gibt, die sich allerdings in dieser

Form bei den Beratungen und Debatten im Deutschen Bundestag nicht widerspiegelt. Beispiel: Euro-Rettungsbemühungen. Gegen die Euro-Politik der Bundesregierung gab es im Parlament keine nennenswerte Opposition. Es gab zwar in den Fraktionen des Deutschen Bundestages eine unterschiedliche Akzentuierung bei der Unterstützung der Regierungspolitik und einige sogenannte Abweichler innerhalb der Fraktionen. Aber selbst die Linke hat die Rettungspolitik für Griechenland – bei aller Kritik im Detail – mit Mehrheit mitgetragen. In der Flüchtlingsfrage ist es ähnlich.

Kann eine niedrige Wahlbeteiligung nicht auch ein Indiz dafür sein, dass die Menschen davon ausgehen, bei einem Wechsel der Mehrheitsverhältnisse geht die Welt auch nicht unter? Ist niedrige Wahlbeteiligung nicht vielleicht auch ein Zeichen von Stabilität?
Erfreulich ist, dass es uns in den letzten 67 Jahren trotz vieler politischer Turbulenzen gelungen ist, Maß und Mitte zu halten. Die Stabilität unserer Demokratie war nie ernsthaft in Gefahr. Auch nach einem Regierungswechsel hat sich die neue Regierung in wichtigen Politikfeldern zumindest um eine gewisse Kontinuität bemüht, insbesondere außenpolitisch. Und dennoch ist die These einer niedrigen Wahlbeteiligung als Zeichen von Stabilität oder gar Zufriedenheit mit dem politischen System und den Parteien mutig, denn es gibt zweifellos unterschiedliche Gründe und Motive für das Fernbleiben bei einer Wahl. Ich habe sie eben genannt.

Untersuchungen zeigen, dass die Wahlbeteiligung in den unteren Einkommensschichten besonders niedrig ist, in den bildungsfernen Schichten ebenfalls. Hat ein Teil der Bevölkerung sich aus dem Gemeinwesen ausgeklinkt?
In meinen regelmäßigen Bürgersprechstunden kann ich diesen Eindruck nicht gewinnen. Da kommt wirklich ein Querschnitt der Bevölkerung, und darunter nicht wenige, die sich in schwie-

rigen sozialen Lagen befinden. Eine rückläufige Wahlbeteiligung gibt es ja in allen Teilen der Bevölkerung. Vielleicht liegt das auch an der Art der Politikvermittlung und daran, dass wir mit der typischen Politikersprache immer weniger Menschen erreichen. Auch deswegen bemühe ich mich um eine klare, verständliche Ausdrucksweise und auch ganz gezielt darum, die politischen Alternativen deutlich zu machen. Wenn wir selbst nicht präzise formulieren, wenn wir nicht klar und deutlich sagen, wofür wir eintreten und wogegen wir kämpfen, wenn wir stattdessen klassische Politikerfloskeln benutzenden wie »Alles sehr komplex und kompliziert«, »Alles hängt mit allem zusammen« oder »Wir müssen vom Ende her denken«, dann brauchen wir uns nicht zu wundern, wenn sich viele Menschen von der Politik abwenden.

Wie gefährlich ist es, wenn sich bestimmte Teile der Bevölkerung von der Politik verabschieden?
Wenn sich weite Teile der Bevölkerung politisch nicht mehr engagieren, dann besteht die Gefahr, dass deren legitime Interessen und Anliegen im politischen Prozess nicht mehr das Gewicht bekommen, das ihnen eigentlich zustehen müsste.

Jetzt mal Hand aufs Herz: Wenn die Wahlbeteiligung in den unteren Einkommensschichten höher wäre, wäre das kein Nachteil für die CDU?
Wenn in diesen Bevölkerungsschichten die Wahlbeteiligung höher wäre, würden zunächst die Grünen darunter leiden. Die haben die FDP als Partei der Besserverdienenden längst abgelöst. Im Übrigen sollte man die Menschen mit niedrigem Einkommen oder in sozialen Brennpunkten nicht unterschätzen. Auch sie wollen eine vernünftige, erfolgreiche Politik, die den Interessen des ganzen Landes dient. In meinem Wahlkreis schneide ich in den sozialen Brennpunkten nicht wesentlich schlechter ab als in anderen Wohngegenden.

Wie lassen sich die vielen Nichtwähler überhaupt noch erreichen?
Was ich jetzt sage, hört sich vielleicht etwas schlicht an, aber deshalb muss es nicht falsch sein: Das geht nur durch Arbeit, Arbeit, Arbeit. Durch zahllose Veranstaltungen, Bürgersprechstunden und insbesondere durch die persönliche Begegnung, durch das persönliche Gespräch. Meiner Überzeugung nach lässt sich nur so verloren gegangenes Vertrauen zurückgewinnen, selbst wenn man virtuos auf Facebook und Twitter agiert. Zugegeben, ich bin so eine Art Anti-Nerd und setze mehr auf die persönliche Begegnung. Deshalb ist für mich jede Veranstaltung im vorpolitischen Raum wichtiger als eine Parteiveranstaltung.

Was halten Sie von einer immer wieder diskutierten Wahlpflicht?
Das Einzige, was ich davon halte, ist Abstand. Wie wollen wir denn verhindern, dass Menschen, die eigentlich nicht wählen gehen wollen, aber dennoch gezwungenermaßen zum Wahllokal kommen, aus Protest gegen diese Wahlpflicht einen leeren oder ungültigen Stimmzettel in die Urne werfen? Bis zur Stunde denkt ja niemand daran, die Wahlberechtigten nicht nur zur Wahl, sondern auch zur Abgabe eines gültigen Stimmzettels zu zwingen – und wie sollte das in der Praxis auch funktionieren? Wohl deshalb gibt es nur ganz wenige Länder, die eine Wahlpflicht haben, und die sollten für uns kein Vorbild sein.

Wie passen die Klagen über die niedrige Wahlbeteiligung und der Ruf nach mehr direkter Demokratie zusammen?
Viele beklagen, dass sie nur an Wahltagen und in unserer repräsentativen Demokratie nur mittelbar Einfluss nehmen können. Deshalb ist ja die Forderung nach mehr direkter Demokratie auch auf Bundesebene so populär. Dort ist sie allerdings auch problematisch. Viele glauben, bei direkter Demokratie auch auf Bundesebene hätte jeder Einzelne wesentlich mehr Einfluss, als dies derzeit der Fall ist. Richtig ist, dass die Einflussmöglichkeiten von großen, bekannten, finanzstarken Organisationen des

vorpolitischen Raumes wachsen würden, denn auf Bundesebene wären Volksbegehren und Volksentscheid mit einem ganz erheblichen organisatorischen Aufwand verbunden. Auf Landesebene und in unseren Kommunen halte ich plebiszitäre Elemente für wichtig und insbesondere dann für richtig, wenn es um Entscheidungen geht, die man mit der klaren Alternative »Ja oder Nein« beantworten kann.

Sie sind also entschieden gegen Volksentscheide auf Bundesebene?
Ja. Und zwar aufgrund folgender Überlegung: Der Kern der parlamentarischen Arbeit im Bundestag besteht in der Beratung und Beschlussfassung von Gesetzesentwürfen. Zwar können bei der Abstimmung im Deutschen Bundestag die Abgeordneten auch nur mit »Ja«, »Nein« oder »Enthaltung« abstimmen – aber dieser Beschlussfassung geht stets ein oft langwieriger, intensiver Beratungsprozess voraus. Und das Struck'sche Gesetz ist nicht nur Theorie, sondern in den allermeisten Fällen auch parlamentarische Praxis: »Kein Gesetz verlässt den Deutschen Bundestag so, wie es eingebracht wurde.«

Oft werden über Monate hinweg Argumente ausgetauscht und abgewogen, Sachverständige werden angehört, die vom Gesetz Betroffenen werden einbezogen, mehrere Ausschüsse befassen sich mit der Thematik, und im Verlaufe dieses Prozesses wird der Gesetzentwurf zum Teil wesentlich geändert oder ergänzt. Erst dann wird er in der zweiten und dritten Lesung zur Abstimmung gestellt.

Diesen Prozess der Abwägung und der Veränderungen im Gesetzgebungsverfahren kann es bei einem Volksentscheid der Natur der Sache nach nicht geben. Hinzu kommt: In unserer föderalen Ordnung kann kein Bundesgesetz ohne Beteiligung des Bundesrates in Kraft treten. Zustimmungspflichtige Gesetze können sogar nur mit Zustimmung des Bundesrates in Kraft treten – selbst wenn sie vom Bundestag zuvor einstimmig beschlossen wurden. Auch dieses von unserer Verfassung garantierte Beteiligungs- und Mitbestimmungsrecht des Bundesrats würde bei Volksentscheiden auf Bundesebene außer Kraft gesetzt.

Das »Brexit«-Referendum in Großbritannien müsste Sie doch in ihrer skeptischen Haltung gegenüber Volksentscheiden auf nationaler Ebene bestärkt haben?
Vielleicht denken jetzt die Befürworter von plebiszitären Elementen im Grundgesetz einmal in Ruhe darüber nach, wie problematisch es ist, auch sehr komplexe und komplizierte politische Themen mit weitreichenden innen- und außenpolitischen Folgen auf die bei einem Volksentscheid immer notwendige Ja-oder-Nein-Alternative zu reduzieren. Hinzu kommt, dass dieses Referendum die britische Bevölkerung ja nicht geeint, sondern tief gespalten hat.

Meine eigene Haltung zu Volksbegehren und Volksentscheid auch auf Bundesebene ist davon allerdings unberührt, denn ich war schon lange vorher skeptisch, und man sollte seine Haltung in dieser Frage nicht davon abhängig machen, ob man so getroffene Entscheidungen begrüßt oder bedauert.

Bei Bürgerentscheiden bzw. Volksentscheiden auf kommunaler Ebene und in den Ländern gibt es recht unterschiedliche Quoren über eine Mindestbeteiligung. In manchen Ländern gibt es überhaupt keine Mindestbeteiligung. Besteht da nicht die Gefahr, dass eine kleine Minderheit über die Mehrheit entscheidet?
Bei jedem Quorum befinden sich die Befürworter von Volksentscheiden in einem Dilemma: Ist das Quorum hoch, hat die Entscheidung eine relativ hohe Legitimation. Dann allerdings ist auch die Gefahr eines Scheiterns hoch. Ist das Quorum sehr niedrig, dann kann man nicht mehr aus Überzeugung sagen, das Plebiszit sei der repräsentativen Demokratie deutlich überlegen. Es gab einmal einen Gesetzesentwurf der Grünen für Volksentscheide auf Bundesebene, da lautete das Quorum für das

Inkrafttreten eines Bundesgesetzes zehn Prozent der Wahlberechtigten plus eine Stimme.

Wenn also die Mehrheit bei der Abstimmung mindestens zehn Prozent der Abstimmungsberechtigten entspricht, wäre der Volksentscheid angenommen?
Ja. Aber mit einem so niedrigen Quorum lässt sich die angebliche Überlegenheit der direkten Demokratie gegenüber der repräsentativen wirklich nicht rechtfertigen. Als 1998 die rot-grüne Bundesregierung an den Start ging, habe ich zunächst geglaubt, dass die Grünen mit aller Macht darauf drängen, dass jetzt endlich ihre Forderung nach mehr direkter Demokratie auch auf Bundesebene Wirklichkeit wird. Bei diesem Thema waren die Grünen aber in der Regierungsverantwortung wesentlich zurückhaltender als in der Zeit davor und danach – also in der Opposition. Von Regierungsbänken aus betrachtet man das Thema offensichtlich anders, als wenn man auf den harten Oppositionsbänken sitzt.

Muss es nicht zu denken geben, dass Bürgerinitiativen oder Bürgerbegehren zur Durchsetzung eines Entscheids sich fast immer gegen bestimmte Vorhaben richten, aber nur ganz selten für ein Projekt eintreten?
Das ist wohl so, aber darüber kann man sich eigentlich nicht wundern. Solchen Initiativen geht doch meistens voraus, dass ein ganz bestimmtes Projekt entweder schon beschlossen worden ist oder in Kürze beschlossen werden soll. Wer dafür ist, wird sich nicht rühren – warum auch? Das Projekt hat ja schon in den politischen Gremien genügend Unterstützung. Wer dagegen ist, wer fürchtet, dass seinen Erwartungen und Forderungen nicht entsprochen wird, der nutzt dann das Instrument des Bürgerbegehrens oder Bürgerentscheids.

Es gibt Bestrebungen, den Wählern mehr Einfluss auf die Zusammensetzung der Parlamente zu verschaffen, sei es durch mehr Direktmandate oder durch die Einführung des Kumulierens und Panaschierens bei Landtags- und Bundestagswahlen.

Kumulieren und Panaschieren stärkt in der Tat die Wählerinnen und Wähler gegenüber den Parteien, die mit der Nominierung ihrer Kandidaten bereits eine Vorauswahl getroffen haben, die bei der Abgabe der Zweitstimme bei einer Bundestagswahl nicht mehr korrigiert werden kann. Nicht wenige Wähler klagen darüber, dass sie an der Reihenfolge der Kandidaten auf den Parteilisten nichts mehr ändern können. Kumulieren und Panaschieren stärken das Wählervotum. Die Macht der Parteien und ihrer Landesfürsten würde zumindest etwas reduziert. Und die Wähler würden sich ganz gewiss intensiver mit den kompletten Landeslisten beschäftigen, wo ja zurzeit nur die Erstplatzierten der Liste auf dem Wahlzettel abgedruckt werden. Deshalb sollten wir einmal dieses Thema bei einer Wahlrechtsreform in aller Gründlichkeit diskutieren und die Vor- und Nachteile sorgfältig abwägen, zumal wir aufpassen müssen, dass der Wahlvorgang dadurch nicht total kompliziert wird. Bei manchen Wahlen erinnert das Stimmzettelformat eher an ein Plakat. Und wenn die Wahrscheinlichkeit erheblich ist, dass viele oder zu viele ungültige Stimmzettel abgegeben werden, dann hätten wir zwar ein Problem gelöst, aber ein neues geschaffen.

Und wie wäre es mit einem Verhältnis von vielleicht 70:30 oder 60:40 zwischen Direktmandaten und Listenmandaten?
In etwa so ist die Verteilung bei der Landtagswahl NRW und anderen Bundesländern, aber für das Bundeswahlgesetz wäre das schon eine kleine Revolution. Natürlich wird das keine Partei zugeben, aber dennoch weiß jeder, dass es genau so ist: Bei jeder Änderung des Wahlgesetzes fragen sich die Parteien und Fraktionen sofort, ob sie von der beabsichtigten Änderung profitieren – oder nicht. Und da das Bundesverfassungsgericht ange-

mahnt hat, dass gerade bei Wahlrechtsfragen ein hohes Maß an Gemeinsamkeit zwischen den Parteien und Fraktionen im Deutschen Bundestag gewünscht ist, einigt man sich oft nur auf den kleinsten gemeinsamen Nenner. Außerdem ist es nicht selten so, dass Änderungsvorschläge reflexartig abgelehnt werden, ohne dass allerdings gleichzeitig bessere Alternativen präsentiert werden können. Diese Erfahrung musste zuletzt Bundestagspräsident Professor Dr. Norbert Lammert Mitte April 2016 machen, als er die Zahl der Bundestagsabgeordneten auf maximal 630 – also auf die jetzige Zahl – begrenzen wollte.

Ich bin in Baden-Württemberg aufgewachsen und schon deshalb ein überzeugter Anhänger des Kumulierens und Panaschierens. Aber ist ein Teil der Bürger intellektuell nicht schon überfordert, zweimal fünf Stimmen zu verteilen und dabei einem Kandidaten und einer Partei jeweils bis zu fünf Stimmen geben zu können? Bei der letzten Bürgerschaftswahl in Hamburg gab es genau deshalb besonders viele ungültige Stimmzettel.

Diese Befürchtung ist nach den bisherigen Erfahrungen sicherlich nicht grundlos, aber sollte man allein deshalb von dieser Überlegung das Wahlsystem abhängig machen? Gerne gebe ich zu, dass es wohl einen Unterschied macht, ob man als Wähler mit einem solchen System groß wird oder ob man erstmalig damit konfrontiert wird. Daher müsste eine solche Änderung des Wahlsystems sehr sorgfältig vorbereitet und klug kommuniziert werden. Das Hauptproblem wird man allerdings wohl nie lösen können: Man kann nicht das Wahlsystem gleichzeitig differenzierter und einfacher machen.

Sie plädieren für einen intensiveren Dialog der Politiker mit den Wählern.
Ja, und zwar persönlich, ganzjährig, nicht erst kurz vor Wahlterminen.

Welchen Beitrag können da die neuen Medien und die sozialen Netzwerke leisten?

Im Internetzeitalter sind sie nicht nur für die meisten Kolleginnen und Kollegen im Bundestag, sondern auch für die politischen Institutionen und die Medien ein unverzichtbares Mittel zur Kommunikation. Und dennoch können sie die persönlichen Beziehungen und Begegnungen nicht ersetzen. Ich kann jeden verstehen, der diese modernen Medien zur Information und Kommunikation intensiv nutzt, zumal insbesondere die jüngere Generation mit diesen Medien ganz selbstverständlich aufwächst und mit ihnen lebt.

Sind Sie bei Twitter oder auf Facebook unterwegs?

Nein, ich habe zwar eine Homepage und bin auch fleißig im Internet unterwegs, aber ich hätte wirklich nicht die Zeit, permanent meinen Facebook-Account zu pflegen oder nonstop zu twittern. Ich würde aber auf keinen Fall mein Büro an meiner Stelle diese Arbeit machen lassen. Das wäre nicht authentisch.

Es gibt ja die ersten Politiker, die Sprechstunden per Internet abhalten.

Davon habe ich auch schon gehört, es soll ja auch Ärzte geben, die Sprechstunden per Internet abhalten. Ich persönlich setze – nach wie vor – auf das persönliche Gespräch oder das gute alte Telefon. In den letzten 22 Jahren hatte ich nicht das Gefühl, dass ich jetzt auch noch Sprechstunden per Internet anbieten müsste, um der Erwartungshaltung der Bevölkerung zu entsprechen.

Internet, Facebook oder Twitter bieten ja ganz neue Möglichkeiten, sich politisch zu äußern.

Die Bedeutung der sozialen Medien hat in den letzten Jahren aus einer ganzen Fülle von Gründen kontinuierlich zugenommen. Diese Medien können dazu beitragen, dass politische Debatten in der Gesellschaft viel intensiver geführt werden als in der Vergangenheit, allerdings auch viel heftiger. Leider auch zunehmend in einer Weise, die den notwendigen intensiven gesellschaftlichen Debatten über zentrale politische Themen nicht gerade guttut. An diesen Debatten beteiligen sich garantiert auch viele, die noch nie auf die Idee gekommen sind, einmal selbst eine politische Veranstaltung zu besuchen – das wäre für viele eine neue, interessante Erfahrung.

Mit Ihrer Kritik an der Art und Weise von Internetdiskussionen meinen Sie wohl auch Beleidigungen und Pöbeleien im Schutz der Anonymität?
Ja. Es ist offenkundig ein fundamentaler Unterschied, ob man sich in einer politischen Versammlung, wo man von jedem gesehen wird, zu Wort meldet oder ob man im Internet unter dem Pseudonym »Donald Duck IV« agiert oder unter einem anderen Fantasienamen, der die wahre Identität verbergen soll.

Werden die Medien eigentlich ihrer Verantwortung gerecht, wenn sie auf ihren Blogs anonyme Pöbler zu Wort kommen lassen?
Bis vor wenigen Monaten war ich mir nicht ganz sicher, ob sich alle Medien dieser Problematik hinreichend bewusst sind. In letzter Zeit hat es über dieses Thema allerdings intensive Diskussionen gegeben, und das hat die Sensibilität erhöht. Viele Medien scheuen sich aber, die derzeitige Praxis zu korrigieren, weil sie sich nicht dem Vorwurf der Zensur aussetzen wollen.

»Wolfgang Bosbach ist seit drei Jahren in Folge der Politiker, der am häufigsten in Talkshows zu sehen ist, im vergangenen Jahr allein elfmal im öffentlich-rechtlichen Fernsehen. Die Sender sagen, dass jedes Mal die Quote steigt, wenn er spricht, und so laden sie ihn immer wieder ein. Er hat aber auch schon vieles andere möglich gemacht. Er hat Reporter bei sich zu Hause empfangen, es gab Homestorys bei seinen Eltern und auf Mallorca, es gab Geschichten zusammen mit seinen Töchtern. Wenn man seinem Büro sagt, dass man seine Handynummer nicht hat, hört man: ›Da sind Sie aber die Einzige.‹ Weil man Gesagtes und Getanes in den Medien niemals zurücknehmen kann, hat sich der Medienberg Bosbach inzwischen zu einem Mount Everest an Bildern und Zitaten aufgetürmt.«

Zitat aus: Britta Stuff: Unendlich müde.
In: *Der Spiegel*, 06.02.2016.

Es ist oft die Rede davon, wir lebten in einer Mediendemokratie.
Leben wir nicht vielmehr in einer Talkshowdemokratie?
Ich wundere mich immer, wie viele sich kritisch über Talkshows äußern und wie hoch dennoch deren Einschaltquoten sind. Das erinnert mich an das *Dschungelcamp* – angeblich schaltet da niemand ein, aber Millionen schauen zu. Die Einschaltquoten sind beachtlich stabil. Es hat auch ein paar neue Formate gegeben. Und wenn etwas nicht ankam wie *Absolute Mehrheit* bei Pro 7, dann wird das auch wieder abgesetzt. Man muss das ganz nüchtern sehen: Sie können nie und nimmer so viele Veranstaltungen machen, um dieselbe Zahl von Bürgern zu erreichen wie mit einer einzigen Talkshow in der ARD oder im ZDF.

In dem Begriff Talkshow steckt »Show«, also Schau, Inszenierung,
Aufführung. Ich habe den Eindruck, in den vergangenen Jahren
haben die Showelemente zugenommen, durch Einspielfilme oder
die Teilnahme von Fernsehstars, die von Politik oft nur wenig
Ahnung haben.
Diese Einschätzung kann ich nicht teilen. Meiner Erfahrung nach sind die Talks eher ruhiger, nachdenklicher geworden. Formate wie *Der heiße Stuhl* gibt es gar nicht mehr. Einspielfilme oder Grafiken sollen das Thema des Abends illustrieren und die Sendung lebendiger machen. Aber natürlich hofft man bei den Sendern, dass die Einladung eines prominenten Schauspielers oder Sportlers die Quote erhöht. Und wenn Ihnen ein Sender

sagt, dass allein die Qualität der Maßstab sei, niemals die Quote, dann ist das genauso richtig wie die Aussage eines Politikers, Meinungsumfragen hätten für ihn keine Bedeutung (lacht).

Wenn man die Themen der Talkshows anschaut, hat man immer den Eindruck, die Welt stehe kurz vor dem Untergang. Ist das auch Ihr Eindruck?

So kann man das sehen. Wir neigen in Deutschland tatsächlich zur Dramatisierung und zur Skandalisierung. Vielleicht wäre es einmal gut, wenn sich folgende Erkenntnis durchsetzen könnte: Nicht jedes Problem ist eine Katastrophe und nicht jeder Fehltritt ein Skandal. Themen wie die Eurokrise, der Konflikt Ukraine-Russland oder die Bedrohung durch den internationalen Terrorismus sind allerdings tatsächlich Themen von überragender Bedeutung, weit über die Grenzen unseres Landes hinaus.

Wie einseitig im Sinne von linkslastig oder politisch-korrekt ist Ihrer Meinung nach die Gästeauswahl?

Sendungen mit einseitiger oder linkslastiger Gästeauswahl sind mir in den letzten zwanzig Jahren nur sehr selten begegnet. Ich glaube den Redaktionen auch, dass sie sich zumindest weit überwiegend um eine ausgewogene Gästeliste bemühen. Schwieriger wird es, wenn die Gastgeber nicht verbergen können, wo sie politisch stehen. Auch wenn sich die Moderatoren um Neutralität bemühen, lassen sie häufig durch die Art der Fragestellung, durch Gestik oder Mimik ihren politischen Standpunkt erkennen – obwohl sie das selbst garantiert vehement bestreiten würden.

Jedenfalls habe ich einen Traum: Ich möchte nur einmal in meinem Leben im gemeinsamen Morgenmagazin von ARD und ZDF von Christiane Meier mit so viel Zuneigung und Liebe interviewt werden wie Karin Göring-Eckardt (lacht).

Da müssten Sie nur die Partei wechseln.

(Lacht laut.) Ja, wenn ich die Interviews mit Frau Göring-Eckardt sehe, werde ich immer neidisch.

Fühlen Sie sich in manchen Talkshows nicht häufig als Alibi-Konservativer?
Leider kann ich nicht ausschließen, dass in einigen Redaktionen so gedacht wird. Wenn ich tatsächlich wüsste, dass ich nicht wegen meiner Meinung oder Haltung eingeladen werde, sondern um in einer Sendung eine bestimmte Rolle zu spielen, dann sollte man mir das klar sagen. In einer solchen Sendung würde ich mich nicht wohlfühlen, da müsste man nach einem anderen Gast Ausschau halten.

Ich vermute einmal, Sie werden gefragt, ob Sie kommen können oder nicht. Andere potenzielle Talkshowgäste werden vorher am Telefon von einem Redakteur ausgiebig zum Thema der Sendung befragt.
Auch ich werde regelmäßig vorher befragt, allerdings haben diese Vorgespräche später kaum etwas mit der Sendung zu tun. Wenn ich nach einem solchen Gespräch auflege, dann weiß ich, dass die eben besprochenen Themen in der Sendung garantiert nicht vorkommen (lacht schallend).

Wer unbedingt dabei sein will, tut gut daran, beim Vorgespräch zugespitzt zu formulieren. Sonst wird es nichts mit der Einladung. Wie sind da Ihre Erfahrungen?
Wenn Sie mit dem Wort »Zuspitzung« eine klare Haltung meinen, dann haben Sie recht. Aber wohl auch deshalb, weil es an Mitgliedern der »Einerseits-Andererseits-Fraktion« keinen Mangel gibt.

In Talkshows wird vieles behauptet. Die meisten Moderatoren haben auf ihren Karteikarten aber auch nicht stehen, welche Daten und Fakten die richtigen sind. Wer Falsches sehr eloquent vorträgt, steht oft besser da als ein Teilnehmer mit nüchternen, aber korrekten Aussagen.

Mir ist schon häufig aufgefallen, dass sich Moderatoren redlich darum bemühen, den vorbereiteten Fragenkatalog vollständig abzuarbeiten, damit möglichst viele Themen in einer Sendung angesprochen werden. Das allerdings führt dazu, dass kontroverse – und gerade deshalb interessante – Debatten abgebrochen werden, weil sich im Moment nicht eindeutig klären lässt, welche behaupteten Fakten richtig sind. Das ist für den Zuschauer eine missliche Situation, weil er zu oft im Unklaren bleibt, wie der umstrittene Sachverhalt tatsächlich ist.

Hart aber fair ist meines Wissens die einzige Talkshow, die regelmäßig am nächsten Tag einen Faktencheck anbietet.

Ja, den sehe ich mir selbst gerne an. In den allermeisten Fällen stimmen zwar die dort präsentierten Fakten, allerdings fehlen dann andere Zahlen oder Daten, die das Bild komplettieren könnten. Dann ist der Faktencheck formal nicht angreifbar, aber man fragt sich schon, warum wichtige Information, die einfach dazugehören, nicht mitgeliefert worden sind.

Kein Politiker wird so oft in Talkshows eingeladen wie Sie. Sie kennen alle Formate. Wie sähe Ihre ideale Talkshow aus?

Maximal vier Gäste, nicht länger als eine Stunde und Konzentration auf wenige, aber die entscheidenden Punkte. Nehmen Sie die Sendungen zum Thema Griechenland. Im Mittelpunkt stand fast immer die Frage, ob man die griechische Tragödie durch neue, höhere Kredite abwenden kann. Dabei wurde zu oft ausgeblendet, dass es Griechenland noch nie an finanziellen Mitteln gefehlt hat, sondern an Wettbewerbsfähigkeit, Innovationskraft und Exportstärke. Ich kann mich an keine einzige Sendung erinnern, in der diese Schwächen der griechischen Volkswirtschaft tatsächlich einmal im Mittelpunkt gestanden hätten.

Könnte das auch damit zusammenhängen, dass es unter den Moderatoren kaum Ökonomen gibt?

Den Moderatoren kann man nicht ernsthaft vorwerfen, dass es unter ihnen so wenige Volks- oder Betriebswirte gibt. Dass in den Medien überwiegend gelernte Journalisten agieren, ist keine Überraschung.

Wir haben im Zusammenhang mit den Talkshows über inszenierte Politik gesprochen. Parteien inszenieren sich doch auch. Geht es auf Parteitagen nicht mehr um die Show als um die Substanz?

Selbstverständlich geht es auf Parteitagen – jedenfalls bei CDU und CSU – ausschließlich um Inhalte, um die zukünftige politische Ausrichtung (schmunzelt). Aber man will natürlich auch durch eine möglichst perfekte Inszenierung ein optimales Bild der Partei präsentieren.

Anders gefragt: Wie ehrlich geht es auf CDU-Bundesparteitagen zu?

Jeder Delegierte weiß natürlich, dass ein Parteitag im In- und Ausland sehr genau verfolgt wird. Das galt auch für den CDU-Bundesparteitag im Dezember 2015 in Karlsruhe. Kurz zuvor hatte Sigmar Gabriel auf dem SPD-Parteitag bei seiner Wiederwahl ein sehr bescheidenes Ergebnis erzielt. Also wollte es die CDU unter allen Umständen besser machen. Außerdem lag die Messlatte für den Applaus sehr hoch. Da der Kanzlerin beim Parteitag 2014 in Köln sieben Minuten und dreißig Sekunden lang applaudiert worden war, musste in Karlsruhe länger geklatscht werden. Denn bei 7:20 hätte die Presse geschrieben: »dramatischer Vertrauensverlust der Kanzlerin bei den CDU-Delegierten«. Außerdem war ja bekannt, dass es in der Partei wegen der Flüchtlingspolitik rumort. Nachdem die Parteiführung im Leitantrag manche Vorbehalte der Kritiker an der damaligen Flüchtlingspolitik aufgenommen hatte, gab es dann eine ganz bewusste Demonstration der Geschlossenheit und der Unterstützung für

die Kanzlerin und deren Kurs bei der Aufnahme von Flüchtlingen.

*Können Sie sich an einen CDU-Parteitag erinnern, auf dem nach
kontroverser Diskussion eine Richtungsentscheidung getroffen
wurde?*

Oh ja. Nehmen Sie den Leipziger Parteitag von 2003, als es um
weitreichende wirtschafts- und sozialpolitische Reformen ging
wie die »solidarische Gesundheitsprämie« oder die »Bierdeckel-
Steuererklärung« von Friedrich Merz. Da hielt Norbert Blüm eine
emotionale Rede, stand aber auf verlorenem Posten und wurde
leider nicht sehr fair behandelt.

*Aber die Abkehr der CDU von den Leipziger Reformbeschlüssen
wurde von keinem Parteitag abgesegnet.*

Das war ein eher geräuschloser Vorgang. Da dieses Angebot weder von den Stammkunden noch von den heftig umworbenen
neuen Kunden geschätzt wurde, wurde es stillschweigend aus
dem Regal genommen.

*Wenn es um innerparteiliche Demokratie geht: Ist da nicht die SPD
viel authentischer und ehrlicher als die CDU, die schon panische
Angst vor einer Kampfabstimmung um einen Beisitzerposten hat?*

Sie dürfen das sagen, ich nicht (lacht). Jedenfalls hat sich die SPD
noch nie davor gescheut, auch auf Bundesparteitagen heftige
innerparteiliche Diskussionen zu führen, weil man befürchtet
hätte, von der Öffentlichkeit als total zerstrittener Verein wahrgenommen zu werden.

*Diskutierende Parteien werden von den Medien als lebendig
gelobt, von den Bürgern dagegen als zerstritten wahrgenommen.
Die Parteien stecken da in einem Zwiespalt.*

Die Meinungsforscher sagen uns immer wieder, dass gerade die
bürgerlichen Wähler von kontroversen Debatten abgeschreckt

würden und sich eine einige Partei wünschten. Wenn das allerdings dazu führt, dass das Ringen um die richtige Lösung sofort als Streit disqualifiziert und von der Parteispitze unterbunden wird, dann können die großen Volksparteien eine wichtige Funktion nicht mehr erfüllen. Ihr Wesen besteht doch gerade darin, dass sich in ihnen ganz unterschiedliche gesellschaftliche Strömungen treffen und miteinander um die besten Lösungen ringen. Wenn beispielsweise auf der einen Seite die Mittelstands- und Wirtschaftsvereinigung und auf der anderen Seite die CDU-Sozialausschüsse ihre Standpunkte in die Diskussion einbringen, dann hat das nichts mit Zank und Streit zu tun, sondern mit dem notwendigen Ringen um eine faire Lösung, um einen gerechten Interessenausgleich.

Auch im Jahr 2015 haben diese sechs Parteien nach Recherchen des Stern Mitglieder verloren: zusammen rund 32.800 Mitglieder, die SPD allein 14.368 und die CDU rund 13.100. Ende 2015 zählte die SPD noch rund 445.500 Mitglieder, die CDU rund 444.400 Mitglieder und die CSU mehr als 144.000. Die erst 2013 gegründete AfD gab für Ende 2015 einen Mitgliederstand von 19.000 an.

Dazu schreibt der Stern: »Die Parteien begründen den Mitgliederschwund vor allem mit dem demografischen Wandel: Der Nachwuchs könne die Zahl der Sterbefälle nicht ausgleichen. So beschwichtigt die CDU-Parteizentrale: ›Wie bei allen großen Organisationen geht auch bei der CDU die Mitgliederzahl zurück – nicht zuletzt durch die demografische Entwicklung. Es treten aber auch nach wie vor jeden Monat rund 1.000 Menschen in die CDU ein.‹

Wer die Statistik genau analysiert, stellt indes fest: Der Mitgliederschwund liegt keineswegs nur am demografischen Wandel. Denn in allen Parteien – außer der CSU – übertraf die Zahl der Austritte die der Eintritte. Nur bei der CSU wollten mit rund 4.400 Bürgern deutlich mehr Menschen in die Partei hinein als raus – CSU-Chef und Bayerns Ministerpräsident Horst Seehofer kann sich in seiner Politik bestärkt fühlen. Unterm Strich verlor die CSU aufgrund von Sterbefällen dennoch rund 2.000 Mitglieder.«

Zitiert nach: Andreas Maisch: Mitgliederschwund bei Parteien –
es gibt nur einen Gewinner. In: *Stern.de*, 21.02.2016.

*Sprechen wir über unsere Parteienlandschaft. Wir waren immer
stolz auf unser vergleichsweise stabiles Parteiensystem. In der
alten Bundesrepublik waren es erst drei Parteien: CDU/CSU, SPD
und FDP. Dann kamen die Grünen dazu. Nach der Wiedervereinigung folgte mit der PDS beziehungsweise der Linkspartei eine
neue Kraft am linken Rand. Trauen Sie der AfD zu, sich ebenso
wie die Die Linke am Rand des politischen Spektrums dauerhaft
zu etablieren?*

Ich hoffe es nicht, halte das aber auch nicht für ausgeschlossen,
wenn wir nicht eine klare inhaltliche Auseinandersetzung mit
der AfD suchen und offensiv führen. Das bewusste Ausgrenzen
der AfD verhilft der Partei zu einer Art Märtyrerstatus. Außerdem
erwecken wir dadurch öffentlich den Eindruck, als würden wir
die notwendige politische Auseinandersetzung scheuen. Wer
die besseren Argumente hat, muss keiner Debatte aus dem Weg
gehen.

*Die Ausgrenzung der AfD war aber 2013/14 die Strategie des
Konrad-Adenauer-Hauses. Dort hoffte man wohl, der »Spuk AfD«
werde von selbst verschwinden.*
Vielleicht hat man dort tatsächlich gedacht, dass sich das Thema
AfD rasch erledigen werde und dass man sie deshalb nicht durch
zu viel öffentliche Beachtung unnötig aufwerten solle. Diese
Strategie hat sich allerdings als nicht besonders erfolgreich erwiesen.

Ist die AfD nationalkonservativ, rechtspopulistisch oder rechtsradikal?

In der AfD finden Sie jede dieser Strömungen. Wenn Sie eine neue Partei gründen, dann kommen immer auch Leute, die radikales Gedankengut mitbringen, ganz gleich ob von links außen oder rechts außen. Ich habe der AfD auch deshalb immer mit sehr gemischten Gefühlen gegenübergestanden, weil sich dort einerseits respektable Persönlichkeiten wie Professor Lucke oder Hans-Olaf Henkel engagierten, andererseits aber auch Personen mit einem unbestreitbar radikalen Gedankengut. Wie sollte das alles zusammenpassen?

Einerseits kamen aus der AfD Töne, die mich zutiefst erschrocken haben, andererseits habe ich im Straßenwahlkampf bei mir zu Hause AfD-Leute kennengelernt, die ich nie und nimmer als Rechtsradikale bezeichnen würde. Sehr zu denken gegeben haben mir dann die Austritte von Bernd Lucke und Hans-Olaf Henkel, die ich beide seit langer Zeit kenne und schätze. Die beiden müssen mit dem Innenleben der AfD sehr üble Erfahrungen gemacht haben, sonst hätten sie sich nicht zu diesem Schritt entschlossen. Seitdem sehe ich die AfD noch kritischer.

Lucke und Henkel nehme ich ab, dass sie dem Publikum ein bürgerliches Angebot machen wollten, kein radikales. Aber ALFA wird wohl nicht reüssieren. Bei dem Kürzel denken die meisten doch mehr an ROMEO als an Politik.

Und macht Alexander Gauland ein bürgerliches oder ein radikales Angebot?

Noch vor wenigen Monaten hätte ich gesagt, ein eher bürgerliches, aber da muss ich mich wohl korrigieren. Ich habe Alexander Gauland in der Vergangenheit sehr geschätzt, heute sehe ich vieles sehr kritisch. Ich bin mir nicht sicher, ob er sich wirklich darüber im Klaren ist, in welcher Gesellschaft er sich befindet. Sicherlich gibt es in der AfD auch viele, die man sich ebenso gut in einer anderen Partei vorstellen kann. Aber die AfD steht auch für strammen Rechtspopulismus und hat nicht wenige in ihren Reihen, die rechtsextreme Positionen vertreten.

Wäre die Etablierung der AfD als rechte Kraft neben der Union eine Gefahr oder nur eine Normalisierung, wenn wir sehen, dass es in fast allen europäischen Ländern starke rechtspopulistische oder rechtsradikale Parteien gibt?

Das hängt entscheidend davon ab, welche inhaltlichen Positionen die AfD zukünftig vertritt, vor allem in ihrer parlamentarischen Arbeit. Wir würden einen großen Fehler machen, wenn wir sie in den Parlamenten bewusst ausgrenzen oder gegenüber ihren Abgeordneten überheblich auftreten. Wir müssen die Partei ernst nehmen und sie politisch stellen. Die Kernkompetenz der AfD besteht ja in der Benennung von Problemen, nicht in deren Lösung. In den Parlamenten, in denen die AfD bereits vertreten ist, ist sie jedenfalls bis zur Stunde noch nicht durch eine überzeugende Arbeit aufgefallen.

Beim Auftauchen einer neuen Partei reagieren die Parteien, die in erster Linie Wähler zu verlieren drohen, nach folgendem Muster: ignorieren, diffamieren, koalieren. So hat sich die SPD gegenüber den Grünen und der PDS verhalten. Wird es im Verhältnis der Union zur AfD auch so sein?

Wenn sich die AfD so ändern würde, dass sie als Koalitionspartner für die Union infrage käme, wäre sie nicht mehr die AfD. Da müsste sie von ihren radikalen Positionen Abschied nehmen, was sie wiederum Mitglieder und Wähler kosten würde. Jetzt und in absehbarer Zeit halte ich eine Koalition von AfD und Union für ausgeschlossen.

Matthias Jung von der Forschungsgruppe Wahlen hat ja bekanntlich das Ohr der Kanzlerin. Er vertritt die These, die Etablierung der AfD rechts von der Union biete der CDU eine zweifache Chance: Ihr Modernisierungsprozess und ihr Kurs der Mitte wirkten glaubwürdiger, und Regierungsmehrheiten ohne die Union würden schwieriger. Das ist doch eine wunderbare Perspektive für die CDU/CSU, oder etwa nicht?

Wenn diese Argumentation richtig wäre, hätte sich die Bundes-CDU schon längst bei der AfD ausdrücklich bedanken müssen. Dann müsste die CDU ja geradezu darauf hoffen, dass sich die AfD dauerhaft im Parteiengefüge verankert. Eine derartige Argumentation habe ich allerdings noch nie gehört. Wieso die CDU glücklich darüber sein soll, dass sich rechts von ihr eine neue politische Kraft mit beachtlichen Wahlerfolgen dauerhaft zu etablieren versucht, ist für mich nicht nachvollziehbar.

Leider hat Herr Jung nicht mitgeteilt, was er ganz konkret unter »Modernisierung der CDU« versteht. Ich fürchte, er meint damit eine Linksverschiebung der Union. Damit würden wir aber der AfD einen großen Gefallen tun, nicht jedoch den meisten Mitgliedern und Wählern der Union. Die wollen, dass wir fest verankert in der politischen Mitte bleiben.

Wahlen werden bekanntlich in der Mitte gewonnen.
Ja, Wahlen werden in Deutschland traditionell in der politischen Mitte gewonnen. Darüber sollte man sich auch nicht wundern oder gar ärgern. Das hat nämlich für ein hohes Maß an politischer Stabilität gesorgt, ungeachtet mancher Regierungswechsel.

Meine Sorge ist schon seit langer Zeit, dass die Union bei der Suche nach neuen Wählern mehr Stammwähler verlieren als Wechselwähler gewinnen könnte. Nach den Landtagswahlen im März 2016 wurde immer wieder betont, die Union habe viele Wähler an die AfD verloren, aber die AfD habe noch mehr Wähler aus dem Reservoir der Nichtwähler gewonnen. Das bedeutet aber nicht, dass es sich bei diesen bisherigen Nichtwählern um Noch-nie-Wähler handelt. Unter den Nichtwählern dürften überdurchschnittlich viele ehemalige Unions-Wähler gewesen sein, die sich von der CDU abgewandt, aber sich bisher noch keiner anderen Partei zugewandt hatten.

Frage an den Vollblutpolitiker und leidenschaftlichen Parlamentarier Wolfgang Bosbach: Kann es in einer Demokratie tatsächlich so etwas wie »alternativlose« Entscheidungen geben?

Bei dem Wort »alternativlos« zucke ich immer zusammen. Alternativen gibt es immer. Die entscheidende Frage lautet daher: Welche Alternative ist die bessere? Darüber muss man diskutieren können unter Abwägung aller Argumente, offen und fair.

Angela Merkel betont häufig, ihre Politik sei alternativlos. Hat sie ein anderes Demokratieverständnis als der Abgeordnete Wolfgang Bosbach?

Ich glaube, die Kanzlerin möchte mit dem Wort »alternativlos« Folgendes zum Ausdruck bringen: »Ich habe alle Alternativen abgewogen und bin zu dem Ergebnis gekommen, dass dies die beste Entscheidung ist.«

Damit könnte ich besser leben als mit einem Wort, das signalisieren soll, dass es überhaupt keine andere Handlungsoption gibt.

10. ZU GUTER LETZT

Suggestive Fragen ärgern mich.

Herr Bosbach, Sie haben in ihrem Politikerleben unzählige Interviews gegeben und unzählige Fragen beantwortet. Welche Fragen haben Sie immer besonders gern beantwortet?
(Lacht.) Am meisten gefreut habe ich mich über die Interviews, bei denen ich das Gefühl hatte, dass es tatsächlich um die nüchterne Erörterung von Sachverhalten ging oder um eine ernste politische Analyse, also nicht um Dramatisierung oder gar Skandalisierung. Ich habe es auch bei Interviews immer geschätzt, wenn man mit dem Gesprächspartner hart über Inhalte oder bestimmte politische Positionen streiten konnte, ohne dabei unsachlich zu werden.

Gab es auch Fragen, über die Sie sich besonders geärgert haben?
Über suggestive Fragen oder über solche, bei denen schon in der Fragestellung unzutreffende Tatsachen eingearbeitet waren. Wenn die Frage so formuliert war, dass der Interviewer mit der Frage eine falsche Behauptung transportieren wollte, die man zunächst einmal mühsam widerlegen musste. Seit einiger Zeit neigen immer mehr Journalisten leider dazu, nicht die Haltung des Interviewpartners erfahren zu wollen; sie warten vielmehr auf einen ganz bestimmten Satz, eine ganz bestimmte Aussage. Es wird dann nur darauf gewartet, dass man sich in einem be-

stimmten Sinne äußert, weil das gerade so wunderschön zum Aufmacher oder zu einer Titelgeschichte passen könnte. Und wenn dieser Satz dann nicht kommt, dann sind sie richtig enttäuscht. In diesem Fall allerdings darf man als Politiker nicht enttäuscht sein, wenn das Interview nie gesendet oder gedruckt wird.

Gibt es eigentlich eine Frage, die Sie gerne mal beantwortet hätten, die Ihnen aber nie gestellt wurde?
(Lacht schallend.) Puh, da muss ich erst einmal in Ruhe nachdenken! Doch, da fällt mir eine Frage ein: »Haben Sie schon einmal darüber nachgedacht, die CDU zu verlassen oder in eine andere Partei einzutreten?«

Und?
Ich bin 1972 nicht aus Zufall oder Versehen in die CDU eingetreten, sondern in der festen Überzeugung, dass die Union besser als andere Parteien in der Lage ist, die Probleme unseres Landes zu lösen und Deutschland in eine gute Zukunft zu führen. Auf die Idee, die CDU zu verlassen, bin ich bis zur Stunde wirklich nie gekommen.

Obwohl Sie bei wichtigen politischen Themen eine ganz andere Haltung einnehmen als Ihre Partei?
Sowohl bei den Rettungspaketen für Griechenland als auch bei der Flüchtlingspolitik war es im Grunde ja nicht so, dass ich mich von der Union abgewandt habe, es war eher umgekehrt. Die CDU hat bei diesen Themen ihren bisherigen politischen Kurs fundamental verändert. Wenn mir die Parteiführung vorwirft, ich hätte diese politischen Kurskorrekturen nicht sofort und kritiklos mitgemacht, dann wäre diese Kritik sogar berechtigt. Mit diesem Vorwurf kann ich allerdings sehr gut leben.

Und was sagen Sie denen, die vermuten, Sie würden jetzt zur AfD gehen?

(Lacht.) Weniger Alkohol, mehr Sport! Ich bleibe Mitglied der CDU im Rheinisch-Bergischen Kreis, werde garantiert nie zu einer anderen Partei gehen, schon gar nicht zur AfD. Wenn ich den Deutschen Bundestag verlasse, gehe ich nicht zur politischen Konkurrenz, sondern einfach nach Hause.

QUELLEN- UND LITERATURHINWEISE

Zitierte Quellen:

Alexander, Robin: Ohne Konservative ist mehr als die CDU in Gefahr.
Meinung. In: *Welt.de*, 22.08.2012. Im Internet: http://www.welt.de/debatte/
article108722262 (Stand: 29.06.2016).

BAMF: Asylzahlen und Halbjahresbilanz. Aktuelle Meldungen vom 8. Juli 2016.
Im Internet: http://www.bamf.de/SharedDocs/Meldungen/DE/2016/
20160707-asylgeschaeftsstatistik-juni.html?nn=1367522 (Stand: 28.07.2016).

Bannas, Günter: Die dementierte Kanzlerin. Merkel in Zugzwang.
In: *Frankfurter Allgemeine Zeitung*, 10.01.2016. Im Internet:
http://www.faz.net/aktuell/politik/inland/merkel-in-zugzwang-die-
dementierte-kanzlerin-14004508.html (Stand: 04.07.2016). © Alle Rechte
vorbehalten. Frankfurter Allgemeine Zeitung GmbH, Frankfurt. Zur
Verfügung gestellt vom Frankfurter Allgemeine Archiv.

Bosbach, Wolfgang: Rede im Deutschen Bundestag, 01.03.2002. Veröffentlicht
in: Deutscher Bundestag, 14. Wahlperiode, Stenographischer Bericht der
222. Sitzung vom 1. März 2002, Plenarprotokoll 14/222.

CDU-Grundsatzprogramm von 2007. Freiheit und Sicherheit. Grundsätze für
Deutschland. Abschnitt 36. Im Internet einsehbar unter: https://www.cdu.
de/system/tdf/media/dokumente/071203-beschluss-grundsatzprogramm-
6-navigierbar.pdf?file=1 (Stand: 27.06.2016).

dpa/DW/dol:»Will nicht die Kuh sein, die quer im Stall steht«. Wolfgang
Bosbach. In: *Welt.de*, 23.02.2015. Im Internet: http://www.welt.de/politik/
deutschland/article137745222 (Stand: 29.06.2016). Zitat Wolfgang Bosbach:
Rheinische Post, 23.02.2013.

Fobbe-Klemm, Daniela: Helmut Kohl als Wahlkämpfer in Wermelskirchen. In: *Kölner Stadt-Anzeiger*, 09.05.2005. Im Internet: http://www.ksta.de/ helmut-kohl-als-wahlkaempfer-in-wermelskirchen-13211464 (Stand: 28. Juni 2016).

Frigelj, Kristian: »Bei der ersten SMS lag ich noch auf dem Boden«. Wolfgang Bosbach. In: *Welt.de*, 17.03.2013. Im Internet: http://www.welt.de/politik/ deutschland/article114520751 (Stand: 29.06.2016).

Gammelin, Cerstin: Regierung erwartet 3,6 Millionen Flüchtlinge bis 2020. In: *Süddeutsche.de*, 24.02.2016. Im Internet: http://www.sueddeutsche.de/ politik/haushaltsueberschuss-schaeuble-hat-schon-alles-ausgegeben-1.2878192 (Stand: 29.07.2016).

Güßgen, Florian, und Lutz Kinkel: »Der Terrorismus bildet Metastasen«. Otto Schily über 9/11 und die Folgen. In: *Stern.de*, 05.09.2011. Im Internet: http://www.stern.de/politik/deutschland/otto-schily-ueber-9-11-und-die-folgen--der-terrorismus-bildet-metastasen--3918952.html (Stand: 28. Juni 2016).

Koch, Roland: »Die Konservativen leben noch ...«, aus: Ders.: Konservativ. Ohne Werte und Prinzipien ist kein Staat zu machen ©Verlag Herder GmbH, Freiburg i. Br. 2010, S. 11 f.

Kohl, Helmut: Rede im Deutschen Bundestag, 23.04.1998. Veröffentlicht in: Bulletin der Bundesregierung. Nr. 27. 29. April 1998.

Leubecher, Marcel: Zwei Millionen Ausländer? »Nur die Untergrenze«. Zuwanderungsrekord. In: *Welt.de*, 21.03.2016. Im Internet: http://www.welt. de/politik/deutschland/article153532797 (Stand: 29.06.2016).

Lutz, Martin: Zahl der Wohnungseinbrüche steigt um zehn Prozent. Kriminalstatistik. In: *Welt.de*, 30. März 2016. Im Internet: http://www.welt. de/politik/deutschland/article153790063 (Stand: 28. Juni 2016).

Maisch, Andreas: Mitgliederschwund bei Parteien – es gibt nur einen Gewinner. Mehr Sterbefälle als Nachwuchs. In: *Stern.de*, 21.02.2016. Im Internet: http://www.stern.de/politik/deutschland/mitgliederschwund-bei-parteien---nur-csu-gewinnt-6707764.html (Stand: 29.06.2016).

Malzahn, Claus Christian: Bosbach ist nicht normal – er ist ein Phänomen. Ausnahme-Politiker. In: *Welt.de*, 23.03.2013. Im Internet: http://www.welt. de/debatte/kommentare/article114713159 (Stand: 28. Juni 2016).

Merkel, Angela: Rede auf dem CDU-Parteitag in Karlsruhe, 14.12.2015. Im Internet anzuschauen unter: https://www.cdu.de/artikel/rede-von-angela-merkel-0 (Stand: 04.07.2016).

Merkel, Angela: Regierungserklärung im Deutschen Bundestag, 27.10.2010. Einsehbar im Internet: https://www.bundesregierung.de/ContentArchiv/ DE/Archiv17/Regierungserklaerung/2010/2010-10-27-merkel-regerklaerung-eu-g20.html (Stand: 28. Juni 2016).

Metzner, Thorsten: Interview. Jörg Schönbohm: »Die Wahl sollte ein Warnschuss sein«. In: *Der Tagesspiegel*, 05.10.2009. Im Internet: http://www.tagesspiegel.de/politik/interview-joerg-schoenbohm-die-wahl-sollte-ein-warnschuss-sein/1610500.html (Stand: 29.06.2016).

Schuler, Ralf, und Daniel Cremer: So lief das mit der Merkel-SMS. WWM – Wolfgang Bosbach bei Günther Jauch. In: *Bild.de*, 02.06.2014. Im Internet: http://www.bild.de/unterhaltung/tv/wer-wird-millionaer/bosbach-erklaert-so-lief-das-mit-der-merkel-sms-36233944.bild.html (Stand: 28. Juni 2016).

Stuff, Britta: Unendlich müde. Lange Zeit galt Wolfgang Bosbach in der CDU als jemand, der vielleicht mal Innenminister wird. Stattdessen wurde er Fernsehstar. Jetzt will er nicht mehr. In: *Der Spiegel* 6/2016, 06.02.2016.

www.berlinerkreisinderunion.de, Startseite (Stand: 27.06.2016).

»Zusammenhalt stärken – Zukunft der Bürgergesellschaft gestalten«. Beschluss des CDU-Parteitags 2015. Im Internet einsehbar unter: https://www.cdu.de/system/tdf/media/dokumente/beschluss-kommission-gesellschaft_0.pdf?file=1 (Stand: 27.06.2016).

Weiterführende Literatur zu Wolfgang Bosbach

Anna von Bayern: »Wolfgang Bosbach: Jetzt erst recht!«, München 2014